改革开放以来
人民出版社 纪事

The Chronicles of People's Publishing House since the Reform and Opening up

1978—2016

《改革开放以来人民出版社纪事》编写组　著

人民出版社

前　言

　　人民出版社是中国共产党成立后亲手创办的第一家出版单位，是党和国家重要宣传文化阵地、马克思主义出版中心、哲学社会科学出版基地。在党中央的领导下，人民出版社始终与党的事业紧密相连，同呼吸、共命运，从艰苦卓绝的革命战争岁月，到波澜壮阔的社会主义革命时期，再到日新月异的改革开放的伟大时代，人民出版社都是高举旗帜，传播真理，引领先进思想新潮流。在党的各个历史时期，人民出版社始终围绕着党和国家的大局开展工作，在传播马克思主义，宣传党的方针政策，繁荣哲学社会科学，提高国家文化软实力，特别是在大力推进马克思主义中国化时代化大众化方面，作出了自己的贡献，得到广大读者的信任和支持。

　　1978年，党的十一届三中全会作出把党的工作中心转移到经济建设上来、实行改革开放的历史性决策，实现了新中国成立以来党的历史上具有深远意义的伟大转折，开启了我国改革开放和社会主义现代化建设新时期。改革开放以来，人民出版社与时俱进，不断解放和发展生产力，在一代又一代职工的共同努力下，始终坚持"为人民出好书"的办社宗旨，高度重视以学术立社，以精品强社，社会效益和经济效益越来越好。党的十八大以来，在以习近平同志为核心的党中央的领导下，人民出版社被确定为党和国家最重要的政治性、公益性出版单位。

为弘扬人民出版社的优良传统，铭记历史，真实记录改革开放以来所取得的巨大成就，社委会决定编纂《改革开放以来人民出版社纪事》一书。该书以时间为序，以纪事本末体的形式，选取 1978 年以来我社出版的具有重要影响力的图书和重要改革措施、重大活动为条目，展示我社 1978—2016 近 40 年来走过的辉煌历程。

近百年风雨沧桑开盛世，几代人浓墨重彩著华章。改革开放以来人民出版社所取得的辉煌业绩，是在中共中央宣传部和国家新闻出版管理部门的直接领导下，我社几代出版人共同创造的。借本书出版之机，谨向曾经和仍然工作在人民出版社的所有员工、向在我社出版过著作的所有作者表示真诚的感谢和由衷的敬意！

黄书元

2017 年 1 月 18 日

目 录

目 录

目　录

2014

1978

◇ **落实知识分子和干部政策，明确政治书籍**
　出版社的定位

粉碎"四人帮"以后，我社深入贯彻中央精神，积极着手拨乱反正、正本清源的工作。在深入揭批"四人帮"的基础上，1978 年 2 月，社临时党委成立了以党委书记陈茂仪为组长的落实政策领导小组，并建立专门班子，开始平反冤假错案，解决历史遗留问题，落实党的干部和知识分子政策。

领导小组对"文化大革命"中审查干部的结论（其中大多数是历史问题）进行了全面的复查。1978 年 8 月下旬，此项工作基本结束，党委副书记范用和党委委员邓步城在全社工作人员大会上作了汇报。10 月起，全社贯彻中央 1978 年第 55 号文件精神，对于社里被错划为"右派分子"的同志，经过复查和向上级领导机关请示批准，全部改正，撤销了原来的处理决定，恢复了政治名誉和原工资级别。

在此期间，我社受中共中央委托，于 1979 年年初将我党硕果仅存的中共"一大"代表刘仁静接回，根据中组部的意见从各方面对其落实政策。1979年9月29日，全社召开工作人员大会，党委书记陈茂仪讲话，总结了1978年以来落实政策的情况，同时郑重宣布，为被错误打成毒草的著作和翻译书籍，一律平反；重申统统推倒对有关人员的一切污蔑不实之词。

在落实知识分子政策方面，1985年6月以来，我社根据中组部关于落实知识分子政策九条通知的精神，逐条做了回顾和检查，发现有17名同志在"改正结论"中尚留有"尾巴"，当即按照中共中央组织部有关政策精神做了修改。1986年，我社贯彻落实中央办公厅、国务院办公厅转发的《关于进一步贯彻落实〈中央落实政策小组扩大会议纪要〉的补充意见》的通知精神，按照"政治上彻底平反，经济上适当补偿，工作上合理使用，生活上妥善安置"的原则，进一步落实了知识分子政策。到1987年，我社基本上完成了落实知识分子政策的重要任务。

在落实干部和知识分子政策的同时，我社再次明确了出版方针。1978年，社临时党委上报《关于人民出版社方针任务的请示报告》（以下简称《报告》）。6月10日，国家出版局党组通知，《报告》已经局党组讨论通过，并已报请中央宣传部批准。《报告》规定：人民出版社是国家政治书籍出版社，它的根本任务是：宣传马克思主义、列宁主义、毛泽东思想，普及马克思主义的基础知识，宣传党的路线、方针、政策，宣传共产主义思想，宣传我国社会主义建设成就，批判资产阶级，批判修正主义，坚持为无产阶级政治服务、为工农兵服务的方向，为繁荣社会主义的科学文化事业、巩固无产阶级专政作出贡献。《报告》在关于工作方针的规定中指出，在选编革命导师的专题论述和出版有关参考读物时，必须力求完整地、准确地体现马克思列宁主义、毛泽东思想体系。《报告》还提出，要加强出版马克思主义的各科理论著作和政治读物。鉴于"四人帮"在思想理论领域所造成的严重破坏，要特别注意出好哲学、政治经济学、科学社会主义、历史等方面的基本理论著作和基础知识读物，大力组织分专题完整地系统地阐述毛泽东思想体系的著作，出好以马列主义、毛泽东思想为指导研究和总结中国革命和建设的成就和经验的著作。

关于我社的出版方针，1981年全社召开工作人员大会，社总编辑曾彦修作了我社1980年编辑出版工作回顾和1981年工作几个问题的报告，根据这年年初党中央召开的中央工作会议精神，报告进一步明确了我社的出版方针：作为党和国家的政治书籍出版社，人民出版社出书的根本任务和根本方针，是与党和国家的总任务和总方针一致的。（吴继平）

◇ 实行党委领导下的社长、总编辑分工负责制

新中国成立后的相当长时期，我社领导体制基本实行的是社长、总编辑一元化领导。

1951年，按照中央指示，胡绳任社长，王子野任总编辑。1952年，王子野不再担任总编辑，而由胡绳兼任。中层干部领导体制中，也体现为支部书记和部门主要负责人均由一人担任。

1978年经国家出版局批准，领导体制实行党委领导下的社长、总编辑

分工负责制，党委会是全社的领导核心。党委的领导，主要是政治上的领导，保证正确的政治方向，保证党的路线、方针、政策的贯彻，调动各方面的积极性，做好编辑工作。这种体制改变过去各个部室党支部一元化领导的方式。其目的是为了使各个部门的骨干能够有所分工、各有侧重，以便既有利于加强思想政治工作，又有利于各部室的主要领导能够集中精力搞好业务工作。各编辑室和其他部门，分部门或几个部门联合成立党支部，改变过去支部书记和部门主要负责人均由一人担任的所谓"一元化"的做法。这种领导体制的改变，目的是为了适应全党工作中心的转移。

随着我社领导体制的改变，部门机构也进行了相应的调整。按出书门类和学科划分为8个图书编辑室（原有5个编辑室）和《新华月报》期刊编辑室。原来的编辑部办公室改为总编室，下设编务、美术、地图、资料4个组。出版部下设出版、校对2个科。行政管理部门成立办公室，下设秘书、财务、总务3个科。经此次机构调整，全社共有处级机构13个、科级机构9个。各部处室负责人分别是：马列著作编辑室主任张惠卿，副主任尤开元、朱中文、张光璐；毛主席著作和党史编辑室主任王庆淑，副主任白以坦；政治读物编辑室主任廖奇，副主任林悦、茹让；农村读物编辑室主任柴夫，副主任赵子文；哲学著作编辑室主任薛德震；经济著作编辑室主任徐秉让，副主任孙连成；历史著作编辑室副主任刘元彦（一年后，刘病，张作耀先后为代副主任、主任）、陆世澄、陈汉孝；翻译著作编辑室副主任沈昌文、金作善；新华月报编辑室主任范用（兼）；出版部主任商磊，副主任诸宝懋；政治处主任邢显廷，副主任牛新民；办公室主任王志明，副主任李敬义；总编室主任邓步城，副主任杨柏如。（吴继平）

1979

◇ 出版《中国社会主义经济问题研究》

　　著名经济学家薛暮桥在新中国成立后历任中央财经委员会秘书长、国家计委副主任、国务院经济研究中心总干事等职。1979 年 12 月，他撰写的《中国社会主义经济问题研究》一书由我社出版。该书是改革开放以来第一本从中国经济建设实际出发，探索社会主义经济发展的理论著作。这本书在分析问题的方法上，开始摆脱斯大林对社会主义经济问题中某些形而上学的思想束缚，分析了社会主义商品经济条件下经济运转的规律，基本上反映了 20 世纪 80 年代初期中国经济理论界的学术观点进展。作者"力求运用马克思列宁主义的基本原理，来探讨我国社会主义革命和社会主义建设的历史经验，并研究现在还没有解决或者没有完全解决的一系列重大的经济问题，以加深对社会主义经济运动规律的认识"。该书初版 5 万本，但很快成为国内最畅销的书籍，短期内不断加印，印数接近 300 万册。许多学校把这本书作为教科书，也是广大干部学习社会主义经济理论的一本重要教材。因供应不及，各省人民出版社由我社供给纸型，累计印数竟达

650多万册。外文出版社出版了英、日、法、西班牙文版。联邦德国和南斯拉夫还将该书译成德文和塞尔维亚文。这本书的出版引起国内外的极大关注，足见其价值。

《中国社会主义经济问题研究》最初是由时任中宣部部长陆定一提出撰写要求，1983年，当作者对书稿进行修订之时，陆定一同志连夜写了修订版序言，以兹鼓励和推荐。

1980年，我社推出薛暮桥新著《当前我国经济若干问题》。它汇集了作者近两年来所作报告和论文17篇，约16万多字。全书所及范围十分广泛，研究和探讨了包括中国式现代化的道路、国民经济综合平衡、计划调节与市场调节、城镇劳动就业等重大经济问题。作者对我国社会主义革命和社会主义建设的经验教训，对我国当时经济的调整、改革等一些重要问题进行了科学的分析和探索，提出了一些很好的见解。这些见解对于指导我国社会主义现代化建设有着重大的现实意义。坚持从社会生产力的发展出发来研究和解决我国各方面的经济问题是作者贯彻全书的基本思想。我国原来是个半殖民地、半封建国家，资本主义刚刚发展，手工劳动、半自给性的小农经济还占绝大优势。作者根据我国这个国情，在书中着力论证的一个中心问题就是贫穷落后的国家如何建设社会主义。围绕这个中心，对我国经济体制改革、国民经济调整和社会主义建设战略等重大问题进行了探讨。关于经济体制问题，作者实际是从生产资料所有制结构和国民经济运行机制两个方面展开论述的。在所有制结构方面，作者的基本观点是，我国社会生产力条件还不容许实现单一的全民所有制，也不可能使非社会主义经济成分一点不存在。(郑海燕)

◇ 出版中国第一部完整的经济学说史教科书
《经济学说史》

鲁友章、李宗正主编《经济学说史》（上、下册），是根据原高教部1960年文科教材会议的决定，作为全国综合性大学政治经济学专业通用教材，由中国人民大学、北京大学和南开大学共同编写的。该书上册初版于1965年，下册因十年动乱，未能及时出版。1979年，上述三个学校受教育部委托，又对该书进行修改加工，并于同年11月正式出版上册。1983年3月，下册也经修改问世。全书八篇23章，共约67万字。这样，我国便有了一部自己编写的比较完整的《经济学说史》教材。

经济学说史是关于经济思想发展的历史，该书介绍了前古典经济学时期、古典经济学时期、新古典经济学时期、现代经济学时期的著名经济学家及各个经济学流派的经济思想和观点。在介绍每一位思想家或流派时，作者着重从其产生的历史背景、主要观点、历史影响和现实意义三个方面加以说明，力图通过简明新颖的结构安排，梳理出经济思想的来龙去脉，以便读者更好地把握经济理论的过去、现在及未来。

该书出版以前，从1960—1980年的一个较长时期里，有关院校都是借用苏联院士卢森贝所著《政治经济学史》一卷本（以下简称卢著）作为课本的。卢著具有不少优点，对于促进我国经济学说史课程的教学、研究以及这门学科的发展，曾起了不可忽视的作用，但它也存在不少缺点，并不是一部完全适合我们需要的理想教材。

与卢著相比，鲁、李主编的《经济学说史》具有如下几个特点和优点：（1）体系较完整，内容较充实，重点突出，体例统一；（2）坚持历史唯物主义原理和阶级分析方法，对各种经济学说的发生、发展及其相互关系的历史根源和阶级实质，作了深刻的论述，因而清晰地体现了历史和逻辑的统一性；（3）较好地体现了经济学说本身的历史继承性，同时确切地阐明了经济学说之间的区别和发展；（4）对各种经济学说及其发展，坚持实事求是的分析。

《经济学说史》，以马克思主义解释和批判了西方经济思想，是第一部完整的经济学说史教科书。（郑海燕）

◇ 出版《社会主义经济的若干理论问题》

孙冶方，我国著名经济学家，老一辈无产阶级革命家。我国经济学界的最高奖孙冶方经济学奖即以孙老的名字命名。

1979 年，孙冶方论文集《社会主义经济的若干理论问题》由我社出版。该书收录的文章，除了最后的四篇以外，都完成在"文化大革命"之前。孙冶方主张"把计划和统计放在价值规律的基础上"，强调"千规律，万规律，价值规律第一条"，在社会主义建设中，违背了价值规律，是不能不受惩罚的。然而这些真知灼见在 20 世纪六七十年代却被视为异端邪说，孙冶方本人也被加上了"中国最大的修正主义者"的头衔。因此可以说，该书在1979 年的首次出版是具有重大现实意义的，因而受到了学界的广泛关注和高度评价，孙冶方本人也被称为"价值学校的校长"（王亚南语）。

该书坚持理论和实践相结合的原则，指出：

1. 价值，是指劳动化费对有用效果的关系，或者生产费用对产品效用的关系。因此，即使在商品不存在的共产主义社会高级阶段，劳动仍然具有二重性（具体劳动和抽象劳动），产品仍然具有二重性（效用和价值）。

2. 价值规律，是指劳动价值规律或者产品价值规律，不是指交换价值规律或者商品价值规律。因此，即使到了共产主义社会的高级阶段，商品自行消亡了，价值不再表现为交换价值了，但是价值规律仍然存在，并且起着越来越大的、真正的作用。

3. 只有利用价值规律，才能有力地促进劳动生产率的提高，才能不断地满足全体社会成员的物质和精神的需要，才有可能建设社会主义和共产主义。

4. 价值规律不但与社会主义基本经济规律、有计划按比例发展规律、劳动生产率增长的规律、各尽所能按劳分配规律等密切联系在一起，而且"是以集体为基础的社会首要的经济规律"。

这些观点被实践证明是正确的。

1981 年，我社又出版了孙冶方撰写的《社会主义经济的若干理论问题（续集）》一书。该书除了写于 1956 年的《价值规律和改进计划统计方法问题》以及 1961 年写的《对积累率问题的几点意见》外，其余文章均是在 1978 年11 月后完成的。1982 年又增加了九篇论文，推出了增订本。作者在这部著作中以敏锐的观察，深入研究了社会主义现代化建设中的重大实际问题。与此同时，作者勇于批评曾使我们吃过苦头的某些传统理论，为党在新时期经济方针的制订提出了有价值的新见解。（刘恋）

◇《新华文摘》创刊

党的十一届三中全会刚刚闭幕，我社就着手筹办了一个新的刊物——《新华月报·文摘版》。可以说，这个刊物是在改革开放中诞生的。该刊荟萃全国报刊上理论、学术、科技的研究成果和最新的优秀文艺作品，反映近期学术各界动态。这本大型的综合性、学术性、资料性月刊，从多层次、多角度反映了三中全会以来中华大地文化学术的面貌和进程，深受海内外读者的欢迎，被称为"杂志的杂志""浓缩的微型书刊阅览室""当代中国文化学术信息之窗"。

《新华月报·文摘版》的创办，体现了当时我社领导和全体职工的锐意开拓精神和前瞻性的思维特质。粉碎"四人帮"后，随着三中全会的召开，人们思想解放，中华大地上报刊如雨后春笋般创办，尤其是面对这些学术期刊和杂志，如何使学者和专家掌握全国的学术理论动态，如何为社会主义现代化建设提供学术和理论支撑，我社党委审时度势，紧紧抓住时代的脉搏，经过深入细致论证，决定创办一个杂志中的杂志。1979年，经国家出版事业管理局批准，《新华月报·文摘版》正式创刊。

1979 年、1980 年《新华月报》用"文献版"和"文摘版"的形式出版了两年，到 1981 年，"文献版"继续用《新华月报》的刊名出版，"文摘版"则正式启用《新华文摘》作刊名。

1981 年 10 月 20 日，社临时党委通过关于《新华文摘》的编辑方针和审稿制度的决定，规定：《新华文摘》的总方针是：在四项基本原则的指导下，坚持"百花齐放，百家争鸣"，为我国的四个现代化，为繁荣我国的科学文化，建设高度的社会主义精神文明服务。在具体编辑方针上，对于有创见和新意的文章，或者有争议的文艺作品，应予以充分注意和重视，但又必须采取全面衡量的态度，选用时首先着眼于是否坚持四项基本原则，是否同党的方针、政策、路线相符合，是否有利于政治上的安定团结。所转载的文章和作品的观点，不可能全部代表编者的观点；但转载也必须具有高度的政治责任感，保证在政治上同党中央保持一致。

1981 年 11 月 12 日，总编辑曾彦修就《新华文摘》的编辑方针和审稿制度进行了补充，他指出：要正确地贯彻"双百"方针；要把以选择精华为主作为努力方向；要处理好"可读性"与"教育性"的关系；要十分注意安定团结，不选用任何不利于安定团结的东西；"社会效果"问题一定要认真考虑，怀疑不得，更反对不得；选登文章要十分注意时机等。这些制度的制定，为《新华文摘》的健康发展奠定了较好的前提和基础。

《新华文摘》创刊后，得到了读者、学者和报刊编者们的广泛认同和赞誉。（吴继平）

◇ 我社多部作品在第二届全国书籍装帧艺术展上获封面设计奖

　　全国书籍设计艺术展览暨评奖诞生于新中国成立的第一个十年。随着"左倾"错误和"十年浩劫"，出版工作和装帧设计与祖国一道饱受摧残。在粉碎"四人帮"后，书籍出版业走出"严冬"步入"暖春"，在改革开放的大潮中开始展现勃勃生机。

　　1979 年，国家出版局、中国美术家协会在北京举办全国第二届书籍装帧艺术展览。该展览是新中国成立以来书籍装帧界空前规模的盛会，展出了 82 家出版社出版的书籍和设计图稿 1100 多种。有 61 件展品分别被评为整体设计奖、封面设计奖、插图设计奖和印刷装订奖，其中封面设计奖分三个奖项共有 42 件作品，我社有 5 件作品获奖，涉及封面设计奖的三个奖项。我社获奖的五件作品分别为：钱月华设计的《伟大的道路》（平装本），获得一等奖；张慈中设计的《资本论》（特装本）、曹辛之设计的《寥寥集》（平装本）、马少展设计的《我热爱中国》（平装本），获得二等奖；宁成春设计的《唯物辩证法大纲》（精装本），获得三等奖。（王欢欢）

1980

◇ 影印《大公报》等 24 种历史报刊

　　20 世纪 70 年代末，鉴于民国时期的老报刊损毁、老化现象严重，我社选取了以进步报刊和中国共产党机关报刊为主的《大公报》《新时代》《新青年》季刊、《新青年》月刊、《前锋》《中国青年》《人民周刊》《民国日报》《解放》《布尔赛维克》《觉悟》《共产党》《先驱》《向导》《少年》《犁头》《政治生活》《政治周报》《战士》《中国工人》《中国农民》《热血日报》等 24 种历史报刊进行了影印。这一系列的影印本规模庞大，单种报刊少则几册，多则几十册。装帧设计方面，遵从老报刊的阅读习惯，切口在左，订口在右，并在卷首撰写了"影印者说明"，从每种报刊的创刊历程、主编、停刊时间、复刊时间，到报刊的基本情况，均作了较为详细的介绍。

　　这些报刊的影印本经国家出版局批准，我社自办发行，多数于 1980 年完成，《民国日报》等少数几种于 1981 年出版。这项工作对历史报刊有抢救性保护的意义，将我国报刊影印工作推向了一个新的阶段，在国内掀起了报刊影印的高潮。（王怡石）

◇ 牵头组织出版《现代外国政治学术著作选译》

　　《现代外国政治学术著作选译》是在 20 世纪 80 年代初期，在总编辑曾彦修的倡议下，由我社牵头，联合全国多家知名出版社出版的一批从国外翻译过来的现代外国政治经典学术著作，是一套中国认识外部世界、为国家各方面建设提供初步经验借鉴的系列图书。

　　1980 年 3 月，我社国际政治编辑室负责人在与中联部七局、苏联东欧研究所的有关业务骨干及负责人多次交换意见后，写出一份详细的《关于编译出版有关当代国际共产主义运动书籍的意见》，明确指出："过去，我们只着重在共运的历史方面……现在的问题是如何把它转移到当代国际共产主义运动方面。我们应当在调查了解、研究的基础上，有计划地翻译出版这方面的书。"

　　3 月 25 日，曾彦修又致信中国社会科学院于光远、中央编译局王惠德以及国家出版局陈翰伯、王子野、许力以等，建议由他们出面邀请有关单位开一次筹备座谈会，成立选译小组，然后再开一次有外地三五家出版社参加的具体分工会议。3 月 31 日，陈翰伯在原信上批示："送曾彦修同志。惠德、光远同志早有此意，可惜多年来未能开展此项工作。建议把此件送陈原同志一阅。我希望在七月间开会(指具体分配出版任务的全国部分出版社会议)。"

　　4 月 16 日，由王惠德、于光远、陈翰伯三人代表中央编译局、社会科学院马列所、国家出版局召开座谈会，会议决定先成立一个选题小组，由中宣部工作人员冯修蕙任临时小组召集人，选题小组由我社、中央编译局、商务印书馆等单位组成。

7月18日，我社以国际政治编辑室的名义将书目草稿分发一些单位和个人征求意见，并呈送党和国家领导人胡耀邦和胡乔木各一信。在给胡耀邦的信中这样写道："为了研究（20世纪）三十年代以来国际共产主义运动中各种社会主义模式的理论和实践问题，以及各种共产主义流派学说，国家出版局于今年四月邀请马恩编译局、中联部苏东所和七局、社科院马列所和情报所，以及在京的有关出版和翻译单位举行了一次座谈会。会上成立了一个当代外国政治学术著作领导工作小组。两个多月来，选题规划小组根据国内截至八〇年三月份进口的外文图书近四百种，作出内容提要，广泛征求意见，初步拟定选译书目一百种，邀请有关单位和个人征求意见。另外，对过去所出版的历史上的代表作（即所谓灰皮书和黄皮书），也将另行选定重印和补译。俟这两类选题最后确定，即于今年下半年由出版局召集北京和外地有条件的出版社分配出书任务。现随函奉上初选书目一份，请示这一做法当否，并望提出具体意见。选题规划小组暂由人民出版社国际政治编辑室执行秘书任务，因此来示请径寄我室即可。"胡耀邦对于这项外国政治学术著作项目给予了充分肯定和大力支持。7月21日，他在信件上批示道："我赞成翻译一些现代社会主义各流派的一些著作，以及资产阶级关于社会学的一些名著。现在我们这方面知识贫乏得惊人。我不知道全国是否有十来人认真读了十来本这样的著作。没有这一条，谈什么探索新理论？但这类著作浩如烟海，纸张翻译都有限，因此要认真选择。你们这一百本，至少有两千万字吧。这恐怕不行。应该指定一二十人有水平的专家再精选一下。"

1981 年 1 月，经中央领导批准，我社上级主管部门国家出版事业管理局邀请有关单位开会正式决定组织翻译一批有代表性的现代外国政治学术著作，首先确定第一批选译书目 95 种，要求到 1982 年上半年出齐。国家出版局根据当时所了解的国外图书出版情况和国内学术出版界的需要，还决定出版第二批选译书目。分配给我社的选题任务，主要是出版国外马列主义和国际共产主义运动的相关书籍，例如《后社会主义》《社会主义社会发展的辩证法》《欧洲马克思主义的一些倾向》《欧洲共产主义的前景》《东欧的马克思主义》《（20 世纪）30—70 年代的托洛茨基主义》等等。

　　这套丛书在 20 世纪 80 年代我国学术界、出版界产生了广泛和深远的影响，为刚刚开启国门的中国打开了了解外面世界的一扇窗，给当时极度匮乏的学术界和出版界带来了丰富的知识养料，为当时国内教育界开展教学提供了珍贵的参考资料，同时也为中国改革开放以及进行各方面建设，提供了丰富的知识和经验借鉴。（吴继平）

1981

◇ 陆续出版于光远的著作

　　1981 年，于光远将其 1966 年之前完成的 18 篇有关政治经济学社会主义部分的文章结集——《政治经济学社会主义部分探索》（一）；及 1977 年之后写成的 20 篇文章收录为此书的第二册，交由我社出版。正如于光远自己所言："文章编排完全按照时间的次序，内容也不作任何修改，仍然保持原来的面貌"，如实地反映了作者 20 多年探索的思想历程，因此"文章中的前后观点的不一致，也是很自然的"。在书中，作者对社会主义经济制度提出了自己的理解：

　　一、社会主义作为共产主义的初级阶段，同共产主义的高级阶段"有一些共同的范畴和共同的规律"，"应该首先着眼于这些共同的东西，并以此来和资本主义相对立"。于光远认为社会主义的生产从本质上来说，是为了满足社会需要的使用价值的生产。

　　二、在整个社会主义时期即共产主义的初级阶段都将存在着商品生产。但是他反对用"社会主义的商品生产"或"有计划的商品经济这类提法作为社会主义经济的本质的概括"。因为商品生产虽然是社会主义经济中涉及范围很广的重要方面，但社会主义作为共产主义的初级阶段，它的最基本的关系并不是商品关系而是劳动者对生产资料的共同占有和共同劳动的关系。

1985 年，我社又出版了《政治经济学社会主义部分探索》（三）。1988 年、1991 年、1996 年、2001 年分别出版了该书的第四册、第五册、第六册和第七册。于光远本人也认为这七册、共 200 多万字的图书堪称其代表作。（刘恋）

◇ 首次编辑干部业务职称评定

1981 年 11 月 18 日，我社召开评定编辑干部业务职称动员会，副总编辑张惠卿发表讲话。这次会议，标志着我社首次编辑业务职称评定工作正式启动。作为文化部系统试点单位，这次职称评定到 1983 年 3 月 7 日结束，历时一年零四个月之久，授予各级编辑专业职称共 142 人，其中高级职称 55 人（编审 6 人、副编审 49 人），中级职称（编辑）66 人，初级职称（助理编辑）21 人。

我社编辑人才众多，而首次职称评定各级别职称名额极其有限。这种状况，给职称评定工作带来了极大的难度。职称评定委员会确定了从严把握的原则，对全社符合条件并提交了申请的同志进行逐一、认真、细致的评议，反复酝酿，综合、全面考评。首先考虑工作业绩，包括从业年限，在出版业界的口碑及影响力、编辑稿件、文章著述、译著的数量、外语水平等，同时也考虑政治立场、敬业精神、劳动纪律等。另外，还对所有申报人进行客观、公正的横向比较。力争做到既不遗漏一个人才，也避免不符合条件的人勉强列入其中，使每一位参评人都有公平的机会参与评选，参与竞争。评审结果出台后，先在社里进行了公示，广泛征求群众意见。社内公示结束之后，上报国家出版局。最终，经国家出版局批准，张惠卿、徐秉让、邓蜀生、林穗芳、戴文葆、王以铸六位同志被评定为正编审，同事们亲切地称他们为"六大编审"。另有 136 位同志被评定为其他级别的编辑业务职称。时任总编辑的曾彦修，考虑到高级职称数量有限，而积压的人才太多，主动提出不参加此次职称评定。

首次职称评定是一项开创性工作，没有任何先例可资借鉴，没有完整详细的评定标准，没有规范成熟的规章制度。许多具体工作都是在摸索中进行，边运作、边收集各方面的意见和建议。遇到难以把握的政策问题，及时向国家出版局主管领导请示汇报，及时修正，不断改进。职称评定公平公正公开，引起全社员工热切关注，得到全社绝大多数员工认可，得到国家出版局领导的高度肯定。此后，评定职称就成为我社一项常规工作，每年一次。为我社出版事业人才的不断涌现创造了良好的条件；同时，评定人才的标准也有了可以遵循的依据，使编辑队伍有了业务钻研、努力进步的明确方向。

首次职称评定意义重大，在出版界产生了广泛影响，起到了很好的示范作用；填补了出版队伍考核晋级工作中的一项空白，成为新中国出版史上的一件值得载入史册的重要事项；为职称评定工作在全国全面顺利开展奠定了一个扎实的基础；为出版事业人才的培养、发掘、鉴定，为出版业制度建设的推进，积累了宝贵经验，作出了积极贡献。（常再昕）

◇ 出版《彭德怀自述》

1981 年 12 月，我社出版《彭德怀自述》，此后多次再版，累计发行数百万册，产生了巨大影响。

1959 年，在党中央召开的庐山会议上，彭德怀蒙冤受屈，被加上右倾机会主义、反党、反社会主义等罪名。为了澄清这些问题，彭德怀在 1962 年 6 月 16 日给党中央和毛泽东主席的一封长信（即"八万言书"）中，对自己的历史作了扼要的回顾，对强加给他的罪名进行了申诉。

"文革"期间，彭德怀遭到残酷迫害，丧失人身自由，被长期"专案审查"，直至含冤逝世。当时的彭德怀正处于受审查、被批判的境遇，他的每一句话都会受到严格查证。彭德怀为了回答专案组对他提出的许多荒诞无稽的质问，在他写的几份简历材料中，叙述了自己的经历，对自己作了深刻的剖析；同时，对种种诬蔑之词，作了义正词严的驳斥。他不仅回忆往事，而且对有关历史问题表明自己的看法，并根据亲身的感受总结经验和教训，进行认真的自我批评。

彭德怀平反昭雪之后，编辑组以这些珍贵的历史资料为主要依据，同时汇集了彭德怀生前战友所提供的信息以及相关的文献、档案、回忆录和访问录等资料，记述了彭德怀苦难的童年、暴动的岁月、横刀立马的经历，真实记录了彭德怀光辉战斗的一生，也为后世留下了一份关于中国革命的珍贵史料。（郭娜）

1982

◇ 中共中央批转毛、周、刘、朱和现任 中央常委著作出版办法

1982 年 7 月 5 日，中共中央批转中共中央宣传部、中央文献研究室《关于毛、周、刘、朱和现任中央常委著作的出版、发表及审核办法的请示报告》，即中发（1982）33 号文件。《请示报告》指出，出版和发表毛泽东、周恩来、刘少奇、朱德等老一辈无产阶级革命家的著作和传记，是一项十分严肃的任务，具有重大的政治影响，为了维护出版这类著作的严肃性，保证出版质量，除要求继续严格执行已有的规定，还作了补充规定，其中规定："毛、周、刘、朱和现任中央常委的选集、文集（包括专题文集、书信集、诗歌集）和个人传记、年谱，统一由中央文献研究室或中央指定的其他单位负责编辑工作，报送中央文献编辑委员会审定，交人民出版社出版。"

此后，这一文件得到了比较认真的贯彻执行。但有一段时间内，个别地方和出版社也出现了执行不严的情况。为了政治上慎重考虑，维护出版这类著作的严肃性，保证出版质量，根据中央指示精神，除重申认真执行中发

(1982)33号文件的规定外,中宣部特于1990年8月21日发文再作补充规定:"毛泽东、周恩来、刘少奇、朱德等老一辈无产阶级革命家和现任中央常委未发表过的历史文稿(包括文章、讲话、批示、电文、书信、诗词),根据需要,由中央文献研究室或中央指定的其他单位负责校订或整理,其中重要的文稿报中央审定,健在的老一辈无产阶级革命家和现任中央常委的文稿经本人审定后,公开或内部发表。如要正式出版这类文稿,需经中央文献研究室审批并报新闻出版署备案,由人民出版社和中央文献出版社按既定的分工范围出版。"(诸晓军)

◇ 出版《郭沫若全集·历史编》

郭沫若逝世后不久,1978年10月,经中央批准,成立了以周扬为主任,于立群、成仿吾、李一氓等20人为编委的编委会,下设办公室(编辑室),由吴伯箫、黄烈负责,着手郭沫若文集的编辑出版。最初书名为《郭沫若文集》,后来定名为《郭沫若全集》。

《郭沫若全集·历史编》(八卷本)由我社1982年9月全部出齐,首次印刷47500册。这是我国第一部郭沫若史学著作全集,收编了郭沫若从1923年至1972年近五十年间研究中国古代社会史、政治史、经济史、思想史、文化史的一系列专著、论文、考释、随笔、序跋和整理中国文献古籍的著述。郭沫若关于甲骨文、金文等古文字学、考古学方面的著述,另有《郭沫若全集·考古编》（十卷本）由科学出版社出版；郭沫若的文学作品，另有《郭沫若全集·文学编》（二十卷本）由人民文学出版社出版。

《郭沫若全集·历史编》的责任编辑为萧远强。萧远强受吴伯箫、黄烈委托，起草了《〈郭沫若全集〉编辑体例、规格凡例（草案）》《〈郭沫若全集·历史编〉目录》《〈郭沫若全集·历史编〉整理工作的几点意见》《〈郭沫若全集·历史编〉有关版本的情况》等文稿，对整个全集的编辑工作提出了建设性的意见。

《郭沫若全集·历史编》收编的《史学论集》是新编的集子，它主要辑录郭老散见于报刊上未收入集子的，以及原收入文艺、杂文论集中的史学文章。由于郭沫若生前已在我社出版过几部历史类文集，与我社的编辑有过大量的沟通，这部集子是由我社编辑依照郭老生前编集的意见，搜集文章，拟目编辑的。

除保留郭沫若著作中的原注外，这部全集又酌加了若干编者注。编者注的体例，基本上仿照郭沫若史学论著用简注的形式。在文字内容上，不搞微言大义式的义理分析，只作事实性说明和学术性的考订。

《郭沫若全集·历史编》对于研究郭沫若在历史方面的巨大贡献，提供了翔实的资料。（王怡石）

1983

◇ 出版《朱德选集》

《朱德选集》由中共中央文献编辑委员会编辑，我社于 1983 年 8 月出版。

编辑出版《朱德选集》，是为了适应读者学习和研究马克思列宁主义、毛泽东思想，学习和研究中国革命和建设的历史，学习和研究朱德同志的生平和思想的需要。

全书共 31 万字，收入朱德 1931—1962 年间的主要著作 65 篇，其中军事著作占将近五分之三。土地革命战争时期的著作收入 6 篇。在《怎样创造铁的红军》《谈几个战术的基本原则》等文中，阐述了红军的阶级性质、历史任务和人民军队必须具备的基本条件，强调红军要加强政治训练、提高军事技术、遵守铁的纪律，要无条件地服从共产党的领导；提出红军军人要以唯物辩证法来研究和运用战术。抗日战争时期的著作收入 17 篇。在《论抗日游击战争》等文中，全面阐述了开展抗日游击战争的基本条件和抗日游击队的战术等问题；在《论解放区战场》中，系统总结了中国共产党领导抗日战争的基本经验。解放战争时期的著作收入 16 篇。在《对冀中经济工作的意见》《目前形势和军队建设问题》等文中，提出战争是暂时的，生产是永久的；在军队中发扬军事民主，就可以打好攻坚战；军事工作与政治工作是部队建设的两个重要方面，只能都搞好；要根据不同的对象、地形、气候等灵活地运用战术等重要的思想理论观点。新中国成立以后的著作收入26篇。在《加强党的纪律检查工作》《加强团结，建设社会主义》等文中，阐述了中国共产党取得政权以后加强纪律性的重大意义，强调在新的情况下，要正确运用丰富的建党经验及时地纠正错误，保证党的领导的正确和党的统一和团结；在《把手工业者组织起来，走社会主义道路》《外出视察的报告》《对农村办公共食堂问题的意见》《纠正"左"的偏向，恢复和发展生产》等文中，集中论述了社会主义经济建设的有关问题，提出要注意发展手工业和农业多种经营、全党要学会按照客观规律办事等观点。

《朱德选集》集中反映了朱德运用马克思主义基本原理解决中国的实际问题，以及对于毛泽东思想特别是毛泽东军事思想的形成和发展作出的贡献。（忽晓萌）

◇ 出版《毛泽东书信选集》

《毛泽东书信选集》由中央文献研究室编辑，我社1983年12月出版。

毛泽东一生在与他人交往中，写了许多书信。书信一般比较简短，不能像论著那样系统地完整地阐述问题，但是他的许多观点和想法，没有在论著中得到论述，只在书信中记载下来了；一些方针政策、理论观点的酝酿过程，在论著中往往不易见到，在书信中却反映出来了。因此，《毛泽东书信选集》是了解和研究毛泽东的思想和生平的重要文献。

该书选入毛泽东在 1920 年至 1965 年期间的 372 封书信，主要是那些有一定思想理论内容，论及重要的政治原则和方针政策的书信；同时也选了一些同党内同志、党外朋友、亲属、故旧等个人交往的书信，其中大多数是第一次公开发表。这些书信大多数是根据中央档案馆提供的毛泽东手稿刊印的，每封信后面都注明了刊印所根据的原件。书信保持原貌，只有少量书信作了个别文字和标点的订正。有些没有写明年代的信，经考证将确定的年代写在标题下面。

《毛泽东书信选集》以 1920 年 12 月 1 日《致蔡和森等》为开卷篇，1965 年 9 月 25 日《致邓颖超》为终卷篇。这些书信从一个侧面反映了毛泽东同志的革命实践活动，反映了他的人际交往，不少书信还论及重要的政治原则、理论观点、方针政策，以及党性修养、思想方法、工作方法、学习方法等，对于学习和研究毛泽东思想，学习和研究党的历史，有重要的意义。

（忽晓萌）

1984

◇ 局部性调整出版方针

1983 年 10 月召开的党的十二届二中全会上，提到"思想战线不能搞精神污染"的问题。随后，在全国范围内开展了"清除精神污染"和"反对资产阶级自由化"的行动。

1984 年 3 月 6 日下午，胡乔木在中宣部约见许力以及我社领导班子曾彦修、陈茂仪、张惠卿谈话，就我社出版宗旨和方针任务座谈，胡乔木要求我社要以出版马列主义、毛泽东思想，出版社会主义理论著作为己任，进一步明确了我社的出版宗旨、方针以及任务。

按照胡乔木谈话精神，我社的出版方针任务又作了一些局部性调整。主要是：一是加强正面教育和正面宣传。要努力出好普及马克思主义基本理论和政治、经济知识的中级政治读物，出好宣传爱国主义的读物和批判国内外各种错误思潮的论著。二是参考资料和反面教材的出版，今后要尽量压缩。各种非马克思主义流派和代表一些错误思潮的论著不再选译出版，国内纯属供内部参考用的资料性书籍，一般也不再出版。

1984 年 7 月 10 日，我社正式向中宣部出版局、文化部出版局分党组上报《关于调整人民出版社方针任务的初步设想的报告》，并附《人民出版社的方针任务（修订稿）》，明确规定了我社的出版方针。（吴继平）

◇ 出版《列宁全集》中文第二版

由我国自行编辑的《列宁全集》中文第二版（共 60 卷），1984 年由我社开始编辑出版，至 1990 年年底全部出齐。

《列宁全集》中文第一版是根据俄文第四版翻译的，俄文第四版共 35 卷，后来又补出了 5 卷，共 40 卷。后三卷分别是列宁的哲学笔记、帝国主义笔记和土地问题笔记，由于第四十卷土地问题笔记意义不大，没有译出，所以《列宁全集》中文第一版共 39 卷，于 1963 年出齐。1982 年 5 月 26 日，党中央作出决定，责成中央书记处批准中央编译局自行编辑新版《列宁全集》，即《列宁全集》中文第二版。

《列宁全集》中文第二版是由我国自行编辑的最完备的《列宁全集》，共 60 卷，以苏联的俄文第五版《列宁全集》（共 55 卷）为基础，又增收了未收入第五版的《列宁文稿》俄文版的部分文献。译文均根据新版的原文仔细校订。各卷由我国学者编写前言，介绍本卷的写作背景和基本内容，注释比第一版增加一倍多。60 卷新版共约 2600 万字，第一至四十三卷为著作卷，第四十四至五十三卷为书信卷，第五十四至六十卷为笔记卷。为了便于读者阅读和使用，全书按著作、书信和笔记分成三大部分，前两部分按写作时间顺序排列，后一部分按内容分卷。全集所附各类参考资料，包括前言、注释、人物小传、文献索引、大事年表等，均由中央编译局编写，内容翔实、准确，既吸收了国外列宁著作研究的成果，又反映了我国列宁思想研究的整体水平。较之中文第一版，译文质量也有了明显的提高，文字畅通，表达准确，考订和统一了译名、译语，更加便于学习和研究。

1984 年 9 月 24 日，在北京人民大会堂举行了《列宁全集》中文第二版出版座谈会，杨尚昆、胡乔木、邓力群、薄一波、王任重等中央领导出席。胡乔木代表党中央作了指示，中央编译局局长姜椿芳和我社总编辑张惠卿分别向大家介绍了编译和出版的情况。

1991 年 4 月 26 日，由中宣部和新闻出版署联合召开的庆祝《列宁全集》中文第二版（60 卷）出版发行座谈会在人民大会堂隆重举行。李瑞环、丁关根、薄一波、胡乔木、邓力群及首都理论界 200 多人出席，座谈会由时任中宣部部长王忍之主持，我社社长兼总编辑薛德震就《列宁全集》中文第二版的出版工作作了汇报。

这部由我国自行编辑、文献丰富、译文更为准确、资料齐备的《列宁全集》中文第二版的问世，表明我国马列著作的编译出版事业向前迈进了一大步，它为我国人民系统地学习和研究马克思列宁主义创造更为有利的条件，为马克思列宁主义理论宣传和理论教育提供了可靠的依据。（吴继平）

◇ 出版《周恩来选集》

由中共中央文献编辑委员会编辑的《周恩来选集》（上、下卷），我社先后于 1980 年 12 月和 1984 年 11 月出版，约 68 万字。

周恩来同志写过大量的文章、文件、书信、电报，作过很多重要的讲话。由于过去艰苦的战争环境，那时的许多文献未能保存下来，1980 年在编辑这部书稿时，尽可能地把周恩来同志的著作和讲话记录收集起来，收入选集的只是其中最重要的一部分，有不少是过去没有公开发表过的。

该书收入周恩来 1926—1975 年间的主要著作 116 篇。上卷编入新民主主义革命时期著作 60 篇，包括国共合作的大革命时期、土地革命战争时期、抗日战争和解放战争时期的重要著述。其中，关于武装斗争，有《中共中央给红四军前委的指示信》《关于粉碎第四次"围剿"的电报》《目前形势和新四军的任务》等；关于统一战线，有《现实政治斗争中之我们》《关于西安事变的三个电报》《论统一战线》《人民政协共同纲领的特点》等；关于党的建设，有《坚决肃清党内的一切非无产阶级意识》《关于湘鄂西苏区发展的几个问题》《白色恐怖下如何健全党的组织工作》等。下卷编入中华人民共和国成立后的著作 56 篇，包括国民经济恢复时期、开始全面建设时期和"文化大革命"时期的重要著述。其中，关于经济建设，有《当前财经形势和新中国经济的几种关系》《把我国建设成为强大的社会主义的现代化的工业国家》《经济工作要实事求是》《国民经济的调整工作和当前任务》《发展国民经济的主要任务》等；关于外交工作，有《我们的外交方针和任务》《和平共处五项原则》《中美友好来往的大门终于打开了》等；关于知识分子、文化教育、统一战线和民族宗教，有《关于知识分子问题的报告》《我国人民民主统一战线的新发展》《关于我国民族政策的几个问题》以及"文化大革命"时期保护干部、恢复文教科技部门正常工作的若干文电等。选集集中记录了周恩来运用马克思主义基本原理解决中国新民主主义革命、社会主义革命和建设中的实际问题所作出的贡献，是学习、了解和研究中国共产党、人民军队和新中国历史经验的宝贵理论遗产。

收入选集的著作，凡是周恩来同志在世时公开发表过或有手稿的，都保持原貌，只做了少量的字句和史实的订正，对讲话的记录稿做了文字的整理，为了便于读者理解这些著作，还作了题解和注释，题解在每篇第一页下边，注释附在卷末。

该书还出版了多种少数民族文本和英、法、西班牙、俄、日、德等文本。（安新文）

1985

◇ 成立副牌东方出版社

1951 年 8 月，三联书店并入人民出版社，但仍保留"三联"名义出书，按需要出版"非马列"或"力图运用马列但不纯熟"的著作。

1984 年 3 月 19 日，中宣部致函文化部党组，原则同意三联书店从人民出版社分出。1985 年 5 月 28 日，文化部批复三联书店筹备处的报告，同意三联书店恢复建制，为文化部直属出版社。

1985 年 1 月 23 日，社党委在全社职工充分讨论的基础上向上级主管部门文化部出版局报送了《关于我社设副牌的请示》。从三个方面阐述了设立东方出版社作为我社副牌的理由。

首先，设立东方出版社副牌是出于出版工作的改革，适当增加出书范围和品种，满足社会各方面的客观需要。报告指出："最近我们学习了中共中央关于经济体制改革的决定，并联系出版工作的改革，考虑到在坚持我社原有方针任务的同时，应该进一步发挥编辑人员的积极性，适当增加出书范围和品种，以满足社会上各方面的需要。为此，人民出版社应该有一个副牌，这对于开展我社的编辑出版工作有利，也符合目前我社编辑出版工作的需要。"

其次，设立东方出版社是出于原来的副牌三联书店已经独立出去。报告指出："从1951年三联书店并入人民出版社以后，在很长时期里'三联'就一直是我社的副牌，主要出版哲学、经济、历史学术著作和翻译书籍。从前年起（1983年）三联书店已经正式确定为独立的出版机构，目前已经成立独立的编辑部，有自己的出版方针。因此，原先以'三联'作为'人民'副牌的作用就不存在了。从积极的设想考虑，人民出版社也必须另有一个副牌。"

再次，设立东方出版社是因为某些学术、文化著作不宜以人民出版社的名义出版。报告指出："我们提出今后拟用'东方出版社'的名义，出版某些不太适宜用人民出版社名义的学术、文化著作，以及有选择地翻译国外有代表性的或有较大影响的书籍，包括国际、政治读物。目的是介绍国外有关的新观点、新思想和新知识，为四化服务，为建设两个文明服务。东方出版社还出版以介绍反面教材为目的的内部发行书籍，供有关研究单位和学者参考。"

1985年6月11日，文化部批复，同意人民出版社设副牌——东方出版社，代号为453。明确规定该副牌的任务是根据人民出版社的出书方针和出书分工范围，出版某些不宜署用人民出版社名义的学术、文化著作，以及为满足中青年知识分子学习和提高需要的文化知识读物和有关工具书，并有选择性地出版国外有代表性的或有较大影响的读物。此外，可以适当出版一些作为反面教材的内部发行书籍，供有关研究单位和学者参考。

作为我社的副牌，东方出版社成立以来，出版了一大批优秀图书，更

加丰富了我社的出书范围和品种，更好地满足了社会各方面、各层次的精神文化需要。（吴继平）

◇ 出版《刘少奇选集》

《刘少奇选集》（上、下卷），共 66 余万字，由中共中央文献编辑委员会编辑。上卷于 1981 年出版，选编中华人民共和国成立以前的著作；下卷于 1985 年出版，选编中华人民共和国成立以后的著作。

刘少奇同志在长期的革命实践中，写了大量的文章、文件、电报、书信，并作了很多重要的讲话。收入选集的只是其中最重要的一部分，不少是过去未公开发表过的。

该书收入刘少奇 1926—1965 年间的主要著作 76 篇。上卷编入新民主主义革命时期的著作 38 篇，内容包括工人运动、白区工作、党的建设、统一战线、武装斗争、根据地建设等。其中第二次国内革命战争时期收入 9 篇著作，反映刘少奇在国民党统治区长期斗争的实践中，在对党内"左"倾错误所作的抵制和斗争中，提出保存发展党在白区革命力量和斗争的正确主张。抗日战争时期的著作收入 17 篇，反映刘少奇创造性地贯彻执行中共中央抗日民族统一战线和抗日游击战争战略方针，卓有成效地领导创建华北和华中抗日根据地的斗争。其中《论共产党员的修养》《论党内斗争》和《论党》是刘少奇这一时期关于党的建设的名篇。第三次国内革命战争时期收入

9 篇，反映刘少奇在代理中共中央主席期间，主持制定"向北发展，向南防御"的战略方针。《关于土地问题的指示》和《关于新中国的经济建设方针》等都是这一时期关系全党全国战略方针的重要著作。下卷编入中华人民共和国成立后的著作 38 篇，内容包括政治、经济、军事、外交、文化教育和执政党建设等。这一时期，刘少奇协助毛泽东主持中共中央全面工作，不少中共中央的重要政策是通过他的报告来阐述发表，如《关于土地改革问题的报告》《关于中华人民共和国宪法草案的报告》《在中国共产党第八次全国代表大会上的政治报告》和《在扩大的中央工作会议上的报告》等。同时，他努力探索在中国建设社会主义的规律，对许多问题有独到的见解，如实现国家工业化，尽快提高人民生活水平发展步骤的构想；人民内部矛盾是社会主义社会的主要矛盾；实行两种教育制度和两种劳动制度；加强对党和政府的监督，加强执政党自身的建设等。

选集集中反映了刘少奇为中国人民解放和社会主义建设事业奋斗的业绩，记录了他将马克思主义基本原理同中国实际相结合，对中国革命和建设经验所作的科学总结和理论贡献。（忽晓萌）

1986

◇ 出版《毛泽东著作选读》

《毛泽东著作选读》由中共中央文献编辑委员会编辑，1986 年 8 月由我社出版，分上、下两册，共 58.2 万字。

编辑出版这部选读，是为了向广大干部和青年提供毛泽东最重要、最基本的科学著作，以便于读者学习和研究中国共产党所领导的中国革命和建设的历史，学习和研究马克思列宁主义基本原理同中国革命和建设实践相结合的科学成果——毛泽东思想。

由于《毛泽东选集》只收录毛泽东在新中国成立以前的著作，而且篇幅较大，中共中央于 1960 年曾出版《毛泽东著作选读》甲种本和乙种本，在普及毛泽东思想方面起过积极的作用，但是不少重要著作没有选入或者只节录片段。1986 年，中共中央文献研究室以十一届六中全会通过的《关于建国以来党的若干历史问题的决议》为指导，重新编辑出版两卷本的《毛泽东著作选读》，选编毛泽东 1921 年至 1965 年间的著作 68 篇。其中选自《毛泽东选集》的有 51 篇；《毛泽东选集》以外的，包括在本选读中首次发表的著作有 17 篇。为了帮助读者理解毛泽东思想和毛泽东著作，特将上述决议的第七部分《毛泽东同志的历史地位和毛泽东思想》放在卷首。

收入该书的文章，尊重刊印所据版本或稿本原貌，只改正了几处错字。选自《毛泽东选集》的文章，原有的题解和注释做了修订和增补；选自《毛泽东选集》以外的，也修订或新写了题解和注释。修订和新增的题解、注释，有一部分提供了重要的评论和说明。题解在各篇第一页下方；注释附在每册书末，全书统一编排序号。每篇文章后面都增写了关于刊印所据版本或稿本的尾注，一部分尾注还有主要版本情况说明。（郑牧野）

◇ 出版《马克思恩格斯全集》
中文第一版

1956 年，根据中央精神和上级组织安排，我社开始着手组织《马克思恩格斯全集》（中文第一版）的出版工程，全集共计 50 卷，工程从 1956 年启动，到 1986 年全部书稿出齐，前后跨度整整 30 年。

《马克思恩格斯全集》（中文版 50 卷），共 53 册，共收入两位革命导师的 2000 多篇著作、4000 多封书信及 400 多件文献资料，总字数约 3200 万。该版是按照苏联新出版的《马克思恩格斯全集》俄文第二版翻译的，前 39 卷是正卷，第四十至五十卷是补卷，收录马克思恩格斯的全部著作，包括书信集和手稿，他们的很多笔记、读书札记和有些手稿在中文第一版中未收在内，其中译文主要是从俄文翻译的，有些重要著作曾根据德文原文校订过。早年我社出版的许多中文单行本，或为全集提供了校订修改的基础，或者提供了有益的参考、借鉴。

1958 年 12 月，《马克思恩格斯全集》中文第一版第一卷出版。到 1965 年年底，全集已经出版 21 卷，在出版全集单卷本的同时，为配合原著的出版，满足全党和全国人民学习马列主义理论知识的需要，我社对于马克思、恩格斯的重要著作大体上都出版了单行本，还出版了一大批书信集、专题论文集和笔记、手稿等等。第一至三十九卷在 20 世纪 80 年代初期出齐，从 1982 年开始，我社陆续出版了第四十到五十卷的补卷。

1986 年，《马克思恩格斯全集》中文第一版（50 卷）全部出齐。为了庆祝这一跨度 30 年的马克思主义著作出版工程，5 月 5 日，我社和中国马列主义毛泽东思想研究会、中共中央马恩列斯著作编译局、中国社会科学院马列主义毛泽东思想研究所等中央机构在北京举行座谈会。中共中央宣传部部长朱厚泽到会讲话。社长兼总编辑张惠卿、副总编辑吴道弘等参加了座谈会。

到 1986 年 5 月为止，这套全集在全国陆续发行 430 多万册。书籍在装帧设计方面，也比较考究。全集分全织物精装和纸面布脊精装两种版本，蓝色封面烫红字，正面是著名雕塑家刘开渠雕刻的马克思和恩格斯浮雕头像，给人以庄严大方的感觉。（吴继平）

1987

◇ 明确与中央文献出版社出书范围分工

1987 年 3 月 19 日，我社总编辑张惠卿与中共中央文献研究室秘书长高勇分别代表双方签署了《关于人民出版社和中央文献出版社出书范围分工的协议》，规定："党和国家主要领导人的著作（包括选集、文选、单篇本），当代党和国家的文献选编、汇编（如《三中全会以来重要文献》选编、汇编，《十二大以来重要文献》选编、汇编），中央和中央宣传部要求组织全党学习的党和国家主要领导人的专题文集（如邓小平《建设有中国特色的社会主义》《坚持四项基本原则反对资产阶级自由化》等）由人民出版社出版；党和国家主要领导人的专业性文集（如正在拟编中的刘少奇《论合作社经济》等）、仅供党内一定范围阅读的党和国家主要领导人的文稿由中央文献出版社出版；党和国家领导人的年谱、传记（已由人民出版社出版的除外）由人民出版社和中央文献出版社共同出版（署两家名，共负盈亏）。"

4 月 15 日，新闻出版署通告中共中央文献研究室，同意成立中央文献出版社（社号：518），规定该社的出书范围是：党和国家主要领导人的专业性文集；供党内一定范围阅读的党和国家主要领导人的文稿；同人民出版社共同出版新编的党和国家领导人的年谱、传记，并指出要加强与人民出版社的协作，避免选题的重复。（诸晓军）

◇《元朝史》获首届中国图书奖

1987 年 7 月 17 日，我社出版的由韩儒林主编，陈得芝、邱树森、丁国范、施一揆著的《元朝史》荣获首届中国图书奖。中国图书奖是 1986 年由中宣部设计并组织实施的，由中宣部出版局主办，责成《中国图书评论》杂志社承办，是国家级的综合性图书奖。

《元朝史》是我国第一部用马列主义观点全面、系统地研究蒙元历史的断代史著作。全书分上、下册，约 75 万字，共分十章。

这部书从组稿开始曾几经周折。主编韩儒林先生是我国元史研究的权威。早年留学欧洲，受教于法国著名东方学者伯希和。回国后，一直在南京大学讲授历史，尤为精通元史，著述颇丰。早在 20 世纪 50 年代后期至 60 年代初，韩先生在南京大学历史系讲授元史课时，他就曾编撰过一册约 20 万字的讲义《元史纲要》（有 60 年代初油印本）。粉碎"四人帮"后，从 1977 年春开始，韩儒林先生又带领他的学生陈得芝、邱树森、丁国范、施一揆等对《元史纲要》重新进行编撰，经过将近 4 年时间，新编撰的《元史纲要》共 8 章、48 万字全部完成。1980 年 10 月，在南京召开的元史研究会成立大会上，将这部新编撰的《元史纲要》油印本分发给参会者。大会之后，参照国内各地蒙元史研究者提出的意见，韩先生对《元史纲要》进行了全面的修改、增补。经过两年多时间，将全书修改、扩充为 10 章、68 万字（连同人名索引、引用书目，共 74.6 万字），定名为《元朝史》，送交我社。

作者非常重视并直接利用丰富的域外史料与汉文史料进行比勘研究，并应用历史语言学的方法探讨译名还原和物名制度的渊源，全书引用中外文史籍资料多达 320 余种，使许多过去混沌不清的问题得到了澄清，不仅改变了我国元史研究的途径，也为以往所出版的元史著作所从未有过的。书中多语种史料的运用，也给编辑工作带来了难度，史料中的译名问题又很多，如不加考订，则难以获得准确的史实。为了保证书稿质量，精益求精，该书的责任编辑陈有和不仅翻阅了大量的史料，还注意虚心向周围的同志学习，向作者请教，逐一地解决了书中出现的误差。该书出版的成功，是作者和编辑共同努力的结果。（雷坤宁）

◇ 戴文葆获首届中国韬奋出版奖

1987 年 9 月，首届韬奋出版奖在北京举行颁奖大会，我社编审戴文葆获奖。

戴文葆（1922—2008），江苏阜宁人。1940 年 9 月考入重庆复旦大学政治学系。1942 年春，参加中共中央南方局青委领导下的"据点"，从事党的地下革命工作。1944 年曾任《中国学生导报》主编。1945 年 8 月复旦大学毕业，到重庆广益中学任教。1946 年 12 月至 1951 年 8 月，在上海《大公报》工作，任评委、副编辑主任、管委会委员。

1951 年 9 月至 1979 年，戴文葆先后在我社、三联书店、中华书局工作。1979 年至 1981 年，在文物出版社工作。1981 年 7 月至 1995 年 6 月，先后在我社和三联书店工作，于 1994 年 1 月回到我社。1983 年 3 月评为编审。1994 年 1 月，享受国务院特殊津贴。1995 年 6 月离休。

戴文葆早年为《理论与现实》《读书与出版》《文萃》《民主》《世界知识》《文汇报》等进步报刊撰稿。新中国成立后为宣传人民政协共同纲领，他负责编辑出版了《人民的大宪章》并撰写了对外政策一章。创作散文集《中国走在前面》、传记《刽子手麦克阿瑟》等书，以宣传新中国，揭露帝国主义的本质，鼓舞人民保家卫国。1954 年，参与编写《战后太平洋问题大事记》，为周恩来总理带领中国代表团出席日内瓦会议，提供了有价值的参考资料。1976 年"天安门事件"发生后，创作《压不碎的民心》，被收入《丙辰清明纪事》一书中。

戴文葆具有较高的马克思主义理论水平，在国际问题、政治、历史、编辑学诸方面均有较深的造诣。参加过制定译介哲学、社会科学著作的长期规划。参加了《世界知识年鉴》的设计与定稿，是内部参考用书《右翼社会党》（中央急件）的主要作者之一；组织翻译了尼赫鲁著《印度的发现》；全力选编《宋庆龄文集》《宋庆龄书信集》《胡愈之译文集》；协助范长江同志编辑《韬奋文集》；具体拟定了中国近代思想家文集的编辑出版规划并重编和校刊了《谭嗣同全集》；重新编校《六十年来中国与日本》并新编其中第八集，为吴晗同志整理了《朝鲜李朝实录中的中国史料》的最后部分；参加编辑了《蒋介石言论集》《中国古长城遗址调查》《鉴真》《长城》等有较大影响的重点图书。他勇于冲破思想禁区，重新编辑出版《性心理学》一书，为《吴宓日记》等许多著述的出版提出重要意见。整理、核对、审读了徐铸成著《报人张季鸾先生传》。他主编的《编辑工作基础教程》，是我国编辑学的首批教材之一，在教学和培训中发挥了重要作用。他热心出版公益事业，倡议成立中国编辑学会，并担任中国编辑学会第一、二、三、四届顾问，多次参加国家级出版规划的制定，多次参加国家级图书奖项的评审。

工作之余，戴文葆勤于写作，发表了许多文章书评，并撰写有《国际现势读本》《新颖的课题》《月是故乡明》《号角与火种》《寻觅与审视》《射水纪闻》等多种著作。（离退休干部工作办公室）

◇ 出版《任弼时选集》

《任弼时选集》由中共中央文献编辑委员会编辑，1987年9月我社出版。

该书收入任弼时1925年至1950年间的主要著作47篇。多数没有公开发表过。凡是手稿和已经发表过的文稿，都保持原貌，只做少量的文字和史实的订正。书稿大部分为大革命时期、土地革命时期、抗日战争和解放战争时期的重要著述。其中，关于青年运动，有《怎样布尔什维克化》《在中国新民主主义青年团第一次全国代表大会上的政治报告》等，提出青年团是先进青年群众性的组织，要在党的领导之下发挥青年团的先锋模范作用，团的工作要适合青年特点等思想。

关于党的建设，有《在中央紧急会议上的发言》《关于增强党性问题的报告大纲》《反对宗派主义》《领导方法和领导作风》《中国抗日战争的形势与中国共产党的工作和任务》等，系统地阐述了党在思想上、组织上、作风上的建设问题，在党内产生很大影响。

关于军队建设，有《红二军团当前的建设任务》《红二、六军团从湘鄂边到康东北长征经过》等，明确指出政治工作是红军的生命线，应从政治和军事两个方面提高指战员的素质。

关于根据地建设及经济建设，有《时局的发展和边区的任务》《陕甘宁边区财政经济工作的基本方针》《解放区经济建设和财政金融贸易的基本方针》等，系统地阐明了革命的目的是为着建设，在战争时期必须同时注意经济建设的观点，指出有了巩固的根据地，有了相对和平的环境，就应把经济建设作为根据地建设的中心任务。

关于土地改革，有《土地改革中的几个问题》和《对晋绥土改整党工作的意见》等，提出并阐明党的正确的土改路线和整党原则，对各个解放区都起了重要的指导作用。

本选集是任弼时一生从事革命实践的理论研究和经验总结，是研究新民主主义革命历史，研究马克思主义中国化历史进程的重要文献之一。（郑牧野）

◇ 开始出版国家现行法律法规及汇编

1987 年 12 月 14 日，由国务院法制局和我社共同举办的《中华人民共和国现行法规汇编》编辑出版工作汇报会在北京举行，我社总编辑张惠卿在会上汇报了出版情况。

1991 年 12 月 23 日，新闻出版署发出《关于贯彻执行国务院〈法规汇编编辑出版管理规定〉的通知》，规定："由全国人民代表大会常务委员会法制工作委员会编辑的法律汇编由人民出版社出版"，"由国务院法制局编辑的行政法规汇编由人民出版社、法律出版社、中国法制出版社和中国民主法制出版社出版"。

从 1999 年开始，我社每年出版一部由全国人大常委会法制工作委员会编辑的《中华人民共和国法律汇编》，现已出版 18 部；每五年出版一部五年法律汇编合集，现有三部，即《中华人民共和国法律汇编（1995—1999)》《中华人民共和国法律汇编（2000—2004)》《中华人民共和国法律汇编（2005—2009)》；还出版了《中华人民共和国法律汇编 1954—2004》。现行法律的完整汇编目前已经出版两部，《中华人民共和国法律（2011 年版)》《中华人民共和国法律（2013 年版)》。

从 2008 年开始，我社每年出版一部中华人民共和国国务院行政法规的年度汇编，目前已经出版了《中华人民共和国现行法律行政法规汇编》《中华人民共和国国务院行政法规汇编 2008》等六部。（张立）

1988

◇《中国哲学史》《中国史纲要》获全国首届高等学校优秀教材特等奖

1987 年 3 月 13 日，国家教委发布《高等学校优秀教材奖励试行条例》《一九八七年高等学校优秀教材评奖办法》。优秀教材的评奖工作，在国家教育委员会统一指导下进行。

第一届全国高校优秀教材评奖范围是 1976 年 10 月至 1985 年年底各出版社出版的大学本科及研究生使用的各种教材。1987 年 12 月 25 日至 28 日召开了全国首届高等学校优秀教材评审会议，对各部委和地方推荐来的 348 种教材进行了认真的审定。共评出全国高等学校优秀教材特等奖 22 个，全国高等学校优秀教材奖 239 个。

1988 年 1 月 27 日国家教委发出《关于全国高等学校优秀教材评奖结果的通知》，我社出版的《中国哲学史》（任继愈主编）、《中国史纲要》（翦伯赞主编）获特等奖。

任继愈先生把总结中国古代精神遗产作为自己一生的追求和使命，致力于用唯物史观研究中国佛教史和中国哲学史。他主编的《中国哲学史》（四卷本）从 20 世纪 60 年代开始，就是大学哲学系的基本教材。40 年来，培养了一代又一代哲学工作者。

《中国史纲要（上下）》是 1961 年高等学校文科教材编选计划会议决定，委托翦伯赞教授组织编写，作为高校文科中国通史教材之用的。在写作、讨论过程中，翦伯赞教授经常就体例、理论运用和史料鉴别等问题与编写组同志反复商讨。他再三强调，一定要坚持从历史出发，用历史事实说明问题，把论述建立在坚实的科学研究的基础上。最后定稿时，翦伯赞先生还字斟句酌地进行推敲。这些都充分体现了他作为主编的认真负责精神和对历史科学的严肃态度。

1 月 30 日，国家教委在全国高等教育工作会议期间，举行了全国高等学校优秀教材颁奖仪式。国务院代总理李鹏同志接见了获得优秀教材特等奖的 22 本图书的代表并合影留念。教委副主任何东昌、朱开轩同志向作者颁发荣誉证书，会上同时向出版优秀教材的各出版社颁发了奖状，表彰各出版社在教材编写工作中所作的贡献。（陈岩）

◇《中国宏观经济分析》获第二届中国图书奖

《中国宏观经济分析》作者张风波先生曾在日本研究经济政策学和计量经济学，留学日本时曾以出色的研究成果轰动日本经济理论界。学成归国后，年仅 32 岁的他为国务院经济技术社会研究中心副研究员，在我国宏观经济领域里进行了开拓性的研究。他担任列入国家"七五"重点科研项目的"中国宏观经济研究"课题组组长，总体负责这项研究工作，最终成果《中国宏观经济分析》一书于 1987 年 12 月出版。该书 1988 年 9 月 14 日获得第二届中国图书奖。

全书用宏观经济理论，结合大量统计指标及图表的运用，分析中国国民经济运行过程中的基本特征，内容涉及 GDP 的增长速度、劳动力的就业状况、经济发展过程中的通货膨胀及通货紧缩问题、社会消费、投资及固定资本增长情况、进出口贸易中的净出口分析、货币政策及财政政策等的调控职能等。并介绍了统计指标的规范解释和实际使用经验。在研究方法上，作者采用了：

1. 历史分析：纵向分析经济社会发展历史过程中的变化规律和特点，正确地掌握今后的发展趋势。

2. 结构分析：深入地认识错综复杂的经济结构，掌握各因素的相互关系，相互影响程度和变化特点，全面系统、综合性地把握经济运行规律。

3. 计量分析：本书各章将经济理论与数量分析的方法相结合，对经济社会现象进行定量分析，保证了研究的精确性、严密性和科学性。作者率先利用微电脑技术进行经济分析，大大降低了研究成本，提高了效益。

4. 国际比较：各国在经济发展过程中存在一些共同规律。处于不同经济发展阶段的各国发展经验和教训对中国当前和今后的经济决策具有参考价值。

这本书最大的特点是采用了过去几乎无人尝试的计量经济学的方法清晰地勾画了中国经济的发展过程和现状，客观、科学地认识中国经济结构、运行机制和变化规律，并归纳上升到理论高度，指导经济决策。为了解现代中国和今后的经济改革提供了绝好的材料，成为研究中国的学者、商界人士以及关心中国的读者们的必读之书。

该书出版后，众多专家学者在《人民日报》《求是》《瞭望》《管理世界》《中国图书评论》《新华文摘》等撰写书评赞誉此书，评议其为"对中国经济进行计量分析的第一部真正的研究专著""一部具有开创性的经济新著""有突破性的成果，读后令人耳目一新""一部在研究方法上具有开拓性，对我国宏观经济决策具有实用价值的研究成果"。国际著名学者、日本经济学权威大来佐武郎为《中国宏观经济分析》日文版（日本有斐阁出版社 1989 年 2 月版）撰写专文。（郑海燕）

◇ 调整领导班子及机构，薛德震任社长兼总编辑

1988 年 11 月 17 日，新闻出版署发出关于我社领导班子任职的通知：任命薛德震为社长兼总编辑，庄浦明任副社长兼副总编辑，吴道弘任副总编辑，李连科任副总编辑，张树相任副社长。免去张惠卿总编辑职务、杨柏如副社长职务、林言椒副总编辑职务。11 月 19 日，召开全社职工大会，新闻出版署副署长宋木文在会上宣读了关于本社领导班子的任命通知。

12 月 17 日，召开全社职工大会，社长兼总编辑薛德震作了题为《人民

出版社当前的形势和任务》的讲话。他在讲话中宣布机构调整的方案：马列室与科社室合并成立马列编辑室，政治、经济、哲学、中国历史、国际各编辑室保留，以上6室，每室5人。党史室原有任务一分为二，将史的部分划归中国历史编辑室，将文集部分划归政治室，党史室撤销建制。祖国丛书室任务已接近完成，撤销建制。新建综合编辑室，任务开放，人数不限。《新华月报》《新华文摘》《人物》三个期刊保留。新建编审室，任务是：帮助总编辑决审；开发选题，规划丛书；帮助编辑室审稿加工。新建开发经营部，编制人数不限。

12月28日，召开全社中层干部会议，社长兼总编辑薛德震宣布了调整机构和进行人员合理组合后的机构设置与新任命的各部处室负责人名单：马列著作编辑室主任钟颖科；政治著作编辑室主任茹让、副主任杨素梅；哲学著作编辑室主任田士章、副主任方鸣；经济著作编辑室主任韩忠本；中国历史著作编辑室主任马连儒、副主任乔还田；国际编辑室副主任孙祥秀、祝立明；综合编辑室主任金作善、副主任吴学金、张秀平；《新华文摘》编辑室主任陈子伶、副主任刘菊兰；《人物》编辑室主任吴承琬、副主任冀良；《新华月报》编辑室副主任张小平；总编办公室主任陶膺、副主任杨寿松、陈有和；美术编辑室主任郭振华、副主任尹凤阁；资料室副主任刘威立；地图编绘室副主任卢运祥；经理部经理刘继文、副经理寇天德、李椒元；出版部主任李椒元（兼）、副主任房继龄；发行部主任洪恒月、副主任艾立民；财务室副主任彭庆珍；人事处处长马瑞文（兼）、副处长刘建国（兼）；老干部处处长邵长明；行政处处长郭其永、副处长孙德琛、关殿荣；开发经营部主任赵海书、副主任李敬义、李馨章；秘书处处长刘泰；党委办公室主任刘建国。(吴继平)

1989

◇ 建立社务委员会，实行目标管理责任制

1989 年 1 月 4 日，国家新闻出版署批复，同意我社建立社务委员会，由薛德震、庄浦明、吴道弘、马瑞文、李连科、张树相、张惠卿 7 人组成，薛德震任主任委员。社务委员会是出版社的议事机构，协助社长处理编辑出版经营管理中的重大问题。1 月 10 日，召开了社务委员会正式成立后的第一次全社中层干部会议。薛德震宣布了社务委员会成员名单，并着重讲了抓好工作规划和实行目标管理责任制的问题。

社务委员会是在国家新闻出版署党组领导下的一级领导组织，采取集体领导和社长负责制。社务委员会所有成员有明确的责权分工。正副社长、正副总编辑分别侧重于对全社进行行政事务和业务方面的管理和指导。社务委员会的成立充分体现了我社贯彻民主集中制的优良传统和作风。各种社情民意，可以顺畅上传到社领导及相关的决策部门。每一件重大事项的决定，每一份文件的拟定，每一项规章制度的出台，都有规范的流程，都要经过社务委员会的充分讨论、酝酿，最终由集体表决，作出决定。这一举措，保证

我社各项重大决策能够最大限度地减少失误，避免偏差，更加科学，更加规范。

社务委员会成立的第一年，决定的重要事项有：

部署全社新的工作规划和目标管理责任制；各图书编辑室制定三年选题规划；各部门抓紧落实目标管理责任制和岗位责任制。

4月10日，经社务委员会讨论通过，社长决定，印发全社执行《人民出版社关于选题论证、审批的规定》。标志着我社正式实施选题论证制度，由过去实行的选题个别审批，改变为由选题论证会集体讨论审定，社长签批。选题论证会的组成人员为：社领导、编辑室、总编室、出版发行部门的负责人及责任编辑。中宣部出版局领导对我社这项重大的改革举措给予了充分的肯定，1990年1月中宣部的《出版简讯》第三期予以报道："加强对图书选题的调查、研究、论证、审批和管理，是坚持社会主义方向，提高图书质量，改善图书结构，保证社会效益居于首位并使之与经济效益有机结合的重要环节。"

10月26日，社务委员会组织了《新华月报》创刊40周年座谈会。邀请到社会各界相关领导、专家学者参加会议。与会者追忆历史，展望未来，并共同谋划《新华月报》的发展前途。

出台的重要文件有：《我们的任期目标（1989—1991年）》《人民出版社贯彻社长负责制工作条例》（试行）《人民出版社关于选题论证、审批的规定》《人民出版社关于同国外及港台合作出版书刊的暂行规定》《人民出版社编辑出版工作基本规定》《人民出版社关于各级领导干部保持廉洁、抵制不正之风的暂行规定》等。（常再昕）

◇ 出版《李先念文选》

《李先念文选》由中共中央文献编辑委员会编辑，1989 年 1 月由我社出版，共计 36 万字。该书收入李先念同志从 1935 年 6 月至 1988 年 2 月的重要著作 94 篇，其中 75 篇是第一次公开发表。全书内容大体分为三个时期。第一个时期从中国工农红军长征到全国解放。当时中国革命的主要形式是武装斗争。作者经历了极其复杂的斗争，取得了丰富的实践经验。该部分收入 25 篇著作，反映了李先念在革命战争年代所经历的艰苦斗争和取得的丰富经验。第二个时期是从全国解放到 1954 年，总共收入 18 篇著作，反映了李先念在领导地方工作中，为实现国民经济的恢复和发展，建立和巩固人民民主政权，以及为社会主义改造和社会主义建设创造条件所进行的努力。1954 年以后为第三个时期，收入 51 篇著作，反映了李先念在中央参与社会主义改造和社会主义经济建设的领导工作中，在计划、财政、金融、商业、外贸等方面的重要见解。其中"文化大革命"结束后特别是改革开放新时期的著作，反映了李先念参与指导全党实现历史性伟大转折和进行经济调整、改革，探索中国特色社会主义经济建设规律所作出的贡献。

该书的编辑工作，由中共中央委托原中共中央书记处研究室负责进行，中共中央文献研究室参加审核、校阅和注释工作。收入该书的文稿，对过去没有整理过的讲话记录做了文字整理，其余的作了必要的文字订正。（王新明）

◇ 出版《周恩来传》（1898—1949）

　　《周恩来传》依据中央档案馆保存的周恩来数万件文稿、电报、书信、讲话记录和大量会议记录，还有邓颖超保存的周恩来青年时代日记、作文和书信等。广泛参考了当时各种报刊及许多同周恩来有过直接接触的人员的访问记录、回忆录等。本传以新中国成立为节点分为两部分出版。《周恩来传 (1898—1949)》在 1989 年 2 月由人民出版社、中央文献出版社出版第一版，又经过 9 年的工作，《周恩来传》（1949—1976）方才完稿，由中央文献出版社出版。《周恩来传》(1898—1949)，由李琦指导写作并审阅定稿，金冲及主要撰写。邓小平同志题写书名。

　　在编辑过程中，编辑人员与中共中央文献室保持紧密联系，双方就书名题字、作者署名、地图使用及手迹、照片的摆放等问题进行了商定。书稿在定稿前，送交薄一波、胡乔木、胡绳等审阅。

　　这部传记如实地叙述了周恩来在民主革命时期寻求真理、确立信仰的曲折过程，反映了他在各个重大历史转折关头、在异常艰难的条件下为中国革命所作的可贵探索和巨大贡献，展现了他顾全大局、相忍为党、光明磊落、联系群众的品德、他的性格和多方面的才能。同时，对他在复杂的历史环境中的某些失误也做了客观的、具体的阐述及分析。书中披露了许多过去鲜为人知的重要历史事件的真相，澄清了社会上曾流传的一些误解。书中对周恩来担任中共中央主要领导人以来参与处理的许多重大历史事件的重要细节也作了生动的描绘。

《周恩来传》出版前夕,《人民日报》以"国内首部反映我党主要领导人的传记《周恩来传》即将出版,披露许多鲜为人知的重要历史事件真相"为标题对该书的出版信息进行了报道,指出:它不仅可以帮助读者了解周恩来的生平,还可以从一个侧面了解中国的近代历史和中国共产党的历史。

《周恩来传》出版后,邓颖超称赞该书比较完整地反映了一些重要的历史情况,是一次"最好的尝试"和"一种创新"。

1990年,《周恩来传》获第四届全国图书"金钥匙"奖一等奖,1994年获第一届国家图书奖。(韦玉莲)

◇ 出版《王稼祥选集》

《王稼祥选集》收录了王稼祥同志1926年3月至1962年6月的重要著作60篇,1989年9月出版。

王稼祥同志是我党历史发展中的一位重要的领袖人物,他不但在遵义会议上作出了重要贡献,而且在抗日战争、解放战争中,在建设新中国的奋斗中都发挥了重要作用,作出了重大贡献。当年胡耀邦总书记同意王震的意见,并批给中央书记处习仲勋、胡乔木同志,批准编辑出版《王稼祥选集》,并将编辑选集的任务交给安徽省社会科学研究所(后改为安徽社会科学院),

出版任务交给我社。

1989 年 11 月 15 日我社举行了该书的首发式。会前开了预备会,《党史纵览》2012 年第 3 期发表徐则浩的《难忘习仲勋》一文,作了如下记述:首发式前一天,在伍修权处商定了会议主持人、会议议程。参加者有安徽省委代表侯永(省顾问委员会副主任)、牛小梅(省委常委、宣传部长)、人民出版社社长薛德震。大家一致认为首发式理应请伍修权主持,因为他是中央批件中这个项目的牵头人。伍修权谦让,说:人民出版社出的书应由人民出版社主持,否则名不正言不顺。薛德震说这个问题好办,在首发式开始前,由他宣布一下邀请伍修权主持。关于议程,伍修权强调,请王震主要讲话,习仲勋、王首道讲话后,自由发言。会议从 10 时开始,11 时结束,不能开得太长,因为出席会议的大都是老同志。

首发式很成功,出席会议的除了王震、习仲勋、王首道等老首长,还有王稼祥的夫人朱仲丽、新闻出版署署长宋木文、延安时期担任过王稼祥的秘书、我社老社长王子野,安徽省委和党史界、新闻出版界、王稼祥家乡的代表,还有各主要媒体的记者。王震、习仲勋、王首道等老同志席间还亲切地接见了有关的工作人员,并合影留念。(王新明)

◇《新华月报》创刊 40 周年

1989 年 11 月,《新华月报》迎来创刊 40 周年。

《新华月报》是伴随着中华人民共和国诞生而诞生的大型政治性、文献性综合期刊，它忠实地记录了新中国成长和发展的历史进程，是人们了解、认识新中国的一部完整、系统的文献资料。

1949 年 11 月，《新华月报》创刊号出版。上面刊登了毛泽东主席为《新华月报》创刊号的题词："爱祖国，爱人民，爱劳动，爱护公共财产为全体国民的公德。"《新华月报》创办者、新中国首任出版总署署长胡愈之同志为创刊号撰写了题为《人民新历史的开端》的代发刊词，指出《新华月报》的任务将是"记录新中国人民的历史"，这也成为《新华月报》的办刊宗旨。

《新华月报》出版 1 周年时，董必武同志为其题词：日有所记　月有所积　政府设施　国民作息　社会动态　世界事迹　材料丰富　尽力搜集　荦荦大端　俱加分析　置此一册　可备参稽。

1966 年，《新华月报》在出版了当年的第 7 号后，因"文革"被迫停刊。1969 年形势稍有转机，周恩来总理即令筹备《新华月报》复刊，而此时正值人民出版社干部要被下放到湖北咸宁文化部"五七"干校。他随即指示由新华社接编《新华月报》。在周总理的直接过问下，《新华月报》于 1970 年 5 月试复刊，7 月正式复刊，由新华社编辑，人民出版社出版，内容格式一律照旧，连版权页都未改动。1978 年年初，人民出版社派人从新华社"接"回了《新华月报》，从当年的第 4 期起，《新华月报》重新由人民出版社编辑。

从 1979 年起，为适应读者需要，在时任人民出版社副社长范用的大力支持下，《新华月报·文摘版》创刊，《新华月报》的内容由此更偏重于纯文献类。1981 年，《新华月报·文摘版》正式更名为《新华文摘》。

1989 年 10 月 26 日，《新华月报》创刊 40 周年座谈会举行。与会者都曾先后在月报工作过，他们是：臧克家、王子野、杨培新、谭吐、张惠卿、高野夫、殷国秀、周静、于干、沈永、徐秉让、李庶、邓爽、刘金绪、陈今、李蓬茵、金敏之、郑曼、张仲恢、李庆熙，人民出版社负责人薛德震、庄浦明，以及当时在月报工作的戴鹤声、张小平、张慎趋、刘毅然、张明礼、李绵、顾杰珍、吴颖等。曾经领导和参加过月报工作的胡绳、杜导正、孟奚、范用等同志因事或因病未能参加，也来电话或捎信表示祝贺。座谈会由《新华月报》主编戴鹤声主持。

年逾古稀的高野夫同志还特地为《新华月报》作了一副对联："应运而生，与共和国同根同步同岁月"，"以文传世，为新时代立德立业修春秋"，道出了与会者共同的心声。（李京明）

◇《编辑工作二十讲》获首届全国编辑
　出版理论图书奖

1989 年 12 月 2 日，由新闻出版署研究室联合《出版工作》月刊和《新闻出版报》社共同举办的"首届全国编辑出版理论图书评奖"颁奖会在北京举行。

这次评奖是对 1949—1989 年期间编辑出版科学研究成果的检阅，旨在总结经验，唤起全国编辑出版界和整个文化界的重视，积极推动我国编辑出版科学理论的研究，进而促进我国编辑出版学学科的建立。本次评选工作聘请了编辑出版界的专家、学者王子野、戴文葆、吴道弘、倪子明、阙道隆、邵益文、陆本瑞、杨牧之、张伯海、梁衡、滕明道、顾永高等12人组成评审委员会。王子野为评委会主任，新闻出版署政策法规司兼任评委会办公室工作。评选先由各自出版社推荐，然后分类筛选、评委审读评审和投票表决，最后在84种选送书中评出10种获奖图书。我社出版的《编辑工作二十讲》名列其中。

《编辑工作二十讲》是我社曾彦修、张惠卿等20名老编辑出版工作者谈编辑工作的讲稿汇集。全书论及了编辑工作的时代使命与社会责任，编辑的思想道德修养，选题是编辑的一项基本功，审读的意义和方法，加工与整理，期刊编辑工作，编辑的语文修养，编辑写作与通俗化，编辑与资料工作，版本和文献，编辑与书籍装帧，图书的版式设计与印制，编辑与校对，编辑与版权、编辑应用文的写作，书刊地图的编辑工作，编辑与读者及图书宣传，编辑与图书发行，图书的成本与经营管理，编辑的业务管理，认真探索编辑工作的规律等。时任我社副总编辑的吴道弘为该书撰写前言。

该书注意理论与实践的结合，条分缕析，比较系统。所论各题都是出版社编辑人员应该掌握的。对编辑工作既有宏观的构想，又有微观的实践；既有成功的经验，也有失误的例子。可供图书、报刊编辑，大学编辑，新闻专业及文科师生阅读。

新闻出版署副署长刘杲、中国出版工作者协会主席王子野等领导同志出席颁奖会并讲话。（陈岩）

◇《中国人口史》获第三届中国图书奖

人口史是研究人口变化历史的一门科学，是历史学的一个重要组成部分。但在 20 世纪 80 年代之前，中国人口史的研究几乎是空白，由于资料的局限，学术界对人口史的系统研究起步较晚，研究成果也较少。

赵文林、谢淑君从 20 世纪 50 年代开始进行大量人口资料的搜集、审查、推算、补充和大量的理论研究工作，历时 30 多年，终于完成《中国人口史》的编撰。1988 年 6 月，由赵文林、谢淑君编撰的《中国人口史》由我社出版发行，它是中国人口史专著中问世最早的。

全书分为两大部分：前 12 章主要对 4000 年历史人口的全国数字和地区分布数字，作了梳理和评述，形成"人口波浪线"等见解的依据。后 4 章主要归纳前 12 章的材料，探索人口增减分布和流动的规律。该书无论从内容跨度和研究方法，还是从所推算的大量数据和所得出的许多新鲜见解来看，都是一部值得推荐的研究中国人口历史发展的重要著作。

该书出版后在学术界引起很大反响，于 1989 年荣获由中国图书评论学会颁发的第三届中国图书奖。（韦玉莲）

1990

◇ 首届全国人民出版社工作研讨会在贵阳召开

1990 年 5 月 7 日—10 日，新中国成立以来首届全国人民出版社工作研讨会在贵阳召开。全国人民出版社的负责人汇聚一堂，研讨人民出版社在工作中的经验和教训，研究今后怎样为出版事业的繁荣作出新贡献。会议主要有三个议题：(1) 如何正确认识人民出版社的性质、地位和作用；(2) 如何出好书，为稳定贡献力量，为繁荣出版事业贡献力量；(3) 如何加强党和政府对人民出版社的领导和支持，加强人民出版社的自身建设。围绕这三个主要议题，与会者进行了热烈的讨论。

中央政治局常委、中央书记处书记李瑞环同志作出指示：出版工作要多出好书，要大繁荣，满足群众的精神文化要求，抓好繁荣，给人们提供足够的精神食粮，才有可能巩固扫黄和整顿的成果，满足人民的需要，这同全党工作重心转移到以经济建设为中心的方针是相一致的。

国家新闻出版署副署长刘杲指出：人民出版社作为政治书籍出版社，它承担着出版战线宣传教育的任务，它是党的重要宣传阵地，宣传马克思主义、毛泽东思想，同时也传播、积累人类文化成果，丰富人民的精神文化生活。人民出版社有多种功能，但主要的是宣传功能。人民出版社的图书很大程度上起舆论导向的作用，因此，人民出版社坚持无产阶级党性原则，以党的正确的路线为指导思想，这是应该很坚定的。刘杲还就出版事业的繁荣指出：搞不好繁荣可能会成为一个政治问题，我们要站在这样的高度来认识繁荣出版事业的重要意义。同时，抓繁荣对出版社来说也是走出低谷、寻求发展的机会。人民出版社要联系实际批判资产阶级自由化，执行党的政策，继续解放思想，开拓选题，提高作者和编者的积极性。

国家新闻出版署图书司司长杨牧之在报告中回顾了 40 年前重建人民出版社的背景，指出党和政府对人民出版社建设的关心和重视。他认为：人民出版社的性质、地位和作用有必要予以重新肯定和高度重视，有必要强化"人民出版社"意识。

我社社长兼总编辑薛德震在会上作了题为《增强政治书籍出版社的角色意识，为繁荣社会主义出版事业努力奋斗》的发言，回顾了人民出版社1950 年 12 月重新建立后的光辉历程，着重汇报了近期工作中的经验和教训，并再一次重申了人民出版社在意识形态领域的特殊地位、特殊使命、特殊作用。呼吁人民出版社应该进一步增强角色意识，更好地贯彻落实党和国家的大政方针政策，始终坚持正确的舆论导向，坚决抵制资产阶级自由化和"一切向钱看"的不良社会思潮，更好地满足广大人民群众在精神文化方面的需求。"在人民出版社的各项工作中，只能以党的指导思想即马列主义毛泽东思想进行工作，必须严格遵循党的路线、方针、政策，必须遵守党的宣传纪律，必须在政治上同党中央保持高度的一致"，否则，"就失去了人民出版社存在的意义和价值，也就自己否定了自己"。人民出版社的根本任务，就是

"为社会主义出版事业的健康发展作出自己的贡献"。

与会者就人民出版社的性质、地位和作用，达成了一致认识。大家表示要大力宣传马克思主义、毛泽东思想，宣传党的各项方针政策，在马克思主义立场、观点、方法指导下研究出版工作、搞好出版工作。对出版事业的繁荣这一议题，与会者反响强烈，纷纷献计献策，提出了许多建设性的意见和建议，表示要拿出优秀的出版物在 1991 年建党 70 周年时向党献礼。

会议提出，加强党和政府对人民出版社工作的领导和支持，加强人民出版社自身建设，是人民出版社坚守马克思主义宣传阵地，全心全意为人民服务的前提。会议希望，党和政府要加强对人民出版社的领导，希望政府各部门在人、财、物等方面予以倾斜。全国的人民出版社要在工作中加强横向联系，充分发挥好意识形态领域主阵地的引导作用和示范作用。要加强自身队伍建设，特别是领导班子的建设，进一步完善、健全、严格执行各项管理制度，坚持书稿的三审三校制度，保证图书质量，紧紧服务于党和政府的工作大局，当好党和人民出版事业的排头兵。（常再昕）

◇ 林穗芳获第二届中国韬奋出版奖

1990 年 11 月 6 日，中宣部、国家新闻出版署、中国韬奋基金会和中国出版工作者协会在人民大会堂举行第二届韬奋出版奖的颁奖大会。全国共有 9 位出版工作者获此殊荣，我社编审林穗芳入选。林穗芳 1929 年 6 月生于广东省信宜县。1956 年 8 月至 1995 年 7 月在我社工作，先后任外国历史编辑、国际政治编辑室主任、编辑部质量检查组组长。2009 年 12 月 29 日因病去世，享年 80 岁。

林穗芳通晓 16 种外语，其中包括 12 种欧洲语言（希腊语、拉丁语、英语、法语、德语、俄语、意大利语、西班牙语、塞尔维亚语、罗马尼亚语、匈牙利语、阿尔巴尼亚语）和 5 种东方语言（日语、朝鲜语、越南语、印尼语、马来语）。1991 年享受国务院颁发的政府特殊津贴。2009 年荣获由中国出版工作者协会组织评选的"新中国 60 年百名优秀出版人物"称号。

林穗芳负责过多项重要出版工作，尤其是重要翻译书稿的出版工作，在《毛泽东选集》的对外翻译和传播、兄弟党和国家重要著作出版方面作出了突出贡献。他处理过（包括复核）的翻译书稿，已出版的有 100 多种，如《朝鲜通史》《日本共产党的六十年》《蒙古人民革命党简史》《南斯拉夫共产主义者联盟历史》《德国统一社会党简史》《波兰共产党历史概要》《希腊共产党历史》《意大利共产党历史》《越南社会发展史研究》等。他还主持编选了多卷本《齐奥塞斯库选集》和《铁托选集》。

林穗芳曾于 20 世纪 70 年代负责编辑《林肯传》，他不仅对全书译文进行通读加工，对有些重要章节进行了校订加工，并在书中增加了近 300 条注释，其中相当大一部分是向读者介绍马克思和恩格斯对美国内战重要事件和人物的评价，还对书后的附录（美国历史和林肯生平大事年表、130 多个人物简介）进行了修改。

林穗芳在我社工作期间，翻译了《共产主义者同盟史》（与人合译，德文)《卡斯特罗言论集》（部分，西班牙文）等著作，并先后参加了《艾地选集》《金日成选集》《阿尔巴尼亚劳动党历史》等著作的翻译工作。20 世纪 80 年代，他组织翻译了夏皮罗的《一个英国学者笔下的苏共党史》（原名为《苏联共产党》）以及多部外国领导人著作，如西班牙共产党主席伊巴露丽的《热情之花回忆录》等。

林穗芳在我社从事编辑出版工作40年，精通编辑出版业务，具有深厚的专业基础知识和丰富的编辑出版经验。他注重编辑工作经验的总结与理论研究，翻译出版了多种英文、俄文、德文关于编辑出版工作的资料，并撰有大量关于翻译和编辑出版工作的论著，其中《列宁和编辑出版工作》于1989年获首届全国编辑出版理论优秀图书奖；他的论文《图书编辑工作的本质、规律及其他》《电子编辑和电子出版物：概念、起源和早期发展》，分别获全国出版科学研究优秀论文奖和中国编辑学会科研成果一等奖。他曾于1979年和1986年参加出版代表团赴英国、罗马访问，回国后撰写《比较、鉴别、探讨》等文章，介绍外国的编辑出版工作，探讨我国出版改革方案。

林穗芳的著作有：《列宁和编辑出版工作》、国家教委"八五"规划教材《书籍编辑学概论》《中外编辑出版历史》《标点符号学习与应用》《汉语拼音标准化》等。（常再昕）

◇ 出版《祖国丛书》

根据1983年中央有关负责同志多次提出的关于出版部门要组织编辑出

版一套通俗普及的、向广大群众进行爱国主义教育的大型丛书的精神,中宣部出版局和文化部出版局及有关部门研究后决定出版一套《祖国丛书》,由人民出版社、中国青年出版社和上海人民出版社共同承担这项任务,并对丛书的指导思想、选题原则做了规定。这套丛书共有选题千余种,反映了我国悠久历史、壮丽河山、丰富宝藏、建设新貌;古今重要人物和事件、文化成就和科技发明等方面内容。

我社出版的《祖国丛书》共 30 种。1986 年出版的有:朱仲玉等编著《可爱的祖国》(上、下册)、黄侯兴著《郭沫若》、舒乙著《老舍》、穆欣著《韬奋》、章楷编著《中国古代农机具》、杨亮才等著《中国少数民族文学》《集邮》杂志编辑部编写《中国的邮票》;1987 年出版的有:孙中田等著《茅盾》、刘烜著《闻一多》、王宏志著《吴晗》、杜草甬等著《徐特立》、尚丁著《黄炎培》、杨国桢著《陈嘉庚》、王庚南编著《中国的国旗国徽和国歌》、高景成著《中国的汉字》、范玉梅编著《中国的民间节日》、陈旗海编著《新中国的工艺美术》、李喜所著《近代中国的留学生》、于公介编著《中国的茶》、万国光编著《中国的酒》;1988 年出版的有:黄崇岳编著《中华民族形成的足迹》、陈秉才著《中国古代的编年体史书》、王锦贵著《〈汉书〉和〈后汉书〉》、薛宝琨著《中国的曲艺》、吴廷嘉著《近代中国的知识分子》;1989 年出版的有:果鸿孝著《中国著名爱国实业家》;1990 年出版的有:禹克坤编著《〈文心雕龙〉与〈诗品〉》、杜顺宝编著《中国的园林》、李敬信主编《中国的谜语》、杨静荣等编著《中国的陶瓷》。(郑牧野)

◇ 庆祝我社重建 40 周年

1990 年 12 月 1 日是我社重建 40 周年的纪念日，为了纪念这个特殊的日子，我社于 1990 年 1 月 17 日向上级主管部门国家新闻出版署提交了《关于人民出版社成立 40 周年筹备纪念活动的请示报告》。

《报告》送到中央上级部门之后，党和国家领导人对我社重建 40 周年予以高度关注和重视，并给予重要批示和作了题词。1990 年 10 月，邓小平题词："人民出版社四十年"。中共中央总书记、中央军委主席和国家主席江泽民题词："希望为宣传马列主义、毛泽东思想多出好书。"12 月 23 日，中共中央政治局委员李瑞环也给我社重建 40 周年发来了贺信。

12 月 23 日，我社重建 40 周年纪念大会在人民大会堂隆重召开，胡乔木发表了热情洋溢的讲话，他一再强调，人民出版社要以宣传马克思列宁主义毛泽东思想为己任。同时，胡乔木还对我社选题、出书品种、装帧设计甚至发行工作，均提出了殷切的希望，并题词："立场坚定、旗帜鲜明、好学深思、远见敏感"。国家新闻出版署署长宋木文代表新闻出版署党组向我社重建 40 周年表示热烈祝贺，并在纪念大会上发表了《要以宣传马克思主义为己任》的讲话。社长兼总编辑薛德震在纪念大会上讲话，他从社的重建、出版方针任务，对我社在中共中央的正确领导下，自 1950 年社重建以来所取得的巨大成绩和辉煌历程作了简要回顾。

在我社重建 40 周年的日子，我社退休老同志、曾经在我社工作过的同志以及我社在职职工纷纷撰写文章，从不同视角、不同侧面，深情回忆工作感受和愉快难忘的时光。

　　1990 年 9 月，我社还出版了由老领导王子野题写书名的《人民出版社成立四十周年纪念文集》。（吴继平）

1991

◇ 出版《毛泽东选集》第二版

20 世纪五六十年代，根据党中央的决定，我社出版了《毛泽东选集》第一版，但由于第一版在注释、史实等一些方面还不够完善，90 年代初，党中央决定出版新版《毛泽东选集》，即《毛泽东选集》第二版。

新版《毛泽东选集》（1—4 卷），仍保持原有的篇目，只增加《反对本本主义》一篇。这篇著作写于 1930 年 5 月，曾一度散失，60 年代初才重新找到。后经毛泽东审定，在 1964 年出版的《毛泽东著作选读》中第一次公开发表。这次修订，对有些文章误署的写作时间或发表时间，对正文中的某些史实以及少量错字、漏字，作了校正。对某些用字，包括少数生僻难认的地名用字，根据文字规范化的要求，作了更改。对有些题解，作了少量史实和提法方面的修正；同时，新写了几篇题解。这次修订，主要是校订注释，改正注释中某些错讹的史实和不准确的提法，增补一些新的注释，删去少量的注释。注释校订工作是根据毛泽东同志的意见，从 20 世纪 60 年代工作的基础上，吸收了之后二三十年来史料收集和学术研究的成果，对注释作了进一步的修改和增补。

在《毛泽东选集》第二版进行封面设计过程中，还留下了一个有趣的小插曲，这段出版历史佳话永远地将中国共产党两位世纪伟人紧密地联系在了一起，那就是邓小平亲自为《毛泽东选集》第二版题词，题词本身就包含了封面设计的内涵。对此，社长兼总编辑薛德震事后详细回忆道："1991年出版新版《毛泽东选集》时，我社美编搞了几个封面设计方案，我都不满意，感到同第一版《毛选》没有什么区别，没有反映出时代特点，不能使人一眼便可以看出是新版《毛选》。当时绞尽了脑汁，想了几天，一天早晨，突然在我脑子中产生一个想法：请小平同志帮助我们解决这个难题。他是我们党第二代领导集体的核心，他老人家不但领导拨乱反正，彻底否定了'文化大革命'的错误，而且坚持科学地评价毛泽东同志的历史地位和毛泽东思想的科学体系，既发展又坚持了毛泽东思想，请他老人家来为新版《毛泽东选集》题写书名具有特殊的历史意义和政治意义，而且可以使人们一眼便看出这一版是新时期出版的。我把这个想法对社里的同志们讲了，大家都很赞成。接着又对中央文献研究室的同志讲了我们的建议，逄先知等同志也都非常赞成，并决定当即给小平同志写请示报告。小平同志很快就给我们题写了新版《毛泽东选集》的书名，而且是横的、竖的各写了一条。我们收到邓小平同志题签的书名，如获至宝，真是高兴得了不得。《毛泽东选集》第二版出版后，这一封面设计获得了广泛的认同和好评。"

到1991年6月，《毛泽东选集》第二版出版工作业已完成。截至1991年年底，《毛泽东选集》第二版（1—4卷）全国共印行1193.8万套。（吴继平）

◇ 庆祝中国共产党成立 70 周年重点图书影响巨大

为了隆重纪念中国共产党成立 70 周年，我社推出"庆祝中国共产党成立 70 周年重点图书"，包括：《浩然正气》《光辉的历程——中国共产党七十年历史图集》《中国共产党历史》（上卷）《中国共产党历史大事记》《马克思恩格斯列宁毛泽东社会主义著作选读》《毛泽东选集》（第二版）《彭真文选》《我的红军生涯》等。

为了保证"庆祝中国共产党成立 70 周年重点图书"能够高质量高水平按期出版，我社高度重视，进行了周密部署，精心策划。明确指导思想，落实责任，确定出版规模，制订实施计划。策划出一批重点书目，选定业界权威作者，拟定出版、宣传、发行方案，组织调配全社力量，从编辑、出版、宣传、发行、后勤保障等部门调集政治素质、业务水平非常精湛的、有丰富经验的同志作为骨干力量。各部门密切配合，通力合作，连续几个月加班加点地工作，通过辛勤的努力，这批"庆祝中国共产党成立 70 周年重点图书"得以按期出版，圆满地完成了出版任务，得到中宣部、新闻出版署各级领导的高度肯定。

在新闻出版署组织的"庆祝中国共产党成立 70 周年优秀党史党建图书"评选活动中，我社出版的《中国共产党历史》（上卷）《浩然正气》入选。

"庆祝中国共产党成立 70 周年重点图书"一经问世，就引发宣传热潮，新闻访谈、新书首发式、专题研讨会、出版座谈会、作者签售、精品图书展示展销、捐赠图书仪式等各种活动接连不断，各类书评频频见诸报端，众多媒体争相予以宣传报道。这批重点图书引起读者的广泛关注，发行量不断攀高，取得良好的社会效益和经济效益。

这次"庆祝中国共产党成立70周年重点图书"的出版过程，使我社的编辑、出版、宣传、发行等部门的干部队伍经受了一次很好的锻炼。我社干部过硬的政治觉悟和业务素质，勇挑重担、吃苦耐劳的拼搏精神，各部门友好合作，密切配合的团队意识等，都通过这次主题出版任务的顺利完成得以充分的展示。反映出我社出版工作者队伍是一支特别有觉悟、特别能战斗的队伍。

这次"庆祝中国共产党成立70周年重点图书"的出版过程，也使我社摸索出一套在极短时间内集中出版一批重点图书的方式方法，这种成功的尝试为我社今后经常性的主题出版工作积累了丰富而宝贵的经验。（冯瑶）

1992

◇ 成立党组

我社在继续实行社长负责制的同时，开始进行党组领导试点。1992 年 6 月 15 日，新闻出版署党组通知，原则同意《人民出版社党组工作暂行条例》。《条例》规定，党组既是出版社的政治领导核心，又是出版社的最高决策机构。凡属本社的大政方针和发展战略以及全社性的业务和行政方面的重大事项，都由党组集体研究决定。新闻出版署党组批准薛德震为我社党组书记，成员有张树相、吴道弘、马瑞文、刘继文、张作耀。社务委员会是我党组领导下的一个议事机构和行政执行机构，党组通过社务委员会和社机关性党委会加强对出版社全面工作的领导。张惠卿退居二线，但参加党组和社委会议，发挥重要作用。

6 月 15 日，新闻出版署批复，同意人民出版社社务委员会由薛德震、张树相、吴道弘、马瑞文、刘继文、张作耀、张惠卿、马连儒、陈有和、田士章、杨寿松 11 人组成，薛德震为社委会主任，张树相为副主任。（吴继平）

◇ 实行目标管理责任制

1992 年开始，根据邓小平南方谈话精神和党的十四大会议精神，我社制订改革总体方案，制定长远目标和近期目标，着重实施目标管理责任制，创新质量管理机制，开始实行一业为主、多种经营的经营方式的转变等。目标管理责任制曾经作为我社"八五"期间机制运行的三大制度之一。

1 月 18 日至 2 月 21 日，邓小平在武昌、深圳、珠海、上海等地发表南方重要谈话后，党中央和国务院积极部署学习小平同志南方谈话精神。5 月，我社收到《新闻出版署党组扩大会议纪要》（以下简称《纪要》）后，社党组立即开会进行了传达，分别召开了党委会、社委会和全社职工大会，传达了《纪要》精神。5 月到 9 月期间，根据《纪要》提出的加快和深化直属出版社改革的要求，我社成立了改革小组，在社党组直接领导下，深入探讨和研究制定全社改革的总体设想和具体方案，制定了一系列关于体制机制改革的具体方案和规章制度。

1992 年我社在编辑、排校、发行等部门制定了当年和下一年的目标管理责任制，并向上级主管单位新闻出版署递交了实行目标管理责任制的申请报告。6 月 30 日，新闻出版署下发《对人民出版社实行目标管理责任制的批复》文件。文件指出：根据你社《实行目标管理责任制合同》和财政部《关于新闻出版署直属单位实行目标管理责任制的批复》，结合你社几年来的实际情况，经协商，现对你社实行目标管理责任制的有关问题批复如下……文件从实行目标管理期限、社会效益指标、经济效益指标、奖惩规定以及税后留利各项基金的提取比例等方面作了详细具体规定，其中关于实行目标管理的期限，规定：从 1992 年 1 月 1 日起至 1995 年 12 月 31 日止。关于实行目标管理的各项指标，规定实行目标管理责任制的基本要求是，以提高书刊质量为中心，抓好重点图书和优秀图书的出版，争取"八五"期间，在出书质量、技术进步、队伍建设、经济实力上迈上一个新台阶。

8 月 29 日，在部门目标管理责任制制定的基础上，我社还制订了关于改革的总体方案，这个方案作为 1992 年第 3 号文件下发，文件中规定了改革的总体目标，而总体目标又具体分为近期目标和长远目标。近期目标是：合理调整机构和分工，理顺编印发三个环节的关系；适应市场竞争需要，初步转换内部经营机制；建立责权利相结合的目标管理责任制体系；确立和效益挂钩的工资奖励制度和以干部实行聘任制、工人实行劳动合同为形式的用人制度；健全质量保证制度；装配微机网络，实现电脑排版和管理；开办第三产业，向一业为主、多种经营的方向发展。长远目标是：把人民出版社逐步建设成为人员精干，机构合理，运作灵便，效能很高，适应市场竞争，管理现代化，出书为主、多业兼营，图书质量一流，人均创利渐增，面向国内外的大型综合出版集团。

其中 1992 年和 1993 年目标管理责任制的制定均在 1992 年完成。1992 年全社目标管理责任制方案的指导思想是：实行目标管理责任制，要使全社职工人人明确自己的工作任务和目标，增强责任感，提高工作质量；要把社会效益放在首位，同时也要保证经济效益；要严格奖罚，破除分配上的平均主义，要着眼于调动全体职工的积极性，为完成全社全年的任务争作贡献。

此方案目标管理集中在社图书编辑室、期刊编辑室、美编室、出版部、发行部、开发经营部、司机班等部门实行。具体到 1993 年社图书编辑室目标管理责任制方案，则主要从责任目标、考核、奖罚以及奖金发放方式等方面进行制定。此后，在出版领域改革过程中，我社进一步改革和完善了目标管理责任机制。（吴继平）

◇《国际贸易概论》《世界经济统计概论》分获
第二届高等学校优秀教材特等奖和优秀奖

全国高校优秀教材评奖工作每四年举行一次。本次评奖范围为 1986—1989 年出版的 16000 余种教材。

1992 年 9 月，国家教委在北京主持召开了全国高等学校第二届优秀教材评审会议。这次会议共评出国家特等奖教材 21 种，国家优秀奖教材 207 种，中青年优秀奖教材（新增评奖项目）8 种。其中，我社出版的《国际贸易概论》获特等奖，《世界经济统计概论》获优秀奖。

姚曾萌教授的《国际贸易概论》以马列主义的基本理论为指导，搜集了大量的史料和文献资料，对国际贸易的主要理论问题进行了较为深入的研究分析，从而填补了我国在这方面的空白。专家认为该书有下列突出优点：(1) 在坚持马列主义基本理论指导的同时，对资产阶级的国际贸易理论作了大量的、较充分的评介。(2) 理论阐述和历史资料相结合，用较丰富的史料来说明理论观点，从而使理论阐述不显得枯燥乏味，而且有助于学生对理论观点的理解。（3）写作态度认真、严谨，引用的观点和材料都有出处，并专门列出了大量的参考书目。这对于培养学生独立钻研的能力和树立良好的学风是有益的。

戴世光教授的《世界经济统计》对国外采用的主要统计体系、经济指标和计算及分析方法作了全面而系统的介绍，并对不同指标体系的比较和换算作了较详细的阐述，颇有独到之处，对改进教学、科研和实际工作都具有现实意义，并填补了我国这一学科领域的空白，反映了我国统计学研究的最新成果。经审稿组审议确认，该书是一部具有完整体系的学术性著作，是长期研究的成果，作为一部高校文科教材是适宜的。

1993年1月18日，国家教育委员会在北京隆重举行第二届全国高等学校优秀教材颁奖大会。国家教委副主任朱开轩同志主持了颁奖大会。国家教委主任李铁映、副主任滕藤等负责同志出席了大会，并向优秀教材的获奖者、出版者颁发了奖状和证书。（陈岩）

◇ 出版《宋庆龄——二十世纪的伟大女性》

在隆重纪念宋庆龄诞辰100周年之际，我社于1992年11月出版了爱泼斯坦精心撰写、沈苏儒翻译的《宋庆龄——二十世纪的伟大女性》这部传记。此书一经出版即受到社会各界的重视和好评，于1994年3月荣获第一届国家图书奖。随即国内三次再版，还被译成日、韩等外文版，甚至在中国台湾也很快突破禁区，出版了繁体中文版。

正如叶君健先生在读后感中所说："在世界许多著名的传记中，作者与作品的主人公在思想上和感情上能有如此深切的交流与理解，是不常见的。"我社总编辑张惠卿说："什么叫呕心沥血？这就是呕心沥血！这部书为一位20世纪的伟大女性树立了一个永久丰碑。"

宋庆龄逝世前，指定爱泼斯坦为她个人传记的执笔人。宋庆龄说："我只信任艾培（爱泼斯坦的昵称）来做这件事，因为他比别人更了解我。"作为一个新闻工作者和作家，爱泼斯坦对工作和写作一贯持严谨态度。他的这种精神，在撰写宋庆龄传记的过程中表现得尤为突出。宋庆龄的一生与20世纪的中国和世界的许多重大事件都有联系，同时她的品格又如此完美和独特。可以想象，为这样的人物作传，任务是何等崇高而艰巨，何况这还是宋庆龄生前亲自委托给他的重任。为了完成这部50万字的传记《宋庆龄——二十世纪的伟大女性》，爱泼斯坦前后花了10年时间。为收集、印证资料和访问有关人物，他不知跑过海内外多少地方。正如他在书的"总序"里所说："我已尽了我最大努力，使宋庆龄真实生动地出现在所有读这部书的人的面前。"书中全面记述了宋庆龄的非凡经历及对中国革命和建设事业所作出的巨大贡献，充分展示了宋庆龄作为爱国主义、民主主义、国际主义和共产主义战士的伟大光辉的一生。书中关于宋庆龄的史实极为丰富，材料多是作者在与宋庆龄长期交往中亲身经历的或宋庆龄晚年亲自向作者提供的，因而真实可靠。《宋庆龄——二十世纪的伟大女性》是作者用英文写成的，由与作者长期共事的资深翻译家沈苏儒译成中文，文笔生动活泼，极富可读性。

作为该书中文版的策划编辑，徐砚华介绍了这本书的成书过程："1982

年，宋庆龄逝世后，我在编辑《宋庆龄纪念文集》时，得悉宋庆龄委托爱泼斯坦写传记的信息。编辑出版宋庆龄传记是我多年的愿望，于是，在《宋庆龄纪念文集》编好后，我及时去拜访爱泼斯坦。当时，爱泼斯坦年届70有余，正准备宋庆龄传记英文本的写作，但还没有考虑中文本的问题。我当即提议，人民出版社希望同时出版宋庆龄传记中文本。虽然，此时爱泼斯坦尚没有完整的写作提纲，但我相信，宋庆龄和爱泼斯坦有40年深厚的友情，爱泼斯坦必不负宋庆龄的重托。我对爱泼斯坦的高度信任，促使我无论如何要抓住这个选题。经过几次商谈，爱泼斯坦终于应允。"

宋庆龄传记的中文本译者原是时任新世界出版社总编辑陈休征，也是此传记的英文本的组织者和出版者。陈休征的丈夫林德彬是当时宋庆龄基金会研究室主任。他们夫妇二人的英文水平颇高，对宋庆龄生平、著作甚至文风都很有研究，后因陈休征、林德彬夫妇应邀去美国工作一年。临行前，陈休征将传记中译本这一重任交付给爱泼斯坦的同事、好友沈苏儒。爱泼斯坦和沈苏儒密切配合、全力以赴、高质量地同步完成了传记的英文本写作与中文本翻译工作。沈苏儒文笔准确流畅，较好地体现了原著的意境。这本传记除内容颇具特色以外，从文字上来说，正如审定过此书的社总编辑张惠卿所说："著、译者的行文如流水，珠联璧合。"

《宋庆龄——二十世纪的伟大女性》一书选题的捕捉、落实与出版，实际上都基于"信任"。因为有些客观事实，即宋庆龄对爱泼斯坦的高度信任，爱泼斯坦、陈休征、林德彬与沈苏儒的互相信任，该书中文本才得以顺利出版。这"信任"内涵着政治、人品、友情及才学等诸多丰富的底蕴。（雷坤宁）

1993

◇ 吴道弘获第三届中国韬奋出版奖

1993 年 5 月 24 日，第三届韬奋出版奖在北京举行颁奖大会，吴道弘同志获奖。

吴道弘，1929 年出生，浙江人。1950 年 2 月考入上海三联书店任校对，同年 8 月调北京三联书店总管理处编审部工作，1951 年三联书店并入我社后，先后在我社任编辑，编辑室副主任、主任等职，1983 年起任我社副总编辑，1995 年 6 月退休。他在编辑出版领域默默地辛勤耕耘了 50 多个春秋，可谓编著等身，硕果累累。是新中国培养的第一代编辑出版工作者。20 世纪 50 年代当过毛泽东著作辅导读物《实践论解说》和《矛盾论解说》的责任编辑；1983 年担任我社副总编辑，他对新版《列宁全集》、马列著作选读本的出版和当代世界政治选译丛书，以及制定《现代思想文化译丛》等选题，付出辛勤劳动。

由他主持出版的《编辑工作二十讲》曾获全国首届编辑出版理论优秀图书奖。他参与编辑的《列宁的风格》获全国首届优秀青年读物二等奖。他写过几十篇有关书评、图书宣传和编辑人才的培养、提高图书质量等问题的文章，参加了《中国大百科全书·新闻出版卷》的编辑工作，是该卷编辑学分支副主编。著有《书评例话》和《寸心集》。其中《书评例话》获得 1992 年第六届中国图书奖。（杨志丽）

◇ 出版《朱德传》

《朱德传》由中央文献研究室组织编写，金冲及任主编，龚希光任副主编。1993 年 8 月由人民出版社、中央文献出版社联合出版发行。

该书记述了朱德伟大光辉的一生。朱德一生经历了旧民主主义革命、新民主主义革命、社会主义革命和建设几个历史时期，是中国近现代革命史的见证人。他运用马克思主义普遍真理解决中国实际问题，对毛泽东思想特别是毛泽东军事思想的形成和发展作出了杰出的贡献，他的高尚品德和伟大人格，更是全党和全国人民学习的榜样。

《朱德传》是中央文献研究室在编辑出版《朱德选集》和《朱德年谱》工作的基础上，经过 5 年的努力完成的，邓小平同志为该书题写了书名。该书依据的主要资料是中央档案馆保存的朱德 5000 余件文稿、电报、书信、讲话记录，他所参加的中共中央、全国人大常委会和从工农红军到人民解放军的重要会议记录，他的大量笔记；还有，朱德在 1937 年口述、由他的秘书孙泱等记录的 8 万字左右的《朱德自传》稿本。此外，传记编写组还走访了许多同朱德有过直接接触的人，广泛查阅了各种报刊和回忆录等，力求根据可靠的第一手资料，写出较为翔实的信史。金冲及对全书作了详细的增补修改，并负责定稿。（王新明）

◇ 出版《邓小平文选》

《邓小平文选》的出版经历了几个阶段，先后出版过几个版本。

1983 年 7 月 1 日，我社出版中央文献编辑委员会（现中央文献研究室）编《邓小平文选》（一九七五——一九八二），并在全国发行。这个版本的图书收集了邓小平从 1975 年至 1982 年期间的重要讲话、谈话，共 47 篇。其中多数是过去没有公开发表过的。

1989 年 8 月 20 日，我社出版中央文献编辑委员会编《邓小平文选》（一九三八——一九六五年），并在全国新华书店发行。这本书近 25 万字，收入邓小平在 1938 年至"文化大革命"以前 28 年中的重要文章、讲话共 39 篇，其中有 30 篇为首次公开发表。文选的所有文稿在出版前经邓小平本人审定。

1993 年，《邓小平文选》第三卷出版，收入邓小平同志 1982 年 9 月至 1992 年 2 月这段时间内的重要讲话、谈话，反映了我国改革开放以来尤其是三中全会以后，邓小平关于我国改革开放和社会主义现代化建设的一系列方针、政策和重大措施的阐述。全书共 119 篇文献，其中很大一部分是第一次公开发表，以前发表过的，也有许多增补了新的内容。《邓小平文选》第三卷自 1993 年 9 月 15 日发齐稿件后，我社仅用一个月完成排校任务，40天内出书，可以说是创纪录的。

1994 年，根据中共中央的决定，将 1989 年和 1983 年出版的邓小平著作改名为《邓小平文选》第一卷和第二卷，出版第二版。在第二版中，第一卷增加了 4 篇著作，主要是邓小平担任中共中央总书记期间的讲话，全书共收入 43 篇著作。第二卷增加了 14 篇著作，对邓小平在 20 世纪 70 年代中期至 80 年代初期已经提出的关于建设有中国特色社会主义理论的某些重要思想，作了比较充分的反映，全书共收入 60 篇著作。第二版对正文中的个别地方根据原记录作了修订，对文字、标点作了少量订正，并且增补了一些新的注释。

1994 年 11 月 2 日，《邓小平文选》第一、二卷正式出版并在全国新华书店发行。（吴继平）

◇《海外经济管理运作丛书》获第七届中国图书奖

20 世纪七八十年代，我国正由计划经济体制向社会主义市场经济体制转变，而要搞社会主义市场经济，就必须懂得市场经济的基本知识，必须熟悉市场，了解市场经济的内涵及其运行和操作的情况，才能适应社会主义市场经济的需要，把工作做好。当时的市场迫切需要出版一系列有关市场经济的通俗性的入门书籍。由吕东、徐惟诚主编，我社出版的《海外经济管理运作丛书》（全书约100种）就是根据我国经济建设和改革开放的进程和实际需要策划的。丛书的作者大多对海外的经济管理运作情况有实际的了解。

这套丛书突出了"运作"的特点，力求尽可能地写实，"尽可能深入到经济的运作和操作过程中去，把各种相关的制约因素之间的关系客观地描述出来"，而不止是概念、原则的介绍。比如，丛书中的《神奇迷离的股票——西方股票制度透视》一书，就是围绕着西方股票的发行，翔实地介绍了股票的种类、股票是怎样发行的、股票是怎样买卖的、股票的价格是如何变动的、西方对股票是如何管理的等，同时还分析了形形色色的股民、股票收益权及股票的风险等，以此帮助读者通晓西方股票制度的基本情况，使股票交易者掌握进入股市所必备的有关知识，在一定程度上了解如何去把握风云变幻的股票市场。这种写法和呈现给读者的内容，正是广大读者所迫切要求的。

策划出版这套丛书，目的之一是通过对国外经济管理经验作客观的、具体的、写实性的描述，力求帮助各级党政干部和企业界人士对国外这方面的情况有实际的了解，在建立社会主义市场经济体制的过程中少走一些弯路。目的之二是，希望能够帮助我国同海外经济的联系。正如主编徐惟诚所说："开放，就要同别人打交道，做生意，就需要有互相的了解。不了解，有些机会就抓不住，格格不入，有些生意就做不成，不熟悉对方的运作机制，有些钱就赚不了。有些纠纷还可能由于相互对事物的不同理解而产生。"

图书出版后，中宣部专门就此召开《海外经济管理运作丛书》发行座谈会，会议指出，向各级干部普及市场经济的基本知识，是一项十分重要和迫切的任务。中央国家机关工委特意请专家向公务员介绍图书内容。

　　这套丛书自出版发行以来，受到社会各方面的好评。署名为仲轩的作者在《党建》杂志（1993 年第 9 期）上推荐该丛书，"希望利用该丛书，包括其他一些高质量的介绍市场经济基础知识的出版物，更有效地做好普及社会主义市场经济知识的工作"。1993 年 4 月，刘国维在《中国图书评论》中提出："我们热切地希望出版工作者能多出版像《海外经济管理运作丛书》那样的普及市场经济基本知识的图书，以适应形势的需要。"（郑海燕）

1994

◇《中国共产党历史》（上卷）等四种图书
获首届国家图书奖

　　为了表彰、鼓励优秀图书的出版，促进图书市场的繁荣，经国务院批准，新闻出版署设立了国家图书奖，分设国家图书奖荣誉奖、国家图书奖和国家图书奖提名奖三种奖项。每两年举办一次。

　　首届国家图书奖评奖工作从 1993 年 3 月开始，至 1994 年 1 月完成。评奖委员会主任为于友先，副主任为龚心瀚、徐志坚、刘积斌、刘杲、王朝闻、叶至善、卢良恕、邢贲思、任继愈、季羡林等 13 人。学术界、出版界、教育界近 70 位专家学者担任评委。

　　参加首届国家图书奖的有全国 400 家出版社，共申报推荐参评图书1105 种，评奖办公室对参评图书进行资格审查后，按 9 个门类分类送 9 个评委会初评，各分评委员会以无记名投票方式确定本门类初评入选图书，形成"国家图书奖初评入选图书名单"189 种(后增补 3 种)，并在《光明日报》《新闻出版报》等报刊上征求社会反映和意见。评委会在综合考虑有关方面的意见和建议并对分类得奖比例作了适当调整以后，评委会大会从 192 种图书中统一投票表决，产生 135 种获首届国家图书奖的图书，其中国家图书奖荣誉奖 8 种，国家图书奖 45 种，国家图书奖提名奖 82 种。

3 月 30 日，首届国家图书奖颁奖大会在人民大会堂隆重举行。全国人大副委员长卢嘉锡、全国政协副主席雷洁琼、中宣部常务副部长徐惟诚等各界著名人士参加了颁奖大会。这是我国学术界、文化界和出版界的一件大事。通过对首届国家图书奖评选活动，鼓励和表彰优秀图书的出版，促进了社会主义出版事业的健康、繁荣、发展。我社出版的《周恩来传》《宋庆龄——二十世纪的伟大女性》《中国共产党历史》（上卷）获首届国家图书奖；《思·史·诗——现象学和存在哲学研究》获首届国家图书奖提名奖。（杨志丽）

◇ 成立中国版协人民出版社工作委员会

1994 年 5 月 6 日至 10 日，全国人民出版社第三届年会在广西南宁召开，来自全国 27 个省、市、自治区的人民出版社的 30 多位社长或总编辑参加了会议。中宣部出版局副局长邬书林、新闻出版署图书司副司长阎晓宏、广西区党委常委、宣传部部长杨基常、广西新闻出版局局长孙权科等出席会议。会议由协商推举出的领导小组主持，我社社长兼总编辑薛德震为组长。在年会上，薛德震作了题为《为实现出版业阶段性转移努力奋斗》的发言，介绍了我社 1993 年工作情况和 1994 年工作要点。

这次年会在全国宣传思想工作会议和新闻出版局长会议之后及时召开，与会人员一致认为：全国宣传思想工作会议提出的"一个根本指导方针，四项基本任务"非常符合出版界的实际，为出版改革明确了方向，规范了目标。作为以出版政治、社会科学图书为主的人民出版社，在"以科学的理论武装人，以正确的舆论引导人，以高尚的精神塑造人，以优秀的作品鼓舞人"方面，尤其要起到带头作用；要深刻领会中央提出的以邓小平同志建设有中国特色的社会主义理论为根本指导方针的深远意义，增强"人民出版社意识"，学会从宏观方面观察、思考问题，发挥人民出版社的表率作用，使自己的出版工作为全国的改革、发展和稳定发挥积极的作用。与会人员也从如何更好地前进的角度总结了经验和教训，大家在人民出版社应坚持正确的导向，弘扬主旋律，正确处理"主旋律"与"多样化"的关系等问题上达成了共识。

与会者经过充分酝酿，提出成立中国版协人民出版社工作委员会，并制定了章程，推选了委员，聘任了秘书长、副秘书长。会后经中国版协批准，正式成立。

我社是中国版协人民出版社工作委员会的主任单位，在该组织活动中一直发挥着重要的组织和领导作用，如组织全国人民出版社共同推出《辛亥革命全景录》和《中国抗日战争全景录》等主题出版项目等。（张双子）

◇《邓颖超传》获第八届中国图书奖

20 世纪 80 年代初的一次中共中央书记处会议上，时任总书记的胡耀邦提出，要抓紧时间为老一辈革命家写传，向人民奉献宝贵的历史教材。同时还指出不仅要为已经去世的革命家写，活着的也要写，他特别提到，要为邓颖超同志写传。

1987 年夏，根据中共中央文献室和全国妇联党组的决定，请《人民日报》高级记者金凤同志为邓颖超同志写传。邓颖超同志接见了作者，并提出指导性意见，即写实要准确，要遵循辩证唯物主义和历史唯物主义观点全面地如实地写，要写出当时的历史环境和革命发展情况，把个人和历史联系起来；要写得有感情，文字流畅，语言得体，有思想，也要有可读性，大胆创出新的风格。写好后要多征求意见，多改几遍，要准备改四五遍。

1987 年 9 月至 1988 年年底，从天津、广州开始，金凤走访了邓颖超自少年时代起主要活动过的地方，行迹遍及半个中国。1988 年下半年后，则主要在北京采访。一年半的时间里，共访问了 600 余人。中央文献研究室、中央党史资料征集委员会、外交部档案室为《邓颖超传》的写作提供了弥足珍贵的材料。邓颖超的秘书赵炜提供了邓颖超从 20 世纪 50—80 年代的工作活动日志。一年多时间里，金凤收集和阅读了上千万字的资料。1989 年，《邓颖超传》开始动笔，至 1990 年年底写出了 90 余万字的初稿。在写作中，金凤曾向邓颖超两次提出了约 100 多个问题，邓颖超用录音的方式作了回答。

1993 年 3 月，77 万字的大型传记《邓颖超传》面世。《邓颖超传》以中国近现代广阔壮观的社会历史为背景，真实生动地讲述了邓颖超同志革命的、战斗的、无私奉献的一生，展示了她的高尚品质和情操。书中许多史实是第一次公之于众，有助于人们认识邓颖超这位中国人民的优秀女儿，有助于人们理解周恩来、邓颖超一生的奋斗和他们崇高的情怀，代表着中国人民对自己历史的尊重和对伟大追求的坚定信念。1994年11月，鉴于《邓颖超传》的内容质量、编辑水平、装帧设计等都达到了较高的水准，荣获第八届中国图书奖。

邓小平同志于1992年6月2日为《邓颖超传》题名。（杨志丽）

◇ 出版《一个真正的人——彭德怀》

《一个真正的人——彭德怀》由中央军委《一个真正的人——彭德怀》传记编写组编写。本书通过36个故事，生动细腻地描述了彭德怀的一生。

书中描写了彭德怀的少年苦难，十年探索，叱咤风云，百战齐工，庐山蒙难，"文化大革命"沉冤，大起大落的曲折一生。同时描写了彭德怀廉洁奉公、严于律己、关心群众，从不考虑个人得失、不怕困难、勇挑重担，对革命工作勤勤恳恳、耿直刚正、光明磊落、坚持真理、问心无愧的高尚情操。他身上所具有的一切高尚品德，是我们民族精神中最宝贵的精神财富。彭德怀的伟大形象，是一座丰碑。1959年7月在中共中央政治局扩大会议（庐山会议）期间，勇于直言，写信给毛泽东主席，对"大跃进"和人民公社化运动中的错误提出批评，虽遭到错误的批判，并被错定为"右倾机会主义反党集团"的首领，免去国防部长职务，1965年9月被派往四川任中共中央西南局"三线"建设委员会第三副主任，但仍顾全大局，兢兢业业地工作。

他的高大形象更加光辉地矗立在人民的心中。

　　《一个真正的人——彭德怀》组稿人陈允豪、李春林，责任编辑刘振生。1994 年 10 月由我社出版，同年获第八届全国图书"金钥匙"奖。（杨志丽）

1995

◇ 出版《陈云文选》

　　1995 年 6 月 13 日，在纪念陈云同志诞辰 90 周年之际，我社出版了《陈云文选》第 1—3 卷。我社于 1984 年和 1986 年先后出版了《陈云文选》(1926—1949 年卷、1949—1956 年卷和 1956—1985 年卷)，此次经陈云同志生前同意，由中共中央文献编辑委员会进行增补和修订，我社出版第二版，改称《陈云文选》第一卷、第二卷、第三卷。

　　《陈云文选》第 1—3 卷收入作者在中国新民主主义革命、社会主义革命和社会主义建设的各个历史时期的主要著作共 190 篇，70 多万字。第一卷收入陈云 1926 年 7 月至 1949 年 6 月的著作 55 篇，内容涉及党的建设、干部队伍建设、革命根据地建设、党在白区工作等各个方面。第二卷收入陈云 1949 年 8 月至 1956 年 7 月的著作 52 篇，是从中华人民共和国成立到基本完成对私有制的社会主义改造时期的重要著作，基本上是论述财经方面的内容，如克服通货膨胀、稳定物价、统一财经工作等。第三卷收入陈云 1956 年 9 月至 1994 年 2 月的著作 83 篇，这一卷又分三个时期的著作：一是 1956

年9月至1962年3月，中国社会主义改造基本完成、开始大规模社会主义建设而又遭到严重挫折的时期，其内容有改进经济体制和经济管理的意见、建议等，许多著作对克服当时严重困难、扭转被动局面起了重大作用；二是"文化大革命"后期协助周恩来总理抓外贸工作；三是"文化大革命"之后，确立和实行正确的思想路线、政治路线、组织路线的时期，著作涉及指导和推进全党实现历史的伟大转折、全面调整比例失调的国民经济、按照中国实际情况进行社会主义现代化建设和社会主义经济体制改革等方面的内容，成为陈云同志比较完整的著作选集。新版《陈云文选》共增补33篇文章。

　　1995年6月13日上午，中共中央在北京人民大会堂举行《陈云文选》（1—3卷）、《陈云》画册出版发行暨纪念陈云同志诞辰90周年座谈会。李鹏、乔石、朱镕基、刘华清、荣毅仁等党和国家领导人出席了座谈会，座谈会由中共中央政治局常委、书记处书记胡锦涛主持。中共中央总书记、国家主席、中央军委主席江泽民在座谈会上发表讲话。中央、国家机关的领导同志，陈云同志的夫人于若木等亲属，我社社长兼总编辑薛德震和中央有关部门负责人以及参加陈云生平与思想研讨会的专家学者出席了座谈会。（李京明）

◇ 出版马列原著"三大工程"

　　20世纪90年代中期，中共中央做出重大决策，决定出版《马克思恩格

斯全集》中文第二版、《马克思恩格斯选集》中文第二版以及《列宁选集》
中文第三版。鉴于《马克思恩格斯全集》中文第一版、《马克思恩格斯选集》
中文第一版均是根据俄文本翻译的，而这次马恩原著中文第二版最大的特点
就是中央编译局根据马克思、恩格斯德文原著来进行重新翻译和编排。

我社承担了这三大马列主义原著工程的全部出版工作。1995 年 7 月出
版《马克思恩格斯选集》中文第二版以及《列宁选集》中文第三版。《马克
思恩格斯全集》中文第二版于 1995 年 7 月出版了第 1、11、30 卷，此后分
年出版。

新版《马克思恩格斯全集》的编译出版是一项跨世纪的宏伟工程，计
划出 70 卷，4000 余万字，每年出版两至三卷，是我社"九五"至"十三五"
规划重点图书项目，并且排行第一。《马克思恩格斯全集》中文第二版的所
有著作，都根据原文翻译或重新校订，与第一版相比，新版的译文质量更
高、文献更全、编排更合理，资料也更丰富，可供理论研究、教学、宣传工
作者长期使用。

《马克思恩格斯选集》中文第二版共四卷，约 285 万字，对第一版篇目
作了较大幅度调整，力求更全面、完整地反映马克思和恩格斯创立的科学理
论体系。

《列宁选集》中文第三版是继 1960 年第一版和 1972 年第二版之后的新
版本。新版《列宁选集》共四卷，约 320 万字，增加了列宁晚年有关社会主
义建设理论的著作和书稿，增收了列宁有关马克思主义方法论的论述，压缩
了部分著作篇幅，对内容相近的文献作了调整。两部选集在内容的编排上，
既适应我国建设有中国特色社会主义和改革开放的需要，又为广大读者提供
了内容准确、使用方便、长期稳定的版本。（吴继平）

◇《胡乔木回忆毛泽东》获第九届中国图书奖

1994 年 9 月，我社出版《胡乔木回忆毛泽东》。1995 年 12 月 21 日，该书荣获第九届中国图书奖。

该书以 20 世纪 40 年代毛泽东的重要著作、活动为主线，以重大的历史事件（包括党内、国内、国际的事件）为背景，着力记述了毛泽东思想的发展，记述了毛泽东如何为中国革命制定具体政策、如何在历史转折关头作出重大决策，对毛泽东领导中国革命克服挫折，战胜困难，打败反动派，取得最后胜利的历史过程作了比较条理化的分析。

早在 1990 年年初，胡乔木开始考虑撰写一部回忆毛泽东在 20 世纪 40 年代和 50 年代的思想和活动的著作。1991 年 9 月，经党中央批准，成立了编写组帮助胡乔木工作，成员包括党史和毛泽东思想研究专家龚育之、郑惠、石仲泉等。按照胡乔木的设想，该书带有个人回忆的性质，但并不完全是一部个人的回忆录；在体例上由一篇篇文章构成，而不是一本编年史。由他亲自拟定的各个篇章，有的反映重大历史事件，有的反映他在毛泽东直接领导下的工作。在胡乔木指导下，编写组写出关于 40 年代专题的大部分初稿，并陆续送他审阅修改；其中部分初稿经他审阅提意见后写成修改稿。1992 年 9 月 28 日胡乔木不幸逝世，该书的修改审定工作无法由他亲自完成。由于原定的以胡乔木著作出版的条件已经失去，编写组经反复研究，决定将这部分书稿分为两部分：第一部分为"谈话录"，第二部分为"初拟稿"。

"谈话录"是胡乔木 20 多次谈话的记录。其中 1985—1986 年的一篇，即这项工作开始前几年他同中央文献研究室同志的谈话记录，因属于同一个主题故一并收入。这些记录未经过他本人审定，但多是根据录音整理，只作了必要的文字修饰。"初拟稿"是按照胡乔木生前拟定的题目，并根据他的谈话精神撰写的 19 篇文稿。在写作这些文稿时，查阅了大量的文献档案及其他资料。该书集回忆、研究于一体，具有重要的文献价值和理论价值。

（郭娜）

1996

◇《中国通史》获第二届国家图书奖

1996年1月30日，我社出版的范文澜、蔡美彪等著10卷本《中国通史》荣获第二届国家图书奖。1999年12月，该书又荣获中国社会科学院颁发的"首届郭沫若中国历史学奖荣誉奖"。

撰写、编辑出版10卷本《中国通史》，凝聚了作者和我社几代人的心血。

《中国通史》的创始者范文澜，曾在延安中央研究院的油灯下编写过一部供广大干部阅读的《中国通史简编》。该书出版后，毛泽东对范文澜说："我们党在延安又做了一件大事……我们共产党人对于自己国家几千年的历史，不仅有我们的看法，而且写出了一部系统的完整的中国通史。这表明我们中国共产党对于自己国家几千年的历史有了发言权，也拿出了科学的著作了。"该书自1941年至1950年，由新华书店、我社先后出版过8种版本。从1952年起，范文澜开始重新编写中国通史，计划分为五编10册。第一编先秦时期为第一册，第二编秦汉南北朝时期为第二册，第三编隋唐五代时期为第三、第四册，第四编宋元时期、第五编明清时期，各三册，合成一部

10 卷本中国通史。1953 年完成第一册，定书名《修订本中国通史简编》，由我社出版。1957 年，我社出版了第二册。1965 年，我社又出版了第三、四册。后因"文化大革命"，写作停顿下来。

1968 年 7 月 20 日，毛泽东向范文澜提出：中国需要一部通史。在没有新的写法以前，还是按照你的那种体系、观点写下去。不幸的是，范老 1979 年因病去世，未能完成这一宏愿。蔡美彪受范文澜生前委托，担负起主持《中国通史》的续编工作。蔡先生不仅参加了各册的编写，还兼任主编。据统计，参加后六册撰写工作的有 20 余人。因范著前四册已不是延安版的修订，续编的 6 册更不宜称为"修订本"，于是改书名为《中国通史》。从 1978 年到 1993 年，后 6 册陆续出版，前 4 册也多次重印。

1995 年，我社首次出版了合装的 10 卷本《中国通史》精装本和平装本。出版前，作者对全书进行了缜密的文字修订和图表等编辑加工。对范著前四册不仅核对了资料、校正了文字，还编选了一些图片，并增加了人名索引和地名索引等。

我社推出 10 卷本《中国通史》后，受到社会各界的广泛好评。人们赞誉该书架构宏大、史实准确、选材精当、笔法洗练，代表了中国史学研究的整体水平，是一套完整系统的中国通史，是一帧展示华夏文明的巨幅画卷。全书通过记叙各个历史时期的历史事实与历史人物，阐明了中国社会发展的基本规律，是一部优秀的通史著作。同年，香港三联书店也出版了 10 卷本《中国通史》繁体字本。

2004 年，该书收入《中国文库》。

据统计，合装 10 卷本已累计发行了 12 万套。

尽管 10 卷本《中国通史》获得国家级大奖，取得了非常好的社会效益和经济效益，但我社认为这部通史的内容只写到清朝嘉庆年间。于是，建议作者补写清朝衰落与灭亡的历史。2007 年，出版了第十一册、第十二册平装单行本。

2008 年 4 月，我社将 12 卷合装出版平装本，收入我社大型丛书《人民文库》。

2009 年，又出版合装 12 卷精装本。付印前，对第 1 卷至第 10 卷已发现的文字错误和标点错误，作了校订。对个别史事的表述，也作了一些文字修改。

这部巨著已成为我社的品牌书和标志性出版物。

参与本书的编辑有：应德田、江平、吕异芳、陈汉孝、陈有和、萧远强、乔还田、于宏雷。（于宏雷）

◇ 实行领导干部聘任制

早在 1992 年，我社根据《新闻出版署直属事业单位实行干部聘任制的暂行规定》，结合本社实际情况，制定了《干部聘任制实施细则》《工人劳动合同制和聘用制的暂行办法》。在此后几年的具体实施过程中，始终坚持平等竞争、优胜劣汰的原则。我社重新核定了各部门的工作量，按满负荷要求合理定编定岗，在此基础上，干部实行聘任制，工人在干部岗位上的，实行聘用制，在工人岗位上的实行签订劳动合同的办法。处级主要负责人由党组讨论决定、社长直接聘任；其他干部由部、室主要负责人提名、社委会讨论决定、社长聘任；工人由部、室主要负责人提名、社委会讨论决定，由人事处与其签订劳动合同。首先，强调了平等竞争、双向选择和优胜劣汰的原则。其次，突出了聘任制、劳动合同制和聘用制的权威性和严肃性。再次，明确规定了单位与受聘人员双方的权利和义务。

为了进一步深化改革，经社委会讨论，社长薛德震决定，在总结1992年第一轮聘任经验的基础上，于1996年进行第二轮聘任。其方法是先定机构、再定编制，将编辑部原9个图书编辑室合并为第一编辑室、第二编辑室、第三编辑室和第四编辑室。

2月27日，公布了党组研究、社长批准的聘任处级干部方案：第一图书编辑室（由原马列、政治、经济编辑室合并组成）主任王乃庄，副主任杨素梅、郁中建；第二图书编辑室（由原哲学编辑室、策划室合并组成）主任方鸣，副主任陈亚明、刘丽华；第三图书编辑室（由原国际、文化编辑室合并组成）主任吴学金，副主任张秀平、王德树；第四图书编辑室（由原中国历史、通俗读物编辑室合并组成）主任乔还田，副主任李春林；《新华月报》编辑部主任张小平，副主任李京明；《新华文摘》编辑部主任李椒元，副主任张耀铭；《人物》编辑部主任冀良，副主任张继华；《学习》编辑部主任陈子伶，副主任陈光；地图编辑室副主任丘崇尼（暂聘一年）；资料室副主任董栓存、陆明；社长总编办公室副主任黄金山、刘珍珍、常云；经理部经理艾立民（正处级），副经理彭庆珍（正处级）；排校室主任王瑛；发行部主任艾立民（兼），副主任张京德；财务室主任彭庆珍（兼），副主任蔡琳；审计处处长彭庆珍（兼）；人事处处长陈有和（兼），副处长乔艺文；党委办公室主任刘建国；行政处处长关殿荣，副处长王才；老干部处处长关殿荣（兼），副处长何龙安。

在实行干部聘任制、工人劳动合同制和聘用制的过程中，我社始终不流于形式，将聘任等制度付诸改革实践，注重从全社干部职工的实际情况出发，将思想政治工作贯穿始终，使干部和群众的情绪比较稳定，达到了加快和深化出版改革的目的。（吴继平）

◇ 出版《叶剑英选集》

1996 年 5 月 13 日，根据中共中央决定，由中共中央文献编辑委员会编辑的《叶剑英选集》由我社出版。

本选集反映了作者从参加新民主主义革命以来各个革命历史时期的重要思想和活动：一、第一次国共合作的大革命时期，参加筹办黄埔军校的东征北伐战争；二、土地革命战争中，策应南昌起义，参与领导广州起义；三、在中央苏区参加指挥反"围剿"战争，在长征途中机智勇敢地与张国焘斗争；四、抗日战争时期，参与制定抗日战争的政略、战略和作战指挥，推动抗日民族统一战线的发展，同时揭露国民党消极抗日积极反共、制造摩擦的阴谋；五、解放战争时期，参与制定伟大战略决策和解放区建设的方针政策，参加军事调处谈判，为制止内战、争取和平而斗争；六、社会主义革命和建设时期，对党的建设、政权建设、军队和国防建设、经济建设、外交活动、科学教育文化事业的发展等各个方面的建树；七、在"文化大革命"期间，与林彪、江青反革命集团进行坚决斗争，最后一举粉碎"四人帮"所建立的功勋；八、在新的历史时期，清除林彪、"四人帮"的影响和流毒，与邓小平等同志一道制定党的正确路线，治国安邦，促进经济发展，为实现社会主义现代化作出新的贡献。

选集在各个时期，全面阐述叶剑英同志从理论与实践的结合上处理遇到的各种复杂的实际问题，总结了许多宝贵经验，提出了许多带有创造性的见解，从而丰富了马列主义、毛泽东思想的理论宝库，具有重要的历史意义和现实指导意义。（李京明）

◇《流通经济学》获第十届中国图书奖

1996 年 12 月，我社出版的《流通经济学》获第十届中国图书奖。

《流通经济学》一书，是以丁俊发、张绪昌为首，以北京物资学院流通经济研究所为主的研究集体，经过近 10 年对马克思主义流通观、社会经济运行全过程中的流通功能和完善我国生产资料市场的战略等重点科研项目进行系统研究的基础上完成的，力求赋予流通经济学在社会主义市场经济条件下新的内涵。全书由导论和流通原理、流通经济运行、流通产业和流通管理等五篇共十九章组成。

该书对流通经济领域的许多重大理论问题进行了长期的探索，在揭示流通领域客观规律时，从不同角度和层次作了全面而系统的阐明，并努力在原有的基础上有所突破。

　　该书的两位主要作者一位来自高校，具有丰富的理论知识；一位来自管理部门，具有丰富的实践经验。张绪昌系北京物资学院流通经济研究所所长、教授，《中国流通经济》杂志主编，中国物资流通学会理事。丁俊发先后在机械工业系统与流通部门工作，历任机械工业部办公厅副主任、教育局副局长，合肥工业大学常务副校长，发展规划研究院党委书记，物资部科技教育司司长、供应管理司司长、办公厅主任，国内贸易部办公厅主任等职。（吴炤东）

1997

◇ 中共中央政治局委员、国务委员
李铁映视察我社并题字

1997 年 1 月 30 日下午，中共中央政治局委员、国务委员李铁映在国务院副秘书长刘奇葆、中宣部副部长龚心瀚、新闻出版署署长于友先、副署长于永湛、财政部副部长谢旭人的陪同下，视察了我社。

视察中，李铁映等领导同志先后到我社照排科、资料室、《新华文摘》编辑部、《新华月报》编辑部，向各部门工作人员致以新春的问候。最后到四楼大会议室参观了我社图书展览和奖品陈列。在参观图书展览时，李铁映同志翻看《中国思想通史》，并询问我社有关经典著作出版和两个效益状况，并欣然为我社题写了"为人民服务，为社会主义，为全党全国的大局服务"。

在视察我社后，李铁映等领导同志又到人民文学出版社、中华书局和商务印书馆进行了视察。最后，李铁映同志及被视察单位的主要领导集中在商务印书馆举办了座谈会，我社社长兼总编辑薛德震参加了座谈会，向领导同志汇报了我社主要成绩，并就我社存在的出版资源严重分流，经济效益受

到冲击；办公楼老旧条件差，办公条件急需改善；职工住房困难等问题作了汇报。（左乐）

◇ 推出多种图书深情缅怀邓小平

1997年2月19日，邓小平逝世的噩耗随着电波传遍神州，中华儿女一片哀恸，同时，也牵动了世界的神经，华人华侨及各国政要、国际友人等纷纷表达缅怀之情，整个世界与中国同哀。

在我社的会议室里，悬挂着一幅邓小平同志正在题写"人民出版社四十年"的照片。邓小平同志生前还为我社多种图书题写了书名，包括：《周恩来传》《朱德传》《邓颖超传》《廖承志文集》《方志敏文集》《张太雷文集》《回顾长征》《遵义会议文献》，此外，邓小平同志还专门为《蔡和森文集》撰写了出版题词。

为积极响应党中央、国务院部署的对邓小平同志逝世举行隆重纪念活动的号召，为表示对邓小平同志的崇敬、热爱和怀念，我社在中宣部、新闻出版署的领导下，在邓小平同志逝世后的一周内就及时出版了《敬爱的邓小平同志永远活在我们心中》，这本书在很短的时间里共印了360万册，既表达了对邓小平同志深切的怀念之情，又满足了全党全国各族人民继承遗志、学习邓小平理论的需要。

同期，我社还出版了《邓小平经济理论学习纲要》，江泽民为该书写了题为《坚持把邓小平建设有中国特色社会主义理论的学习引向深入》的序言；《邓小平人才人事理论学习纲要》汇集了党中央悼念邓小平同志的有关文件、资料和图片；《毛泽东邓小平江泽民论世界观人生观价值观》由中共中央文献研究室选编，收录了毛泽东、邓小平、江泽民的文稿共154篇。

在江泽民总书记和党中央的指导下，我社还隆重推出由江泽民总书记题写书名的《邓小平文选》典藏本。（冯瑶）

◇ 出版《邓小平经济理论学习纲要》

1997年2月，我社出版的由江泽民同志作序、中央财经领导小组办公室编写的《邓小平经济理论学习纲要》一书被中国书刊发行协会评为"全国优秀畅销书"。该书是一部重要的理论著作，它凝聚了党的经济领导工作者和经济理论研究者的心血。

党的十四大确定用邓小平建设有中国特色社会主义理论武装全党，强调学习马克思列宁主义毛泽东思想，中心内容是学习邓小平建设有中国特色社会主义理论。

邓小平建设有中国特色社会主义理论，内容丰富，博大精深，涵盖我国现阶段经济、政治、文化、军事、外交和党的建设等各方面的基本问题。

邓小平同志在1992年视察南方的重要谈话中指出："改革开放以来，我们立的章程并不少，而且是全方位的。经济、政治、科技、教育、文化、军事、外交等各个方面都有明确的方针和政策，而且有准确的表述语言。"为了更好地贯彻落实党的基本理论、基本路线、基本方针和党在若干重要领域的基本政策，我社请中央财经领导小组办公室编写了《邓小平经济理论学习纲要》。该书共包括 16 个专题，涵盖邓小平经济理论的各个方面，是提供给广大干部群众学习邓小平建设有中国特色社会主义理论的权威读物，出版以来销量过百万册。(吴焰东)

◇ 全力做好学习宣传党的十五大 精神重点图书的出版工作

1997 年 9 月，中国共产党第十五次全国代表大会在北京召开，江泽民同志作了题为《高举邓小平理论伟大旗帜，把建设有中国特色社会主义事业全面推向二十一世纪》的报告。

为了学习宣传贯彻十五大精神，我社积极响应党中央、国务院、新闻出版署的工作部署，及时出版了《光辉的旗帜，实践的指南》(罗干主编)《高举邓小平理论伟大旗帜　把建设有中国特色社会主义事业推向二十一世纪——在中共十五大上的报告》《中国共产党章程》《中国共产党第十五次全国代表大会文件汇编》《十五大报告辅导读本》《党章和党的建设读本》等重要书籍。

1997 年 9 月 9 日，新闻出版署发出《关于出版有关党的"十五大"报告辅导读本的紧急通知》，指出根据国务院《出版管理条例》有关重大选题备案的规定，经请示中央办公厅、中央宣传部同意，决定由人民出版社组织出版《"十五大"报告辅导读本》。

9月11日，新闻出版署发出《关于重申不得随意印发"十五大"报告和新党章的紧急通知》，指出党代会文件和党章的出版印发工作是一项严肃的政治任务，党的十五大通过的文件，特别是大会通过的十五大报告和新党章，只能由人民出版社出版，其他出版单位一律不得安排。各地方人民出版社，可向人民出版社租型。

10月9—11日，由中宣部、新闻出版署主办的全国人民出版社工作会议在济南召开。会议由中宣部秘书长、出版局局长高明光主持。我社社长兼总编辑薛德震、副社长兼副总编辑张树相、版协人民出版社工作委员会秘书长杨寿松参加会议。张树相在大会上作了题为《学习十五大精神，开创人民出版社工作的新局面》的发言，回顾了我社过去的工作，并向新闻出版署建议保护人民出版社必要的专有出版权，建立党和国家重要文件的出版机制，对编印中央文件学习辅导材料加强宏观调控。（冯瑶）

◇《马克思主义史》荣获两项国家级大奖

《马克思主义史》由中国人民大学马克思主义发展史研究所编，庄福龄主编。1991年在我社选题立项，策划编辑郇中建。1996年正式出版。1997

年先后获第六届"五个一工程"奖和第三届国家图书奖提名奖。2007 年入选《人民文库》。责任编辑郇中建、聂梅玲、邓仁娥、陈来胜、孙英春。

《马克思主义史》是我国第一部马克思主义通史，系统叙述从马克思主义诞生到 20 世纪 90 年代中期马克思主义的发展史。共分四卷：第一卷叙述马克思主义形成和奠基时期，即 1840—1895 年间的发展史。论述了马克思主义的产生与在 19 世纪的发展和系统化以及马克思、恩格斯的战友们的贡献。第二卷叙述马克思主义在垄断资本主义初期的发展。论述了马克思主义在 19 世纪末 20 世纪初的分歧与争论。马克思主义在俄国的发展以及列宁帝国主义论的形成。第三卷叙述 1917—1956 年间马克思主义发展的历史。论述了社会主义在实践中的探索和发展，特别是中国社会主义建设的探索和发展，以及世界各国的马克思主义研究情况。第四卷叙述 1956—1994 年间马克思主义发展的历史。论述了社会主义国家的改革和探索，苏联解体、东欧剧变，西方国家马克思主义的研究状况，特别是对中国社会主义建设的实践和挫折、中国特色社会主义理论的形成和发展做了论述。（马列编辑一部）

◇《中国政治制度通史》获第三届国家图书奖

1996 年 12 月出版的《中国政治制度通史》（1—10 卷，以下简称《通史》），是中国社会科学院政治学研究所承担的国家社会科学基金重点项目，由著名政治学家、历史学家白钢教授主编、邀请数十名各断代史专家通力合作完成的。该书综合运用了政治学、历史学、法学、民族学等学科的理论与方法，跳出了传统的以官制史代替政治制度史的窠臼，开创了着力于元首制度、中央决策体制和政体运行机制探索的新体系，令人耳目一新。该书主要论述从公元前 21 世纪中国最早的国家政权——夏王朝的建立，到 1911 年辛亥革命推翻清王朝，悠悠 4000 多年间，中国政治制度的发生、发展和变化的过程及其规律。因其跨度大、内容多，采取了纵横相结合的分卷方法，将全书分为 10 卷。第一卷总论，采取纵的（竖切）论述方法，简要阐述各项政治制度的来龙去脉，力图反映各项政治制度演化的系统性，相当于全书的纲；其余 9 卷，采取横切，即以断代分卷，详细论述各断代政治制度的演变及特点，向内容的广度与深度开掘。该书体大思精，洋洋 430 万言，在理论与内容上都有许多重要的突破，是一部颇具开创性的学术巨著。

《中国政治制度通史》（1—10 卷）是集体智慧的结晶。课题组数十名成员同心同德，是其学术质量得以保证的前提。而主编学兼政治学与历史学，无论是全书的理论体系、整体框架的设计，还是各分卷的结构安排，都为各卷执笔人充分发挥自己的学术专长，提供了条件。整部书论述得全面系统，实现了宏观与微观、主编总其成与分撰纂其业，政治学与历史学、法学、民族学等三个完好的结合。因此，可以说该书的问世，为学术研究的"精品工程"，为众多学者协同攻关，提供了一个成功的范例。

1997 年 9 月，该书荣获第三届国家图书奖并作为国家领导人的礼品书赠送美国总统克林顿，现陈列在哈佛大学图书馆。（张秀平）

◇ 出版《世界通史》

  《世界通史》（6 卷本）由崔连仲、刘明翰、刘祚昌、徐天新等主编，来自国内多个高校的数十位作者共同写作完成。该书是在我社之前出版的《世界史》（4 册）和《现代世界史》、《当代世界史》基础上修订整合而成，1997 年正式出版。《世界通史》（6 卷本）作为我社与《中国通史》相对应的基本建设工程，受到了社里的高度重视。

  该书从马克思主义唯物史观出发，按纵向历史发展进程，分别讲述各个国家、地区社会的历史发展，完整叙述了从人类社会产生到现当代的历史发展过程。摒弃了长期以来，世界历史研究中的西方中心论倾向，把社会性质作为历史分期和卷次划分的主要根据，具有鲜明的马克思主义历史学特点。具体来看，"古代卷"主要记述了人类社会前两个阶段即原始社会和奴隶社会的发展历史，展现了人类社会早期，世界政治、经济、文化发展的概况。"中世纪卷"是封建社会史，研究封建社会形态的产生、形成、发展和解体的历史过程，探讨封建制度下生产力和生产关系的矛盾运动，论析封建时代世界各国政治、经济、文化的发展进步。"近代卷"（上、下）主要记述了资本主义上升发展的历史，讲述欧美诸国通过一系列的资产阶级革命，最终确立资本主义制度，进入工业革命时代，以及由此引发的广泛而深刻的社会变革的历史过程。"现代卷"主要讲述了 20 世纪，在新科技革命的推动下，资本主义从自由竞争向垄断阶段过渡，各种矛盾空前尖锐，导致第一次世界大战、第二次世界大战先后爆发，世界格局深刻调整，随着俄国十月革命的胜利和亚非拉人民民族解放斗争的胜利，形成了以美国为首的西方集团和以苏联为首的东方集团两相对峙的世界格局的历史过程。"当代卷"分美苏冷战相峙阶段、美苏对话阶段、世界新格局形成阶段三个时期，讲述第二次世界大战结束以来的世界历史。

该书出版后，受到广大读者的好评，2001 年入选"全国优秀畅销书"；2004 年入选"中国文库"；2007 年入选"人民文库"，并于 2008 年修订再版。截至 2013 年年底，重印 12 次，累计销售 11 万余套，是国内世界史图书中一个闪亮的品牌。2013 年年底，启动了对《世界通史》（6 卷本）的全面修订工作，修订版于 2017 年年初出版。（毕于慧）

1998

◇ 出版《毛泽东选集》《邓小平文选》典藏本

为纪念邓小平同志逝世一周年，我社 1998 年 2 月 18 日出版了由江泽民同志题写书名的《邓小平文选》典藏本，编号发行，供海内外读者珍藏。全书三卷，特大 16 开本，正文选用象牙道林纸精印，优质金丝楠木作函，函面镶有著名雕塑艺术家程允贤创作的邓小平铜质浮雕像，外加墨绿色丝质护盒。收藏证书配装 50 毫米 ×35 毫米 24K 纯金制作的书标及纪念卡。朴素大方，高贵典雅，具有很高的收藏价值。

以珍贵典藏本形式出版领袖著作，这在我国出版史上尚属首次，具有重大的政治意义和历史意义。

为纪念毛泽东同志诞辰 105 周年，我社于 1998 年 12 月 24 日出版了《毛泽东选集》典藏本，并于当日在中国革命博物馆举行《毛泽东选集》典藏本、《邓小平文选》典藏本出版新闻发布会及公证、赠书仪式。

新闻发布会由副社长陈有和主持，社长李长征、总编辑薛德震分别介绍了出版两部典藏本的重大意义及其创意出版过程，同时代表我社将两书的印刷胶片全部赠送给中国革命博物馆永久珍藏；并向中国革命博物馆、北京图书馆和国家版本图书馆分别赠送《毛泽东选集》和《邓小平文选》典藏本各一套。

中宣部副部长龚心瀚、新闻出版署署长于友先出席仪式并讲话，对我社出版领袖著作系列典藏本给予了高度评价。

《毛泽东选集》典藏本全书四卷，由邓小平生前亲笔题写书名。正文选用象牙道林纸精印，优质金丝楠木作函，函面镶有著名雕塑艺术家程允贤创作的毛泽东铜质浮雕头像，外加深棕色丝质护盒；收藏证书配装 50 毫米×35 毫米 24K 纯金制作的书标及编号纪念卡，纯金书标内嵌毛泽东纯金侧面浮雕头像及邓小平题写的书名，纯金头像及书标均经中国人民银行总行批准，由上海造币厂精工制作。

《毛泽东选集》典藏本与《邓小平文选》典藏本各自编号限量发行 1000 套，并作公证。这两套典藏本首开领袖著作典藏之先河，是领袖著作系列中最高档、最精美、最珍贵的版本，堪称"书中极品，收藏珍品"。（李京明）

◇《中国经济增长与方式变革》
获第十一届中国图书奖

1998 年 2 月，我社出版的厉以宁先生亲自作序的《中国经济增长与方式变革：迈向持续、高效的增长道路》一书获第十一届中国图书奖。

在众多的经济学研究的课题中，经济增长无疑是最重要的，也是最引人入胜的课题之一。这是因为，经济增长是以人均国民收入或人均国民生产总值的增长来表示的，而人均国民收入或人均国民生产总值的增长直接关系到人均可支配收入的提高、关系到社会由贫困走向富裕，因此怎样才能切实地促进经济增长、怎样才能实现社会的富裕，必然成为人们普遍关注的热点。经济增长同时也是一个制度演进的问题，如果不考虑制度因素作用，单纯从技术进步的角度来分析，则难以得出可靠的结论。

《中国经济增长与方式变革：迈向持续、高效的增长道路》正是从知识与技术进步和制度创新两个角度对中国经济增长进行分析的。从知识与技术进步的角度来看，作者在论述影响经济增长的各种要素的贡献的基础上，强调要把高新技术对传统产业的改造作为实现产业结构调整与提高经济增长质量的关键，强调要加快产业科技化与科技产业化机制的建立，以促进科技进步与国民经济的融合。而从制度创新的角度来看，作者在对不同的国家经济增长方式进行比较借鉴的基础上，强调要重塑微观运行机制，以建立经济增长方式转变的制度基础，同时强调要完善政府的宏观调控体系，取消以行政命令为特征的计划管理办法，消除领导者个人偏好对经济增长的影响，加速从"政府主导型"向"企业主导型"的转换。

厉以宁在序言中评价："本书的这些观点不仅符合中国经济增长的实际，而且也为转型时期的增长经济学增添了新的内容。"（吴炤东）

◇ 调整领导班子及机构，李长征任
党委书记、社长

1998 年 7 月 8 日，新闻出版署发出了《关于调整人民出版社行政领导班子的通知》指出：署党组 5 月 14 日决定：任命李长征为社长，薛德震为总编辑，马瑞文为副社长，张树相为副社长、副总编辑，田士章为副总编辑，韩舞凤为副总编辑，王乃庄为副总编辑，陈有和为副社长。李长征、薛德震二同志的职务任免事项已经中共中央宣传部审核批准。同日，新闻出版署发出《关于调整人民出版社党组织领导体制和建立核心制党委的通知》，署党组 5 月 14 日决定：人民出版社不再设置党组，原党组成员职务自然免除；建立起政治核心作用的党委会，党委委员为李长征、薛德震、马瑞文、张树相、韩舞凤、王乃庄、陈有和，李长征任党委书记，薛德震、马瑞文任党委副书记。撤销人民出版社机关党委，原机关党委成员职务自然免除。

与此同时，部门机构也进行了调整。11 月 17 日，本着优化选题结构和出书结构，提高出书质量、多出精品，加强编辑队伍建设，按学科专业化分工的原则，推出调整图书编辑室的方案，调整情况为：原第一编辑室政治、经济、马列分开；原第二编辑室人员不变，更名为"哲学编辑室"；原第三编辑室的人员分别充实到马列、政治、历史编辑室；原第四编辑室部分人员充实到经济编辑室，部分人员充实到历史编辑室；原项目组归入历史编辑室；

原第五编辑室人员不变，更名为"综合编辑室"。机构调整后为6个图书编辑室，暂定负责人：马列·国际编辑室（11人），副主任郇中建主持工作，副主任严平；政治编辑室（9人），副总编辑王乃庄兼主任，副主任吴学金；哲学编辑室（10人），主任方鸣，副主任陈亚明、刘丽华；经济编辑室（5人），副主任杨素梅主持工作，副主任李春林；历史编辑室（9人），主任乔还田，副主任张秀平；综合编辑室（9人），主任陈子伶，副主任陈光。（吴继平）

◇ 在署直出版社第四届优秀图书奖
评选中获多种奖项

20世纪末期，新闻出版署主办的"直属出版社优秀图书奖评比"活动，是一个有着较高职业水准的图书评奖活动，奖项分为选题奖、编辑奖、设计奖以及校对奖等奖项。这些专业出版奖项在署直出版社范围内进行，有较高的权威和水平。我社在前三届署直出版社优秀图书评选中屡次荣获多种奖项。

1998年，新闻出版署开展直属出版社第四届优秀图书奖评比活动。11月20日，我社参加新闻出版署主办的相关评奖活动，我社出版的图书在署直系统高质量优秀图书评比中获得多种奖项。其中人民版图书《历史不再徘徊——人民公社在中国的兴起和失败》、东方版图书《守望的距离》获"选题奖二等奖"。前者是新中国第一部系统研究人民公社历史的纪实著作，该书选题新颖、思想厚重。后者是迄今为止周国平最完整的一部散文集，汇集了他从1984年以来发表的几乎全部散文，内容包含哲学思想、人文思想、人生寓言等，其中充满了人生的智慧和哲学的魅力，融理性与激情于一体，笔调清新自然，内涵睿智深刻。

人民版图书《魏忠贤传》获"编辑奖一等奖"，此书描写的是明代宦官魏忠贤罪恶一生的故事，该书在编辑过程中凸显封建宦官专权的政治思想，整个编辑过程可圈可点。东方版图书《清代公羊学》获"编辑奖二等奖"，该书由北京师范大学陈其泰教授所著，是一部系统论述清代公羊学说的专著。编辑过程体现结构合理、逻辑严密、层次清晰、文字流畅、表述准确。

人民版图书《回忆邓子恢》、东方版图书《早期澳门史》获"设计奖二等奖"，体现了我社在装帧设计方面的较高水平。人民版图书《中华人民共和国第八届全国人民代表大会第四次会议文件汇编》获"校对奖一等奖"，人民版图书《毛泽东邓小平江泽民论世界观人生观价值观》获"校对奖二等奖"，两本书文字流畅，无差错，凸显我社在校对方面的传统优势。(吴继平)

◇ 出版《学习邓小平经济理论二十讲》

1998年12月，我社出版的《学习邓小平经济理论二十讲》入选中国书刊发行协会颁发的"全国优秀畅销书"。该书主编曾培炎，任中央财经领导小组副秘书长、办公室主任，国家计划委员会副主任、党组副书记；副主编魏礼群，任中共中央财经领导小组办公室副主任兼机关党委书记。

党的十四大确定用邓小平建设有中国特色社会主义理论武装全党，强调学习马克思列宁主义毛泽东思想，中心内容是学习邓小平建设有中国特色社会主义理论。《中共中央办公厅关于学习邓小平理论学习纲要的通知》要求：各级党委要继续组织广大干部、党员，深入研读邓小平同志的原著，把对《邓小平经济理论学习纲要》的学习纳入建设有中国特色社会主义理论的学习计划，注意全面、准确地学习和掌握邓小平理论的精神实质，并自觉地用以指导和推动改革开放和社会主义现代化建设的实践。为了贯彻落实这一要求精神，我社依据《邓小平理论》和《邓小平经济理论学习纲要》的编写体系，以讲座的形式，对邓小平经济理论的基本内容、主要观点、精神实质，从 20 个方面作了较为深入的论述，以有助于大家在学习邓小平经济理论中参考。邓小平经济理论是建设有中国特色社会主义理论的重要组成部分，是当代中国的马克思主义政治经济学，是建设有中国特色社会主义经济的科学理论和行动指针。（吴炤东）

◇ 出版《胡绳全书》

1998 年，我社出版了《胡绳全书》，共 6 卷 9 册，约 300 万字，辑录了胡绳有代表性的主要著述，包括《从鸦片战争到五四运动》《帝国主义与中国政治》等名著，体现了胡绳的学术成就、治学精神和研究风格。

《胡绳全书》的书名和入选的文章均由其本人亲自审定。编辑工作由我社政治编辑室的王能雄负责。他尽心尽力，在胡绳的秘书白小麦密切合作下得以顺利完成。

　　《胡绳全书》出版后，获得广泛的好评。1998 年 12 月 22 日，举行了出版座谈会。中共中央政治局常委、全国政协主席李瑞环出席并讲话，高度评价胡绳同志在理论和学术上的成就与贡献。中共中央政治局委员、中国社会科学院院长李铁映也对《胡绳全书》的出版表示祝贺，感谢人民出版社做了一件有意义的事情。首都学术界与会的众多学者在发言中对胡绳一生学术上、理论上的贡献给予了高度评价，胡绳出席大会并发言致谢。

　　1999 年，《胡绳全书》荣获第五届国家图书奖。（林敏）

1999

◇ 出版大型典藏著作《世纪之光》

刘朝晖担任主编的《世纪之光——九九归一翰墨抒怀》大型典藏著作由我社出版。这套丛书旨在为迎接人类世纪千年，汇集了中国 200 多位文化艺术大师的作品，弘扬和传承博大精深的中华文化艺术。

该书荟萃了启功、季羡林、任继愈、关山月、黎雄才、赖少其等 200 多位文化艺术大师的扛鼎力作，被文化艺术界誉为"千古绝唱""传世之作"。全书共分 5 卷：百年梦圆、黄钟大吕、金石长城、风雅颂、九九归一，分典藏版和珍藏版两种，各限量编号发行 1999 册。

策划、出版这套大型丛书的目的是："为了迎接这金瓯复整、璧合珠联的伟大时刻，为了呈献四海八方中华儿女的爱心，中国的文学艺术家们以其智慧之光汇成了这部堪称千古绝唱的艺术巨著。'世纪之光'里有世纪老人的名篇杰构，有学苑泰斗的掷地金声，有革命元戎的掀天胜慨，有众多艺海名家的瑰宝奇葩。这是一座美轮美奂的画廊，一道绚丽无比的艺术星河。编辑本书还有着说不尽的动人故事。百岁开一的金石大师钱君匋，封刀已十二年，为了迎接明珠归来，老人重启刀锥，在专门为他开采的色正质纯的封门青上刻下了'一国两制'四个皇皇大字，气度非凡，鬼斧神工。南京大学程千帆教授，年届耄耋，早已金盆洗手，不亲笔砚了，此次也挥毫泼墨写就了元气淋漓的五言律诗。著名红学家周汝昌先生早已近盲，闻讯后连夜赶写了一首力透纸背的七律佳章。北大的季羡林先生，向他约稿时，正患眼底出血，不能执笔。但过了一天，稍有减退，便为'世纪之光'写下开篇之作。黎雄才先生刚从香港做完眼手术归来，挥毫书就了'百年梦圆'，回肠荡气。"

1999年1月7日，该书的出版赠书仪式在北京图书馆举行，全国人大常委会副委员长布赫等领导出席，我社总编辑薛德震在赠书仪式上发表讲话。北京图书馆馆长任继愈当即表示将该书存入北京图书馆"善本书库"（存入善本库的典藏本为101号，北京图书馆于1999年1月7日发证书一本），这是给予该书的极高荣誉。（吴继平）

◇《新华文摘》创刊20周年

1999年1月29日，《新华文摘》创刊20周年暨大字本首发式在北京举行。新闻出版署署长于友先发表书面讲话，希望《新华文摘》"从其特殊地位出发，有一个更高层次、更高品位的正确舆论导向，突出理论性、思想性特色，贴近时代，贴近读者，高唱主旋律，打好主动仗，使它成为政治方向明确、思想理论精深、知识体系广博，融政治价值、思想价值、学术价值、审美价值于一体的全国选刊的精粹和范本，成为各级领导和广大读者常备的案头期刊"。

从 1979 年创刊号起到 1999 年，《新华文摘》已经走过了 20 个春秋，由小逐步成长壮大，被誉为"杂志中的杂志"。这 20 年的发展主要归功于这样几点：

《新华文摘》与时俱进。举凡学术文化的进展，知识界的思想探索，时代脉搏的跳动，人们所生活的社会中方方面面的问题，大众关心的要求和向往，议论风生的话题等，从全国各地各种报刊中撷芳撮要，使读者听到远近四方的心声，结识平日不易见到的各界人士、学者专家，了解许多难以目睹的重大事件，得知有关现实问题的结论。

《新华文摘》制定科学的内部工作程序。初创时期，工作程序由范用传、帮、教，他既是主管副总编辑，也是初创时期的执行主编，包括版式设计。《新华文摘》编辑工作也很有特色。对此，我社资深编审戴文葆从编辑学的角度回忆："《文摘》这类性质的编者，古称选家，编辑学在某些方面可称为选择学。要博览报刊，取其精华，并非什么'简单的重复劳动'，使用剪刀、糨糊、复印机所可完成的。首先要有辨别力，不发昏，对所有稿件要运用脑髓，放出眼光，具有胆识，心中时刻想到广大读者。每期约五十来万字，先要挑选足够的篇章，这就必须反复阅读，沉思吟味，默默研究，挑选出的稿子就约当二百万字了。选出后还要推敲斟酌，整理文字，或改误植，或需注释，或加按语，乃至就商于作者，请示有关领导。定稿后得划版式付排，接着查看校样，再作最后的肯定。这五十来万字，经过往返思量，无形中成为五六百万字了。加之每月编辑工作滚动进行，后月紧接前月；出刊前后仍有不少编辑事务，都需要耐心和清醒。所有这些工序，据闻每月都靠十双手去

完成，是繁重而有特色的。"（吴继平）

◇《新华月报》创刊 50 周年

1999 年 11 月 26 日，《新华月报》创刊 50 周年座谈会在人民出版社四楼会议室举行。《新华月报》新老同志以"家庭聚会"的俭朴方式，欢庆自己的刊物 50 岁生日，具有特别的意义。

半个世纪以来，《新华月报》忠实地记录了新中国前进的历史轨迹，汇集了不同时期党和国家最重要的文献资料和国内外重大事件的报道，为人们了解、认识、研究新中国的内政、外交及国际问题提供了数量巨大、较为系统、内容权威的各类材料。历经半个世纪的风雨，在《新华月报》已出版的 600 余期、计 3 亿多字的刊物中，凝结了几代月报人的心血和辛勤努力。它堪称一部比较完整的中华人民共和国历史。

几十年来，《新华月报》为党和国家政治、经济等方面重要文献的积累作出了很大的贡献。但在计算机和互联网时代，它也暴露出自身的不足，主要表现在以下几方面：一是内容大多摘自《人民日报》，编辑含量不高；二是栏目设置多年不变，缺乏灵活性；三是封面、版式设计风格单调，没有活力；四是出版周期滞后；五是可读性不强。

为适应期刊走向市场化、读者选择多样化的现实，《新华月报》编辑部率先实现了计算机编辑、排版，大大提高了编辑、排版效率，同时也加快了出版周期。之后的 1998 年下半年，《新华月报》进行了改版，将原有栏目调整为"每月要闻""社会·法制""经济纵横""人物写真""文化广场""科技·生活""环球博览""地方传真""时事经纬""文献资料""知名人士逝世消息""大事辑览""图版新闻"等栏目，并重新设计了封面。改版后的《新华月报》特色鲜明、内容丰富、版面清新、图文并茂。它比其他时政性刊物提供了更多也更为原本、具体的有关我国内政外交和国际问题的材料，因而在它的阅读功能中寓含更为直接的宣传教育功能，并兼有报纸媒体作用，受到读者的欢迎。

在创刊 50 周年座谈会上，《新华月报》同仁一致表示，要努力保持 50 年来业已形成的刊物文献性、资料性特色，并不断加以改进，为人们提供内容既权威、准确、系统，又富有时代气息、图文并茂的材料，把刊物办得更好。

《新华月报》还利用自身的资源优势，编辑了《新中国 50 年大事记》《中国人民政治协商会议年鉴》等重要图书。（李京明）

◇ 出版《毛泽东文集》

经中共中央批准，决定从 1993 年起，由中共中央文献研究室选编，由我社开始编辑、出版、发行《毛泽东文集》。《毛泽东文集》是继《毛泽东选集》第 1—4 卷之后综合性的多卷本毛泽东著作集，共 8 卷。文集选稿起自 1921

年，截至 1976 年，按精选原则选编。毛泽东的诗词没有编入这部文集。编入《毛泽东文集》的著作，绝大部分根据中央档案馆保存的毛泽东手稿、早期文本和记录稿刊印，保持原貌，只校正文稿中的错字、漏字、衍字以及明显有误的标点，订定错讹的史实，讲话谈话记录稿只作技术性的整理。每篇文末，有所据版本或稿本情况的刊印说明。文集作有简要注释，排印在每篇著作的后面。《毛泽东文集》按时间顺序分卷编排，在毛泽东诞辰纪念时开始陆续出版。

1993 年年初，我社开始着手《毛泽东文集》第 1、2 卷的编辑工作。12 月，完成《毛泽东文集》第 1、2 卷，作为向毛泽东诞辰 100 周年献礼的重要图书。

1996 年，我社出版了《毛泽东文集》第 3、4、5 卷。

1999 年 6 月，我社出版了《毛泽东文集》第 6、7、8 卷。至此，《毛泽东文集》（8 卷本）出版工程全部完成。这些著作是从毛泽东 1921 年至 1976 年间的大量文稿和讲话、谈话记录中精选出来的，是学习和研究毛泽东思想的重要文献。（吴继平）

◇《新华文摘》荣获首届"国家期刊奖"、入选第二届"全国百种重点期刊"

1999 年 11 月 28 日，由新闻出版署和科技部组织的首届"国家期刊奖"和"第二届全国百种重点期刊"揭晓，有 49 种社科类期刊、64 种科技类期刊获此殊荣。《新华文摘》榜上有名，全部包揽。

"国家期刊奖"是我国期刊界的最高奖项，每两年举办一次。"全国百种重点期刊"也是每两年进行一次评选。评奖委员会提议并经新闻出版署批准，为便于识别获奖期刊，鼓励先进并利于社会监督，由新闻出版署统一制作国家期刊奖、国家期刊奖提名奖期刊徽标，从 2000 年 1 月起统一印制在获奖期刊封面明显处。

长期以来，《新华文摘》坚持正确的政治导向，秉持鲜明的办刊宗旨，编选了大量传达党和政府声音、荟萃哲学社会科学优秀成果、繁荣社会主义文化、凝聚中国经验的优秀文章，受到了上级主管部门和广大读者的高度重视和充分肯定，成为我国影响最大的哲学社会科学文摘类杂志，享有独特的权威性和影响力。同期获得上述两个奖项，是对新华文摘工作的充分肯定。

（王善超）

2000

◇ 庆祝我社重建 50 周年

2000 年，人民出版社重建 50 周年，举办了一系列活动予以纪念。

党和国家领导人以及社会知名人士发来贺信或题词。12 月 15 日、18 日，全国人民代表大会委员长李鹏题词："坚持先进的文化方向，庆祝人民出版社五十周年。"薄一波、邓力群、王光英、彭珮云、许嘉璐、逄先知、季羡林、顾锦屏、蔡美彪、庄福龄、丁关根分别发来贺信。

12 月 15 日，我社在总参第一招待所召开"庆祝人民出版社重建五十周年联欢大会"，大会由副社长韩舞凤主持，社长李长征作了讲话，全社在职职工、离退休职工以及由本社调入新闻出版署工作的同志、已调出的历届领导班子成员和部分老职工代表近 400 人参加会议。

12 月 18 日，我社在人民大会堂浙江厅隆重举行"庆祝人民出版社建立50 周年座谈会"，座谈会由副总编辑王乃庄主持。许嘉璐、邓力群等党和国家领导人及中宣部、中央编译局、新闻出版署有关部门领导同志、著名学者等 100 多人出席。副社长陈有和就我社重建以来走过的历程作了汇报，龚心瀚、杨牧之、逄先知、李琦、韦建桦、庄福龄、许嘉璐等人发表讲话。张惠卿、薛德震及出版社各部室主任参加座谈会。

为庆祝我社重建 50 周年，我社还特别编印了《人民出版社 50 年大事记（1950—2000）》《人民出版社 50 年》画册，并通过北京市东区邮局发行了纪念明信片一套（5 张）。(吴继平)

2001

◇《邓小平理论研究书系》《京剧与中国文化》 获第十二届中国图书奖

我社出版的《邓小平理论研究书系》《京剧与中国文化》两种图书于2001年2月获第十二届中国图书奖。

由全国23家出版社联合出版的《邓小平理论研究书系》选题是在1997年10月新闻出版署和中宣部召开的全国人民出版社工作会议上提出的。会上确定，由新闻出版署组织以人民出版社为主的有关出版社，编辑出版一套《邓小平理论研究书系》，作为全国出版界贯彻十五大精神，落实江泽民总书记讲话，迎接新中国成立五十周年的一项重要举措。书系基本涵盖了邓小平理论研究的主要方面和内容，是党的十五大以来国内宣传和研究邓小平理论读物中比较全面和系统的一套书系，反映了关于邓小平理论的最新研究成果。参与书系撰写的作者，都是长期研究邓小平理论的专家和学者，他们中有郑必坚、龚育之、高放、赵曜、江流、冷溶、徐崇温等。组织全国多家出版单位共同编辑出版一套政治理论方面的大型书系，在我国出版界是少有的，这一做法，对促进出版社之间的合作，推动出版繁荣也具有积极意义。中宣部、中央党校、中央文献研究室、中央党史研究室等单位也对书系出版工作给予了大量的指导与支持。

《京剧与中国文化》是《中国文化新论丛书》中的一种，是一部关于京剧的与众不同的学术力作。作者是著名作家徐城北。该书对中国传统文化，对京剧这一传承多年、深受广大观众喜爱的国粹艺术进行了深入细致的研究。该书一经出版就受到广大京剧爱好者及戏曲研究人士的好评。

这两种获奖图书是突出主旋律，强调学术价值和原创性，从新的视角、新的立意出发创作而成的原创性作品；是经过众多学者积多年之力始克成书的力作。新华社、《人民日报》《光明日报》等数十家报刊及中央电视台、中央人民广播电台等都作了相关报道。（冯瑶）

◇ 在署直出版社第五届优秀图书
评选中再获佳绩

为了促进社会主义出版事业的繁荣和发展，鼓励和表彰优秀图书的出版，国家新闻出版总署于1992年举办了首届直属出版社优秀图书评选活动，至2001年已成功举办了五届，期间涌现出不少选题质量、编校质量、装帧设计质量上乘之作。在历届评选活动中，我社均有不少精品力作得到评委会的肯定，屡获大奖，彰显了国家出版社的地位和实力。

2001 年 4 月 18 日，总署直属出版社第五届优秀图书奖评选揭晓。我社出版的《马克思主义经典著作选读》（策划者：郇中建、邓仁娥）获优秀选题一等奖；《追寻逝去的音乐踪迹——图说中国音乐史》（策划者：戴联斌）、《京剧与中国文化》（策划者：张润生）获优秀选题二等奖；《先秦叙事研究——关于中国叙事传统的形成》（责编：刘丽华）、《唯物论无神论教育读本》（责编：郇中建）获优秀编辑奖二等奖；《追寻逝去的音乐踪迹——图说中国音乐史》（设计者：曹春）获优秀设计奖二等奖；《中华人民共和国第九届全国人民代表大会第二次会议文件汇编》（校对者：校对科全体成员）、《十四大以来重要文献选编》（校对者：校对科全体成员）获优秀校对奖一等奖。（尤园）

◇ 尤开元获第七届中国韬奋出版奖

2001 年 11 月 23 日，第七届中国韬奋出版奖揭晓，我社尤开元榜上有名。

尤开元（1925—2006），安徽蚌埠人。1945 年 1 月，于奔赴延安途中在重庆参加革命。曾在重庆、武汉、上海的新知书店（三联书店）工作。1950 年调入出版署编译局翻译组任组长。1952 年作为中国专家组组长由国务院派往苏联，先后在莫斯科外文出版局、莫斯科马列主义大学、莫斯科广播电台工作、学习，参与苏共二十一大等重大活动和《马克思恩格斯文选》等经典书籍的翻译、出版。1960 年奉调回国后，一直在人民出版社工作，先后任马列主义基础组、翻译组、经典外书组、马列著作编辑室编辑、副主任、主任，主要负责马列主义著作的编辑、翻译工作。1987 年被评为编审，同年离休，享受司局级待遇。1992 年起享受国务院特殊津贴。1994 年出任人民出版社所属东方出版服务公司总经理兼总编辑，编辑出版了许多受读者欢迎的政治理论、文化科学、文学艺术图书。1999 年，获中央组织部颁发的"全国离退休干部先进个人"荣誉称号。

尤开元从事编辑出版和翻译工作 60 余年，是一位集编辑、出版和翻译于一身的资深专家，为党和国家的出版事业作出了重大贡献。尤开元积极宣传进步思想和革命成果，致力于马列主义经典著作、基本理论及经典作家回忆录的编辑和校订，具有深厚的马列主义基础知识和丰富的编辑出版经验。他先后组织或参与编辑出版了《马克思恩格斯全集》《马恩文稿》《列宁全集》《列宁选集》《列宁文稿》《斯大林全集》《马列著作选读》等主要马列经典原著和重要理论著作，为马列主义理论在中国的传播，为构筑人民出版社作为宣传马列主义意识形态的主阵地作出了重大贡献。尤开元还是历史使命感极强的出版家，他组织出版了《资政史鉴》《科学社会主义通史》《南京暴行——被遗忘的大屠杀》《基辛格》等有重大影响的图书。尤开元学术功底深厚，他对马列主义理论和经典著作版本的研究成果受人关注，《恩格斯晚年思想研究》《新中国成立后马列著作的翻译和出版》等影响很大，有的被改编成电视专题片或广播节目播出。尤开元精通俄语，并能在工作中熟练运用斯拉夫语、德语，他独立或参与校译的外文书主要有：《马克思主义史》《马克思传》《马克思恩格斯传》《苏联通史》《政治经济学》《苏共二十二大代表大会文件汇编》《赫鲁晓夫执政十年》《巴枯宁传》。他还把《毛泽东选集》译成

俄文，在苏联和东欧影响甚大。（尤园）

◇《乔木文丛》获第五届国家图书奖

1999 年 12 月 8 日，我社在京举办《乔木文丛》出版座谈会。丁关根、李铁映、曾庆红、宋平、许嘉璐和邓力群等出席了座谈会。2001 年 11 月，《乔木文丛》获第五届国家图书奖。

胡乔木是中国杰出的马克思主义理论家、政论家和社会科学家，中国共产党在思想理论文化宣传战线的卓越领导人。他生前不仅参与起草了党中央的许多重要文件，写过大量重要文章，而且博学深思，勤奋笔耕，在哲学和人文、社会科学的诸多学科都有相当的造诣和独到的见解，特别是在中共党史、文学艺术、语言文字、新闻出版等领域有开创性建树。《乔木文丛》共六卷，分别是：《胡乔木谈中共党史》《胡乔木谈新闻出版》《胡乔木谈文学艺术》《胡乔木谈语言文字》《胡乔木诗词集》《胡乔木书信集》，该丛书收入了胡乔木不同时期在中共党史、新闻出版、文学艺术、语言文字等方面的重要文章、讲话、谈话、书信共 264 篇，其中一半以上的内容是第一次公开发表。这部文丛是对 20 世纪 90 年代前期出版的三卷本《胡乔木文集》的一个重要补充。它同已出版的文集一起，全面地记录了胡乔木在思想理论工作中的指导作用和在相关领域中的学术贡献和成就。

《乔木文丛》是胡乔木毕生创造的精神财富的重要组成部分，不仅为研究 20 世纪中国文化思想史提供了丰富的材料，而且对中共党史、新闻出版、文学艺术和语言文字等方面的实际工作和学术研究也有长远的借鉴和指导作用。（郭娜）

2002

◇ 首批全国干部培训教材出版发行

2002 年 4 月 16 日，经中央批准，全国干部培训教材编审指导委员会组织编写的首批全国干部培训教材，由我社出版发行。中共中央总书记江泽民为教材撰写了《序言》。中央组织部、中央宣传部联合下发了《关于认真贯彻江泽民同志〈序言〉精神　组织广大干部学习首批全国干部培训教材的通知》。

首批全国干部培训教材包括《马克思列宁主义基本问题》《毛泽东思想基本问题》《邓小平理论基本问题》《社会主义市场经济概论》《社会主义法制理论读本》《21 世纪干部科技修养必备》《公共行政概论》《工商管理概论》《从文明起源到现代化——中国历史二十五讲》《古今文学名篇》《汉语语言文字基本知识读本》《中国艺术》12 种学习读本。整套教材着眼于提高干部的理论素质、知识水平、业务本领和领导能力，系统介绍了政治理论、市场经济、公共行政、工商管理、法制、科技、历史、文学、语言文字、艺术等领域的基本知识，反映了改革开放和现代化建设的新实践、新探索和新经验，具有较强的思想性、科学性和针对性。

　　干部培训教材的出版发行是党中央为适应新形势，应对新挑战，推动广大干部深入学习，建设高素质干部队伍的一项重要举措，是传播马克思主义基本原理和科学知识的重要工具，是体现干部教育培训要求和内容的重要载体。对于广大干部夯实理论功底、完善知识结构、拓宽知识领域、增强领导能力，具有十分重要的指导和保障作用。教材的出版还进一步推进了干部教材建设的规范化和制度化，也为进一步做好干部教育培训工作，提高干部队伍的综合素质奠定了坚实的基础。（王丽）

◇ 调整领导班子，黄书元任党委书记、社长

　　2002 年 9 月 10 日，经中国出版集团党组研究并报中宣部批准，决定对人民出版社领导班子进行调整。中国出版集团党组书记、工作委员会主任杨牧之、副主任王俊国，中宣部干部局局长王立英、干部处处长杨晓平出席了人民出版社中层干部大会，杨牧之宣布了领导班子调整情况：调安徽省出版局副局长黄书元来人民出版社主持全面工作，人民出版社新一届班子由黄书元、张胜彬、韩舞凤、陈有和组成，王乃庄因工作需要另有安排。同时宣读了中国出版集团党组《关于李长征同志免职的通知》（任职期为 1998.7—2002.9）。

　　11 月 28 日，中国出版集团下发《关于黄书元任职的通知》（中版 [2002]

66 号）："经中国出版集团党组研究，中央宣传部 2002 年 11 月 18 日批准，黄书元任人民出版社社长。"中国出版集团党组下发《关于黄书元同志任职的通知》（中版 [2002] 22 号）："经中国出版集团党组研究，中央宣传部 2002 年 11 月 18 日批准，黄书元同志任人民出版社党委书记。"

中国出版集团下发《关于同意黄书元任人民出版社出版编辑专业技术职务评委会主任的批复》（中版 [2002] 67 号）："经研究，同意黄书元任人民出版社出版编辑专业技术职务评委会主任，李长征不再担任人民出版社出版编辑专业技术职务评审委员会主任职务。"（宋军花）

◇ 出版 《美国通史》

从 1978 年夏提出编写，到 2002 年正式出版，《美国通史》从策划到最后合集出版，历时四分之一个世纪，集结了我国国内美国史学界的老中青三代学者，撰稿者遍布全国各地。该书是由我国学者全面、系统论述美国历史的一部经典性著作，被誉为我国改革开放以来美国史研究最重要、最有影响的集体成果。

该书责任编辑邓蜀生几十年追踪和负责此书的写作和出版，他"身体力行，皓首穷经，可以说将毕生精力和学术积累都奉献给了这部 300 万字的学术巨著"。"他和作者们的交流、切磋和合作，树立了新时期中国出版界编辑和作者完美合作的典范。"

该书是国家社会科学重点研究项目，有以下三个特点：一是以马克思主义为指导思想，克服了"左"的教条主义，写出了中国的美国史著作的特点；二是理论联系实际，纠正了一些流行的对美国历史的错误和模糊认识，借鉴美国一些对我国有益的经验，消除了国人对美国存有的某些不切实际的幻想；三是运用比较丰富新颖的资料，并附有全面扼要的外文参考书目和索引。这部图书被认为是我国美国史研究的新的里程碑，国内美国史学界认为其出版标志着我国的美国史研究达到了一个新水平。

《美国通史》受到了广大读者和历史学专业师生的普遍欢迎和高度称赞。该书荣获首届中国图书奖，是国内目前为止影响最为深远的美国通史著作。

（柴晨清）

◇《中国加入世界贸易组织知识读本（一）：世界 贸易组织基本知识》获第十三届中国图书奖

2001 年 12 月 11 日，中国正式成为世界贸易组织成员。加入世界贸易组织，是党中央、国务院面向新世纪作出的一项重大决策，标志着中国对外开放进入一个新的阶段。了解和掌握世界贸易组织基本知识，不仅是扩大对外开放，积极参与经济全球化的迫切要求，也是提高广大干部和从业人员素质，增强适应能力，推动我国经济在新时期获得更大发展的客观需要。人民出版社敏感地意识到这个问题的重要性和出书的必要性，积极策划，主动联系对外贸易经济合作部（现为商务部），组织出版了由江泽民总书记亲自题写书名、外经贸部部长石广生担任主编、多年从事世界贸易组织研究的专家学者以及直接参与中国加入世界贸易组织谈判的同志编写的《中国加入世界贸易组织知识读本》系列丛书3本（（一）世界贸易组织基本知识；（二）乌拉圭回合多边贸易谈判结果法律文本；（三）中国加入世界贸易组织法律文件）。

这套书稿来之不易，当初有十几家出版社参与抢夺，竞争很激烈，最后花落人民出版社，并获得作者方的充分信任。为了及时出版这些著作，时任编辑室主任李春生带领部门骨干编辑郑海燕、欧阳日辉、魏海源等在亦庄开发区与作者们没日没夜地加班改稿一个多月，以最快的速度最高的质量及时出版了这套丛书。

这套读本，是唯一一套官方正式组织编写的关于世贸知识的图书，具有最高的科学性、准确性和权威性，被中央和国务院确定为全国干部学习WTO知识的教材，是广大干部、研究人员、企业人士、在校学生和普通读者学习世界贸易组织知识的准确、通俗、简明的读本和工具书。该书不仅为社会各界学习世贸知识、了解世贸规则提供了权威的教材，也为各行各业利用世贸规则应对国际挑战、增强我国经济的国际竞争力提供了对策依据，产生了极大的社会效益。此部书稿的出版，迎合了我国广大读者对世贸组织的了解和加入世贸组织后中国面临的机遇及挑战方面的认识，既做好了解释工作也确保了稳定工作，意义重大，从社会效益和经济效益方面达到了双丰收。

该书出版时，全国主要媒体都作了重点报道，获得了广泛的社会好评和政治影响，发行量达几十万套。该书于2002年12月获得第十三届中国图

书奖、全国优秀畅销书奖。（郑海燕）

◇《中国近代经济史》获多项大奖

　　《中国近代经济史》共分四卷，由中国社会科学院经济研究所中国经济史研究室组织编写。该书资料丰富、翔实，内容完整、客观、全面、系统，填补了许多重大空白。在研究方法上，充分吸收现有研究成果、全力挖掘和整理资料，采用个案分析与综合考察相结合，微观、中观、宏观结合，纵横结合，史论结合，生产关系和生产力相结合，质的论述和量的分析相结合的"六结合"研究方法，保证和提高了书稿质量，基本做到了经济史学界前辈严中平教授生前反复强调的"三新"，即新观点、新资料、新方法。该书稿在深度和广度上均超过了以往同类研究成果，把中国近代经济史的研究提高到了一个新的水平。《中国近代经济史》的前两卷（即严中平主编的《中国近代经济史（1840—1894）》、汪敬虞主编的《中国近代经济史（1895—1927）》）出版后，在学术界和市场销售两方面均反映不俗。在学术界影响很大，被公认为经济史领域的权威著作，相继囊括有关各项大奖。"严编"获孙冶方经济科学1990年著作奖、第二届吴玉章奖金一等奖（1992年10月）、1977—1991年中国社会科学院优秀科研成果一等奖、首届郭沫若中国历史学奖二等奖（1999年）；"汪编"获孙冶方经济科学2000年著作奖、第四届吴玉章人文社会科学一等奖（2002年）、第二届郭沫若中国历史学奖一等奖

（2002 年）、第四届中国社会科学院优秀科研成果一等奖（2002 年）、中国社会科学院经济研究所优秀科研成果一等奖（2001 年）等。《中国近代经济史（1927—1937）》2012 年获第四届郭沫若中国历史学奖二等奖。

作为收官之作，《中国近代经济史（1937—1949）》于 2016 年获得国家出版基金资助。（郑海燕）

◇ 出版发行党的十六大系列图书

2002 年 11 月 8 日至 14 日，中国共产党第十六次全国代表大会在北京举行。为配合学习和贯彻党的十六大精神，我社出版了系列图书，主要包括《中国共产党章程》《全面建设小康社会　开创中国特色社会主义事业新局面》《十六大报告辅导读本》等。

为确保党的十六大系列图书出版发行工作的顺利完成，人民出版社及时向上级领导机关请示汇报。上级各有关部门，对十六大系列图书的出版工作亲自安排，组织协调，给予了明确、具体指导。中央四部委下发文件，明确规定党的十六大文件和辅导读本由人民出版社出版，中共中央宣传部出版局、新闻出版总署图书司专门就党的十六大文件的出版，召开了全国人民出版社社长会议，部署十六大文件租型工作；之后，又多次组织召开人民出版社与在京有关出版单位负责人会议，具体指导和部署十六大文件的出版、租型、发行工作。

　　我社成立以社长黄书元任组长的出版工作领导小组，负责党的十六大文件及有关迎接党的十六大、向党的十六大献礼的图书出版的领导工作。领导小组下设编辑、宣传、出版、租型组，由出版社的领导分工负责，以确保文件和辅导读本出版过程中，在编辑、校对、排版、出片、租型等各个环节不出现任何的差错和纰漏。

　　为确保党的十六大文件及时地在全国各地印刷、发行，作为供片单位，我社与全国各地的人民出版社保持着密切的联系，及时通报情况，并为各地出版单位来京取印刷胶片提供切实的帮助。

　　为了保证质量，编辑们分成两人一组，互相把关；为了抢进度，编、校、排各道工序采取流水作业方式，上道工序完成后，立刻交给下道工序；社领导也都坚守在各自的岗位，对编校中出现的问题立即协调、处理，使出版工作顺利进行。（刘彦青）

2003

◇ 划归中国出版集团管理

2003 年 1 月 10 日，根据新闻出版总署《关于新闻出版总署部分直属单位划归中国出版集团管理的通知》，我社由新闻出版总署划归中国出版集团管理。中国出版集团于 2002 年 4 月 9 日正式挂牌。成员单位有人民出版社、人民文学出版社、商务印书馆、中华书局、中国大百科全书出版社、中国美术出版总社、人民音乐出版社、三联书店、上海东方出版中心、中国对外翻译出版公司、新华书店总店、中国出版对外贸易总公司、中国图书进出口（集团）总公司 13 家。

为适应党和国家发展出版事业的客观需要，我社自 1921 年创建以来，经历了隶属关系的多次变更。1921 年中国共产党成立后，为尽快出版宣传马列主义，以指导中国革命，党中央于 1921 年 9 月 1 日在上海成立了党的第一个出版机构——人民出版社，由党中央直接领导。大革命失败后，人民出版社曾经以上海书店、新华书店、解放社等名义继续出版马列著作，宣传马列主义，进行马克思主义中国化的伟大工程。1950 年 12 月 1 日重建后，在隶属关系上归中央人民政府出版总署领导；1954 年由中央宣传部直接领导；1955 年划归中央文化部党组领导；1963 年根据中央加强党对出版社领导的指示精神，重新划归中央宣传部领导；1978 年改由国家出版局领导；1981 年再次划归中央文化部领导；1984 年中宣部部务会议确定，人民出版社的选题计划由中宣部审批，社领导可参加中宣部有关会议，行政系统和党的关系仍属文化部；1987 年人民出版社重归新闻出版署领导；2002 年划归中国出版集团管理。（吴继平）

◇ 出版《中国资本主义发展史》

《中国资本主义发展史》（共三卷），第一卷《中国资本主义的萌芽》于 1985 年出版，第二卷《旧民主主义革命时期的中国资本主义》于 1990 年出版，第三卷《新民主主义革命时期的中国资本主义》于 1993 年出版。2003 年这三卷本第二版出版。三卷本共约 201 万字。

《中国资本主义发展史》是在毛泽东、周恩来同志关于应该编写一部《中国资本主义发展史》的指示下，由已故著名经济学家许涤新担纲完成的一部重要的、填补空白的著作；是众多经济学理论工作者共同努力、呕心沥血完成的一部著作。它的最重要价值就在于以大量的中国资本主义发生发展的真实史料，分阶段地阐析和揭示了中国资本主义发生、发展的真实历程；向世人昭示了中国资本主义发生、发展的特殊性，以及其特殊性如何决定了中国社会主义革命道路的曲折、复杂、特殊和必然性特点；对于总结中国革命的经验和教训，具有十分重要的现实意义。书稿内容丰富、阐述透彻、结构严谨、语言凝练、文风朴实，而且在观点理论、体例和研究方法等方面，都有许多独创之处，不愧为求新、求实之佳作。（郑海燕）

◇ 深化改革促发展

2002 年 12 月 1 日，我社召开改革务虚会，成立改革领导小组。组长：黄书元；副组长：张胜彬、韩舞风、陈有和。同时组建社改革领导小组办公室，办公室成员：喻阳、张文勇、刘智宏。按照社长黄书元的总体部署和指导意见，改革领导小组办公室进行了内外调研，广泛征集意见，集思广益、群策群力，先后起草、讨论、修改了《人民出版社改革试行方案》《人民出版社分配制度改革试行方案》《人民出版社薪酬分配试行办法》《人民出版社图书编辑岗位目标管理试行办法》《人民出版社美术编辑岗位目标管理试行办法》及《新华文摘》《人物》期刊改革试行办法等十多项社级文件。2003 年 1—5 月，经社改革领导小组会议讨论通过，社长批准，这些文件陆续出台，颁布实施。

此次改革，是我社历史上一次全面的、整体性的改革，从组织动员到观念转变；从制度设计到体制转换；从治理结构到部门建设；从严格目标管理到强化激励约束；从业务规程到出版结构；从品种规模到出书质量管理等各方面都进行了全面部署和合理设计。为转变体制机制、充分激发活力、拓展出版领域、做大做强业务，使我社尽快从品牌大社发展成出版大社强社，新设立对外合作部、教育出版中心、信息中心等部门，为国际化、数字化和分社制方向发展改革打下坚实基础。

改革确立了我社"解放思想、实事求是、转变观念、锐意进取"的改革精神，明确了"围绕中心、服务大局、面向市场、做大做强"的改革思路，确定了我社"三年一小改、五年一大改"的改革方略，分析了发展中面临的困境和问题，为我社中长期的发展改革制定路线图，对人民出版社的历史定位、发展理念、战略目标、品牌形象、改革步骤和未来五年至十年的发展作了全面规划，为人民出版社的制度建设、体制改革、机制创新等作了总体谋划，为人民出版社高速健康发展、驶入快车道铺平了道路。

◇《SARS：考核中国》获第六届国家图书奖特别奖

2003 年，我国部分地区发生了 SARS 疫情，严重威胁人民群众的身体健康和财产安全。

我社贯彻执行党中央、国务院关于抗击"非典"的工作部署和要求，积极响应贯彻新闻出版总署《关于做好防止非典型肺炎出版工作有关问题的通知》的精神，成立了防控"非典"领导小组，在做好防护工作的同时，以高度的责任感和使命感及时策划编写了《SARS：考核中国》一书，将这段历史记载下来。该书分上、下两篇，上篇是"抗击 SARS 实录"，真实记录"非典"疫情、救治情况等；下篇是"后 SARS 时代启示录"，进一步论述疫情中我国的公共卫生体制、政府应急体系和社会救助能力，"非典"对我国经济和社会的影响等。全书准确、全面地将这场抗击"非典"的过程表现出来。该书图文并茂，选用了 140 余幅优秀摄影作品，这些作品多是摄影记者深入抗击"非典"一线抓拍的，十分珍贵。

该书的出版有力地配合了全国抗击"非典"工作，受到了读者的好评，为防治"非典"工作阶段性胜利的取得提供了智力支持和良好的舆论环境，也凸显我社作为重要出版阵地的作用。12 月 25 日，第六届国家图书奖颁奖大会在北京举行，《SARS：考核中国》获得特别奖。（王丽）

2004

◇ 出版《现代稀见史料书系》

20 世纪 70 年代末 80 年代初，党的十一届三中全会以后，中国开启改革开放，科学迎来了春天，但学术著作的出版仍青黄不接，百废待兴。我社老一代出版家如范用等出于历史的使命感和责任感，首先开始有计划地翻译和翻印了一些有一定史料价值的有关研究党史和现代史的著述及资料。主要有王明的《中共 50 年》、张国焘的《我的回忆》、王凡西的《双山回忆录》、（苏）彼得·弗拉基米洛夫的《延安日记》、（德）奥托·布劳恩（即李德、华夫）的《中国纪事》、盛岳的《莫斯科中山大学和中国革命》、陈公博的《苦笑录》及《郑超麟回忆录》等。由于这些书的作者的政治立场、思想观点等原因，这些书籍不同程度地都有一些歪曲、污蔑、攻击当时党的有关领导的内容，因此，都曾以外文形式或在港台出版。这些著作当时以"现代史料编刊社"的名义出版，内部有控制范围地供有关领导和党史工作者参考，对现代史和党史的研究起了很好的作用。又因为这些书封面为灰色，故统称为"灰皮书"。

由于这些图书当时印量很少，市场上已经绝版。2003 年 5 月，我社报新闻出版总署审批，作为"内部出版　仅供研究""内部出版　限量发行"，重新命名为《现代稀见史料书系》，以"黑皮书"系列发行，全套共 8 册 10 种。

2004 年 5 月《书系》出版以后，学术界反响空前强烈。有的学者还撰写了专文介绍，不少专家反映，这些人的回忆录，虽然囿于其政治立场、思想观点及当时的历史原因都有一些吹嘘自己、攻击他人的内容，但毕竟是亲历亲见亲闻，可以使我们在研究工作中，把握和认识历史的复杂性，使研究者更加深入细致地去考察现代史上的一些重要人物和重大事件。

从"灰皮书"到"黑皮书"，真实地反映了我社两代出版人对文化积累的出版使命和责任，以及实事求是、勇于社会担当的思想追求。（张秀平）

◇ 出版《新编中国哲学史》

《新编中国哲学史》（上、下卷），由冯达文、郭齐勇主编，我社 2004 年 7 月出版发行。全书约 60 万字，时间跨度自先秦至中华人民共和国成立 (1949 年)，共分为先秦时期、汉唐时期、北宋至明中叶时期、明中叶至鸦片战争时期、近代中国（鸦片战争至中华人民共和国成立）五编。该书在总结改革开放 20 多年来中国哲学史研究的新成果、新思维、新方法的基础上，运用传统训诂和现代诠释等方法，以文献史料为主，兼顾考古发掘史料，尽力摆脱和打破以往哲学史简单分类、教条化及西方模式，凸显中华人文精神和中国哲学的特点，围绕中国哲学史每一历史时期各哲学学派和哲学思潮及其代表人物思想来展开有重点性的梳理、阐发、探讨、分析，力求准确地诠释和通俗地表达传统哲学思想的意蕴，并充分注意传统哲学的多样性与丰富性，全面展示其哲学本体论、价值论、人生论、认识论和方法论等各个侧面，从而建构和撰写出一部耳目一新的中国哲学史教材。全书篇幅适当，体例架构新颖，资料运用得当、内容充实而简约，是一部颇具思辨性、科学性、原创性、新颖性，适合大学哲学系本科生、研究生以及自学中国哲学史读者学习的有益教科书。

《新编中国哲学史》试图打破原有中国哲学史教材的模式和简单用西方话语、框架来诠释中国哲学史的套路，运用学科范式为创新，重新建构和阐释中国哲学史的基本内容和特点。同时，该书史料运用简约而充实，特别是注重吸取 20 世纪 80 年代以来考古发掘的新资料如郭店竹简等来梳理和解说中国哲学史，尤其是先秦哲学思想，凸显该书的史料价值。

该书获得了 2005 年"输出版优秀图书奖"。（段海宝）

◇ 出版《邓小平理论发展史论纲》

2004 年是邓小平诞辰 100 周年，我社策划出版了《邓小平理论发展史论纲》一书，并联合国防大学在北京京西宾馆召开了出版座谈会。该书是

1999 年国家社科基金项目，由国防大学专家教授经过 4 年的集体攻关完成。全书共分 6 篇、28 章，共 60 万字。全书采用史论结合、以史为纲、以论为主、系统论述和重点研究相结合的方法，比较全面和系统地揭示了邓小平理论形成和发展的时代条件、理论渊源、实践基础和历史进程，从科学体系上领会和把握了邓小平理论的基本内容、基本观点和基本精神，反映了以江泽民同志为核心的党的第三代领导集体对邓小平理论的创造性继承和发展，阐明了"三个代表"重要思想与邓小平理论既一脉相承又与时俱进的内在联系。全书从理论和实践的结合上阐明了邓小平经济、政治、文化建设理论以及军队建设思想中各重大观点的形成、发展和实际指导意义，为全党全军深入学习贯彻邓小平理论和"三个代表"重要思想提供了一部很好的理论读物。

座谈会上，解放军总政治部、国防大学、中央党史研究室、中国社会科学院等单位的领导和专家学者分别从《邓小平理论发展史论纲》的结构、内容、深度、特色和出版意义等不同角度作了发言。中央国家机关、解放军总政治部、驻京有关单位、武警部队等军内外理论界专家学者百余人参加了座谈会。（吴继平）

◇ 出版薛德震《为他人作嫁衣裳》等多部著作

薛德震，1932 年生，1947 年加入中国共产党并参加工作，1956 年起，在我社先后担任编辑、哲学编辑室主任、副总编辑、社长兼总编辑，作为新中国培养的第一代出版工作者，他从出版社的一名普通校对起步，历经各个岗位。

薛德震在完成繁重的编辑出版业务和行政领导工作的同时，还勤于思考、重视总结经验，潜心研究编辑出版工作理论，先后有多部著作出版，主要有：《社会与人》《人的哲学论说》《为他人作嫁衣裳——薛德震编辑出版文集》《人的哲学论纲》《以人为本 构建和谐社会20论》《以人为本 构建和谐社会40论》《征途——薛德震哲学书信集》《夜读与晨思——薛德震自选集》《人的哲学新论》等书。

我社2004年12月出版的《为他人作嫁衣裳——薛德震编辑出版文集》一书，收集了作者从事出版工作以来各个时期的代表文章，其中既有作为出版社管理者对出版改革的宏观思考，也有作为一名资深编辑对出版工作具体而微的体会，还有对人民出版社往昔历史的真情回顾。书中关于《列宁全集》《毛泽东选集》《邓小平文选》等我社重点图书出版过程的回忆，更是亲历者的真实回忆，具有重要的出版史意义。（夏青）

◇《新华文摘》由编辑部改为杂志社

为深入贯彻有关上级领导同志指示精神，更好地发挥《新华文摘》的优势，使其在新时期进一步做大做强，经社改革领导小组讨论，社委会2003年10月15日研究决定，社长批准，《新华文摘》由编辑部改为杂志社，李椒元任《新华文摘》杂志社社长，张耀铭任《新华文摘》杂志总编辑。《新华文摘》杂志社是隶属于我社的二级法人实体，是我社所属的全资子公司。同年《新华文摘》改为半月刊，扩充了原有栏目，如法学、社会学、教育学、国外社会科学增加篇幅，独立设栏，学术边界更加清晰；将原设栏目"读书与出版"改为"读书与传媒"，扩大了选编稿件的视野与范围；新设"新华观察"栏目，关注重大现实问题，展示中国人文社会科学领域交叉学科中的科研成果，反映重要的学术动态和学术走向，突破了杂志长期以来以学科为本位的定式，转向以问题为中心；新设"管理学"栏目，开辟了新的领域。改刊后的《新华文摘》半月刊，每月设 16 个栏目，从而加快了传播速度，增强了时效性；加大了承载容量，提升了前沿性；加强了精选精编，体现了权威性。同年，《新华文摘》获首届"中国出版集团期刊奖""优秀栏目设计奖"；次年《新华文摘》荣获新闻出版总署颁发的"第三届国家期刊奖提名奖"。（王善超）

◇ 出版国内第一部柏拉图对话全集本
《柏拉图全集》

2002 年至 2003 年，王晓朝译《柏拉图全集》由我社出版。这是国内第一部柏拉图对话全集本。全书共分四卷，约 200 万字。前三卷是柏拉图对话的主体部分，第四卷是附录，包括两篇疑伪的对话、13 封书信、年表、谱系表、译名对照、篇名缩略语表和一个庞大的索引。该书出版后，迄今为止，全集多次重印，共计 35000 余套，产生了良好的经济效益和社会效益。2004 年获得首届文津推荐图书奖。

2014 年，我社启动《柏拉图全集》增订改版工作。在听取和收集各方面批评意见的基础上请译者对全集进行增订。除了对原版译文进行逐字逐句的修订外，补译柏拉图伪作 14 种，重写各篇对话的提要，少量改动了专有名词，并结合近年来的哲学研究动态改动了一些哲学概念和术语的译名。考虑到近年来国内高校大力推广人文素质教育，阅读经典著作成为素质教育的重要内容，为适应这种社会需要，我社将《柏拉图全集》增订版改为小册子分为十册，以解决全集篇幅过大，一般学生和社会读者难以全部购买的问题。计划十册出齐后，进一步出版完整的增订版《柏拉图全集》典藏本。（张伟珍）

◇ 依据德文原版新译"康德三大批判"

康德是德国古典哲学的创始人。他的思想体系经历了前批判时期和批判时期两个主要阶段。"康德三大批判"指的是代表康德哲学思想巅峰的既相互联系又相对独立的三部著作：《纯粹理性批判》《实践理性批判》《判断力批判》，分别出版于 1781 年、1788 年和 1790 年。

2004 年，在康德逝世 200 周年之际，我社出版了由著名哲学家和翻译家杨祖陶和邓晓芒师生依据德文原版合作校译的三大批判新译，以此隆重纪念这位影响深远、彪炳史册的德国伟大的哲学家。

《康德三大批判精粹》作为康德"三大批判"的一个选集，就是"康德三大批判"全集的前身，它所包含的 40 多万字的译文原封不动地纳入了上述三个中译单行本中。《康德三大批判精粹》出版后受到广大读者和学术界的热烈欢迎，一些高校指定为研究生的教材。于是，两位教授再接再厉把三大批判的选译扩充到全译。

"康德三大批判"新译本的出版，不仅是当时国内出版界、学术界一件具有重要历史意义的大事，也是一个顺应时代潮流的壮举！不仅完成了几十年来国内几代学人的夙愿，更是充分展示了中国人民向外部世界开放的时代姿态。

"三大批判新译"自 2004 年全部出齐后，至 2016 年 7 月，仅《纯粹理性批判》一书就加印 14 次，精平装合计已达十余万册。十几年来，读者和译者在阅读和使用的过程中，对该套书的译文不断推敲斟酌，提出了不少好的修改意见，也得到学界广泛的赞誉。有学者撰文评价说："我们目前对康德哲学的一些误解主要就来自于对康德用语的误解。因此文本的翻译实在是我们研究西方哲学的成果的一个展示，翻译不可能像写文章，有机会逃避一些要害问题，而只能老老实实考究名相。杨、邓译三大批判在康德研究上的意义和贡献其实主要就在于此。此外，由于之前康德著作的中译本质量一般比较差，所以该译本对前人译作里的许多翻译错误也时有纠正。"2006 年，"康德三大批判"新译获得第四届中国高校人文社会科学研究优秀成果奖。

自 2003 年出版"康德三大批判"精平装单行本后，2009 年年初经过译者修订后出版了《康德三大批判合集》，将三本书合并为上下两册，其中《纯

粹理性批判》为上册，《实践理性批判》和《判断力批判》合为下册，改为16开精装，至今已发行两万余套。（张伟珍）

◇ 出版《道家与中国哲学》

《道家与中国哲学》是由安徽大学哲学系孙以楷教授主持的国家社会科学规划"八五"重点课题的最终成果，也是诸专家、学者花费十年时间潜心研究而撰写成的一部中国哲学通史性的巨著，同时又是新闻出版总署立项的重点出版图书。全书近200万字，共分先秦、汉代、魏晋南北朝、隋唐五代、宋代、明清六卷。就学术价值而言，该书内容是探讨道家学说、主要道家人物与中国哲学史上哲学家之间在思想理论上的相互关系，是迄今为止我国第一部从春秋末期到清代中叶全过程比较研究和梳理、阐发道家与其他哲学学派之间互补互融互动关系的学术通史巨著，不仅展示出中国哲学的特色是以儒道互补为主体的多元哲学，而且从儒道互补、比较哲学史、重写中国哲学史的角度，深化和拓展了中国哲学研究的视域，其时间跨度大，人物学派多而复杂，思辨性强，理论难点多，是前人所未做过的工作，具有学术独创和填补空白的重大学术价值。

《道家与中国哲学》横向地阐述了每一历史阶段中道家与其他各家哲学之间的互动关系，特别着力于阐发道家与儒学、佛教之间的矛盾与互渗关系，揭示了中国哲学的网状结构；同时，它阐释了道家哲学的特质及其在中国哲学发展中的特殊地位和作用；还注意开拓出很多被前人忽略的道家哲学存在的园地，从而扩大了研究的视野，例如"道家与《大学》《中庸》""董仲舒'独尊儒术'中的道家因素""柳宗元、刘禹锡的道家思想"等。在中国哲学研究"儒佛强而道弱"的情况下，《道家与中国哲学》（六卷本）的出版，无疑推动了儒、佛、道研究平衡发展中的积极作用，也促进了儒学和佛学研究的深化。

该书出版后，在学术界引起了很大反响，许多著名专家、学者如张岂之、牟钟鉴、周桂钿、白溪、谢阳举、史向前等纷纷在《光明日报》《中国图书评论》《社会科学评论》《东方论坛》等报刊撰文予以高度评价。（段海宝）

2005

◇ 社党委、纪委换届，开展"保持共产党员先进性"教育活动

2005 年年初，中共中央向全党印发了《关于在全党开展以实践"三个代表"重要思想为主要内容的保持共产党员先进性教育活动的意见》。根据中国出版集团党组要求，1 月 24 日，我社党委研究并作出《关于成立中共人民出版社委员会换届选举筹备领导小组和工作办公室的决定》，成立筹备领导小组和工作办公室。

在中国出版集团党组和集团直属机关党委指导下，中国共产党人民出版社全体党员大会于 2 月 21 日下午 14 时在北京市财贸干部管理学院报告厅顺利召开。会议选举产生了新一届人民出版社党委、纪委，并报告中国出版集团党组。新一届党委成员 5 人：党委书记黄书元，党委副书记陈有和，委员张小平、任超、陈亚明。新一届纪委成员 3 人：纪委书记张小平，委员任超、吴海平。4 月 1 日，中国出版集团直属机关党委下发《关于人民出版社党委、纪委组成的批复》（中版直党〔2005〕40 号），同意本社新一届党委、

纪委的人员组成。

2005 年 2 月至 5 月 31 日，在中国出版集团直属机关党委的指导下，社党委周密部署、具体安排，全社党员积极参加了"保持共产党员先进性教育"活动。经过学习动员、分析评议、整改提高三个阶段，活动于 6 月初圆满结束。全社党员通过此项教育活动，党性觉悟普遍得到提高，也为出版社以后的健康发展奠定了良好的组织基础。同年 6 月底，我社党委被中国出版集团评为"先进基层党组织"。（刘济社）

◇ "为人民出好书" 理念的提出与 LOGO 设计

为加强品牌建设，社委会研究决定，逐步导入人民出版社组织形象识别系统 CIS（Corporate Identity System）。聘请专业人员设计视觉识别（VI）系统（即 LOGO），同时在全社范围（包括离退休职工）内开展"人民出版社理念口号（形象广告语）大奖赛"活动。

2004 年 11 月 8 日，"人民出版社理念口号（形象广告语）大奖赛"活动正式开始。截至 12 月 15 日，全社共有 110 人投稿，共收集到参赛作品 351 条。社委会制定人民出版社理念口号（形象广告语）评选办法、评选标准，成立了以社长黄书元为组长的评审小组。

根据社委会拟订的评选办法，从 12 月 16 日开始，评选小组先后对这 351 条作品进行了三轮投票评选。最后评选出一等奖一名：湖催提出的"为人民出好书"。经社委会研究决定，以此作为人民出版社的理念口号（形象广告语），并向获奖者颁发奖金。

11月10日，我社开始第一轮社标（LOGO）征集活动。先后共有7家单位及个人的20幅作品参与竞标。12月24日，评审小组认为此次参与竞标的作品，与我社社标的理念和内涵要求尚存差距，决定从2005年3月1日起，开始进行人民出版社社标第二轮征集竞标活动。

截至2005年11月8日，共收到来自社内外报送的35幅作品。11月9日，评审小组对这35幅作品进行了认真评选，从中选出7幅作品。经与设计者沟通，在选出的7幅作品的基础上进行修改，设计出第二批15幅作品。11月23日，评审小组决定将这15幅作品公布在社内网上供大家评议，并面向全社发放评选选票。11月25—29日期间，全社员工积极登录论坛评议并投票。此次投票，共发放选票281张，回收选票183张。11月30日，评审小组第三次开会进行讨论。根据选票结果，LOGO方案7以75票得票率名列第一，比较集中地反映了大家的意见。评审小组决定再根据大家提出的修改建议，在LOGO方案7的基础上进一步完善。后经我社美编肖辉多次修改、完善，于12月2日做出最后方案，由社委会讨论通过，并决定向每位提供作品的设计者颁发奖金。

人民出版社社标评选过程历时一年多，经过两轮多次评选，终于问世。从此，人民出版社有了自己的VI系统（即LOGO）、理念识别（MI）和行为识别（BI）系统（即形象广告语）。

人民出版社社标含义：1. 以红色太阳和动感的书作为主体。2. 红色太阳象征着党和国家，象征着党的意识形态领域和主旋律，代表人民出版社作为党和国家政治出版社的影响和地位。3. 红色太阳又代表着光明和能量，代表希望和理想，体现一种开放和博大的胸怀，能够展现人民出版社蒸蒸日上的时代特征。4. 中间的图案既是打开的书本，又像展翅腾飞的雄鹰，象征人民出版社前程远大。5. 社标总的寓意为：白色的书本是人类智慧的结晶，是社会主义精神文明的浓缩和象征；与红色太阳结合在一起，象征党和国家是人民出版社的背景和主体，又蕴涵着人民出版社以维护党的意识形态安全为宗旨，以弘扬社会主义主旋律和宣传社会主义先进文化为根本任务。人民出版社正以与时俱进的英姿，向着光明腾飞。（孙兴民）

◇ 庆祝我社重建 55 周年

2005 年 12 月 6 日，我社举行重建 55 周年纪念大会，会上黄书元社长发表了题为《继往开来，再创佳绩》的重要讲话，深情回忆了重建后我社在党和国家出版事业中的突出贡献。他指出："伴随着中国共产党前进的脚步，我们迎来了人民出版社重建 55 周年华诞。55 个春秋，在人类的历史长河中只是短暂的一瞬，但在党和新中国的出版史上却占有着极其重要的一页。重建 55 年来，我社在出版中央政治文件、出版党和国家领导人著作、出版国内外著名学术著作等方面取得了长足进展。"他还特别回顾了我社近五年来的工作情况，指出："近五年以来，我社出版的图书无论是品种、数量和经济效益都比过去有了新的增长。我社出版的高质量、高水平及市场销售量较大的图书品种也比以前有了很大增长。我社出版的图书在国内曾多次获奖，从国家图书奖、'五个一'工程奖、中国图书奖到省部级各式各样的图书奖，均有我社的图书获奖。除了图书方面取得了一定的成绩外，《新华文摘》《新华月报》和《人物》三本杂志都在改刊、改版等方面进行了新的尝试，取得了较好的成绩。"

社庆期间，为了表彰为我社重建工作和在我社重建之后工作满30年以上退休老同志所作出的杰出贡献，12月5日，社委会经过研究，作出《关于颁发"人民出版社建社功勋奖章"和"人民出版社工作三十年纪念奖章"的决定》，以分别表彰在55年前为重新创建我社作出贡献的老同志和在我社工作已满30年以上的同志。并且作出规定，凡在我社工作满30年，都将获得一枚"人民出版社工作三十年纪念奖章"。（吴继平）

2006

◇ 回归新闻出版总署领导

根据党中央、国务院精神，2006 年 3 月 21 日，中宣部下发新闻出版总署党组《关于重新明确人民出版社主管部门的函》，指出新出人 [2006] 245 号请示悉，根据国务院国函 [2004] 22 号批复，经研究，原中国出版集团所属的人民出版社划归新闻出版总署管理。

5 月 11 日，在我社四楼会议室举行交接仪式。新闻出版总署副署长柳斌杰、中国出版集团公司总裁杨牧之出席并讲话，交接仪式由总署副署长石峰主持。出席交接仪式的还有：中宣部出版局局长张小影，干部局局长段汝官；新闻出版总署办公室主任孙寿山，图书出版管理司司长吴尚之，人事教育司司长李秋力，计划财务司司长孙明，机关党委副书记李潞；中国出版集团副总裁王俊国；我社中层以上、副高职称以上干部。

副署长柳斌杰在讲话中对我社提出了"发扬优良传统，锐意改革创新，当好出版业的排头兵"的殷切希望。指出，人民出版社作为我国的标志性出版社，是马克思主义理论宣传的重要阵地，也是出版业的排头兵，今后在发展中应做到四点：一是要有强烈的政治责任感，始终把坚持正确出版导向放在首位，为出版业树立榜样；二是要继续深化出版体制机制改革，深化文化事业单位改革；三是要抓好发展，继续将人民出版社做大做强，不断推出精品力作；四是要加强基础建设，完善各项规章制度，进一步加强党的建设、队伍建设；等等。

中国出版集团总裁杨牧之在讲话中说，人民出版社从中国出版集团划出，由新闻出版总署直接管理，这是我国文化体制改革进程中的一个重要举措，中国出版集团公司党组坚决执行这一决定。

党委书记、社长黄书元在讲话中指出，人民出版社自2002年并入中国出版集团四年以来，全社所取得的成绩和荣誉，应首先归功于中宣部和中国出版集团党组。我们在集团也学到了许多市场化运作的好方法、好经验。回归总署领导后，要进一步发挥人民出版社优良的历史传统，在选题策划、编辑加工、生产制作、市场发行等方面，都要坚决遵守党的宣传纪律和中宣部、新闻出版总署的相关要求和规定，坚持正确导向，严把质量关，坚决杜绝政治性错误，以出版更多的优质图书精品，不断满足广大人民群众日益增长的精神需求，维护好"人民出版社"的品牌，为总署增光添彩，为弘扬社会主义先进文化作出更大的贡献。

5月16日，新闻出版总署正式下发《关于人民出版社由原中国出版集团划归新闻出版总署管理的通知》。（吴继平）

◇ 出版《江泽民文选》

2006 年 8 月 10 日，由中共中央文献编辑委员会编辑的《江泽民文选》第一、二、三卷，由人民出版社出版，在全国发行。

5 月 25 日，我社收到中央文献研究室交来的全部书稿之后，党委书记、社长黄书元率领班子成员从组织、制度和措施三个方面及时制订出出版的总体方案和相关配套方案，出台了《人民出版社保密规定》《〈江泽民文选〉编辑审读规定》《印制质量要求》等 9 项文件，以保证《江泽民文选》的编辑、校对、出版、发行等工作细节做到万无一失。参加《江泽民文选》出版工作的所有员工，发扬连续作战的作风，不辞辛劳，加班加点，没有休息过一天。编辑与校对就全书的文字用法、标点符号、体例统一等提出了大量疑问，经中共中央文献研究室同意后，改正了 30 余处错误，并作出模拟本送中共中央文献研究室审定。《江泽民文选》三卷本的出版，是在时间紧、任务重、压力大的情况下，在社领导的高效指挥和科学运作下，全社员工共同努力，克服种种困难而高效完成这一任务的。

6 月 16 日，中共中央政治局委员、中共中央宣传部部长、中共中央书记处书记刘云山，对《江泽民文选》的出版发行工作作出了"加强领导，周密安排，精心编校，确保质量"的指示。7 月，中共中央宣传部、中央文献研究室和新闻出版总署联合召开了《江泽民文选》出版发行协调会。

8 月 24 日，刘云山同志视察人民出版社，对《江泽民文选》的出版工作给予高度评价。他说道："今年人民出版社承担了《江泽民文选》的出版任务。几个月来，全社同志按照保质保时保量的要求，不顾炎热，不辞辛劳，加班加点，圆满完成了中央交给你们的任务，所以我借此机会向大家表示感谢，向在座的同志们，并通过你们向全社的干部职工，特别是已经离开岗位的、为人民出版社的发展作出贡献的老同志，致以诚挚的问候。"陪同刘云山同志前来视察的新闻出版总署署长龙新民也说："云山同志对人民出版社圆满完成党中央交给的任务，按时高质量完成《江泽民文选》的出版发行工作表示了诚挚的祝贺。"

《江泽民文选》内容丰富，具有很强的现实针对性和鲜明的时代特征，集中展现了马克思主义中国化的新发展及其重大成果，系统阐述了"三个代表"重要思想的科学体系，充分体现了江泽民同志在经济、政治、文化、社会等各个领域和改革发展稳定、内政外交国防、治党治国治军等各个方面作出的杰出理论贡献。

《江泽民文选》分四个版本，精装有特精和普精两种，平装有大、小两种 32 开版本。（刘彦青、吴继平）

◇ 常销不衰的"中国历代帝王传记"丛书

早在 1983 年，中国历史编辑室就开始策划、组约了"中国历代帝王传记"丛书。当时的定位明确：这是一套学术性传记。入选的帝王必须是在中国历史上起过重要作用的。从书中读者看到的不仅是一个个孤立的帝王，还应看到他们经历的那些重要事件，从中了解他们所处的那个时代。每一个帝王身上，必须体现历史的影子，万万不可跳出那个时代的限制。必须具有可读性。要求每一位作者要从简单化、脸谱化的"围城"文化中突围出来，不仅要探究传主的文治武功，考察他们在政治、经济、军事、文化等各领域做过的大事，还要多角度、多侧面揭示他们的性格特点、心理、爱好、情感及其对历史发展的微妙影响和作用。

1985 年，首先推出了吴晗著《朱元璋传》和冯尔康著《雍正传》。《朱元璋传》是吴晗 1948 年写的版本，当时作者思想自由、文思活泼、语言生动。在他笔下，一个历经艰辛磨难、乞讨度日的小混混和英勇睿智、气度恢宏的统帅，一个勤政爱民、夙兴夜寐又猜忌心极重、杀戮成性的帝王形象活灵活现跃然纸上。雍正在一部分人的心目中，是一个篡位的阴谋家和屠戮功臣、施行特务统治的暴君。冯尔康依据大量资料，展现了雍正敢于革除旧弊、办事雷厉风行的一面，认为他是康乾盛世的有力推进者，是促进清朝历史发展的政治家，是可以肯定的历史人物，作者通过扎实的研究，还原了雍正帝的历史面貌，也反映了那个时代的社会历史。

截至 2012 年，已有 24 种帝王传记先后出版，它们是：《秦始皇传》《汉武帝传》《刘秀传》《曹操传》《刘备传》《孙权传》《隋文帝传》《隋炀帝传》《唐高祖传》《唐太宗传》《武则天传》《唐玄宗传》《成吉思汗传》《忽必烈传》《朱元璋传》《明成祖传》《明世宗传》《万历传》《崇祯传》《清太祖传》《康熙传》《雍正传》《乾隆传》《光绪传》。

"中国历代帝王传记"之所以受到市场的认可和读者的欢迎，关键在于，通过大量的调查研究和反复的筛选，物色到了既有学术水平又有文采的作者。在作者的笔下，这些帝王个个形象鲜明，栩栩如生。他们的经历、思想、品德、意志、才能、性格、作风、爱好以及功过是非跃然纸上。而且每种传记大都能做到通过一个人来折射出他所生活的那个朝代的真实风貌。

"中国历代帝王传记"之所以能够成为我社的品牌书，还有一个重要原因就是都倾注了责任编辑的心血。责任编辑深度参与其中，与作者协商沟通，包括对章节的设置、内容的取舍、详略的安排等都做了大量的工作，审稿时，但凡出现人名、地名、重要事件和重要年代，责任编辑都要进行核对，有时连引文、注释也要核对，从而保证并提高了书稿的质量。

这套名副其实的双效益常销书已成为我社的品牌出版物，每出版一种，短期内即告售罄，屡屡重印，而且相继被我国台湾及海外出版商购去版权，至今仍不断续约出版。

在 2006 年 8 月 30 日第 13 届北京国际图书博览会开幕当天，社长黄书元代表人民出版社与韩国爱力阳版权代理公司、信元版权代理公司和 EN-TERKOREA 版权代理公司分别签署了版权合约，输出包括《康熙帝传》《唐太宗传》《汉武帝传》《曹操传》等在内的 7 个图书品种的版权。其中《秦始皇传》于 2016 年 3 月被评选为国家新闻出版广电总局 2015 年"图书版权输出奖励计划"重点奖励项目；《汉武帝传》《唐太宗传》被评为普通奖励项目。（于宏雷）

◇ 出版黑格尔《逻辑学》重译本和《精神哲学》首译本

2002 年和 2006 年出版了梁志学先生翻译的第一部分《逻辑学》（全名《哲学全书·第一部分·逻辑学》）和杨祖陶先生翻译的第三部分《精神哲学》（全名《哲学全书·第三部分·精神哲学》）。二者所依据的版本均为德文版《黑格尔全集》格罗克纳本第 8 卷和第 10 卷。这两部分中译本的出版，在国内学术界引起的反响和发挥的作用是不可估量的。

梁译本第一次完全依照德文原版译出的全新译本，其中不乏一些关键概念、术语的改译、重译。译者还结合毕生研究的成果为新译本编写了内容丰富的译者注释，对读者很有帮助。

这两本译著出版后一直受到读者的关注，多次重印，已成为我社的常销书。其中《逻辑学》已发行近 5 万册，《精神哲学》发行达 3 万余册。《逻辑学》曾获中国出版集团首届图书奖一等奖和中国社会科学院优秀科研成果一等奖。（张伟珍）

2007

◇ 建立人民书店

我国加入世界贸易组织后，按照约定和我国的承诺，将全面开放出版物市场。

2006 年 6 月 14 日，中国版协全国人民出版社工作委员会第十一届年会在新疆新闻大厦举行。会上，我社社长黄书元作了《关于成立全国人民出版社市场联盟倡议书》的重要发言，指出："为应对出版市场日益激烈的竞争，有效整合全国各地人民出版社的出版资源，充分发挥全国人民出版社联合品牌效应，顺应全国出版行业改革发展的趋势，我们倡议在全国人民出版社工作委员会协作基础上成立全国人民出版社市场联盟（以下简称"联盟"）。"

倡议书共分三个部分：一是"联盟"的性质，"联盟"初期为 33 家人民版图书对外销售合作体，即各家人民出版社的图书销售在各自渠道之外，统一由"联盟"建立和拓展以省会城市、发达中心城市为辐射中心的区域批销平台，然后根据合作约定与"联盟"结算。待实际运行一年左右，"联盟"将正式经工商注册转为具有法人资格的出版销售股份公司，各家出版社也将转为该公司的股东成员。二是"联盟"业务范围，"联盟"运营初期承接全国各人民出版社发行业务，以批销人民版图书为主，但随着"联盟"的运营发展，其业务范围逐步扩大到出版、物流等方面。三是"联盟"运营方式，概括地说就是建立批销、数据、结算三个中心。

我社的这一倡议迅速得到了与会代表的积极响应和支持，并且该议案经与会代表分组讨论得以顺利通过。

经过我社和全国各地人民出版社对议案近半年的充分研究与讨论，2007年1月8日，我社以《关于成立发行全国人民版图书为主的发行连锁公司并赋予该公司总发行资质的申请书》文件的形式正式上报新闻出版总署出版物发行管理司。2007年8月6日，新闻出版总署下发《关于同意设立浙江人民书店有限公司并从事出版物总发行业务的批复》文件，给予批复，正式同意人民书店连锁工程——人民书店（亦称"浙江人民书店"）。作为由我社发起，全国各地人民出版社在出版、发行等方面创新模式的"人民联盟"的结晶——"人民书店"连锁工程于2007年正式启动。

2007年人民书店完成领导班子建设，物流基地也已初步完成。2008年10月，人民书店在杭州正式挂牌开张，全国人民版图书总发行新型市场主体形成，推动了人民出版联盟的实体化运作。（吴继平）

◇ 出版《企业会计准则讲解》

财政部2006年发布的企业会计准则，是我国会计准则的一次重大改革，内容丰富、意义深远。

为了便于广大会计工作者及相关人员全面准确地掌握准则体系，我社积极与财政部会计司联系，邀请他们组织撰写《企业会计准则讲解》（2006年版）。因当初财政部会计司编写人员白天工作繁忙，所以，该书策划编辑李春生每次下班后就陪编写人员在宾馆写稿、改稿，历时两个多月，终于在2007年4月顺利出版第一本《企业会计准则讲解》。

《企业会计准则讲解》涵盖了会计准则的背景、理念、内容和方法，阐述了各项准则的重点难点，列举了大量的应用实例，分析了新旧准则的主要差异和衔接要求，成为学习理解会计准则并进行会计人员继续教育的重要参考资料。该书对于更好地贯彻实施企业会计准则，尤其是做好财务报告编报工作具有重要的现实指导意义，可作为上市公司和非上市大中型企业、会计企业事务所及有关方面从事会计实务工作的工具书。因图书市场需求大，该书多次印刷，首版发行码洋超3000万，创人民社单品种非政治类书籍榜首。

此后，根据财政部对企业会计准则相关解释，以及国际财务报告准则部分项目的修改，《企业会计准则讲解》（2006年版）在原有框架内容基础上，又进行了较为全面的梳理、补充和完善，于2008年12月出版《企业会计准则讲解》（2008年版）、2010年12月出版《企业会计准则讲解》（2010年版）。（辛春来）

◇ 担任第二批《国家社科基金成果文库》 出版工作的总协调、总设计、总制作

2007 年 7 月 10 日，中宣部和全国哲学社会科学规划领导小组办公室在京举行《国家社科基金成果文库》第二批优秀著作出版座谈会。根据全国社科规划办的部署，我社和商务印书馆、中国社会科学出版社、学习出版社、中央编译出版社等一起，承担第二批文库的出版任务，我社担任第二批文库出版工作的总协调、总设计、总制作。

全国共有 10 部优秀著作入选《国家社科基金成果文库》，包括：《中国古代和亲通史》（崔明德著，人民出版社）、《明清散曲史》（赵义山著，人民出版社）、《古文字谱系疏证》（黄德宽著，商务印书馆）、《帛书老子再疏义》（尹振环著，商务印书馆）、《唐宋之际归义军经济史研究》（刘进宝著，中国社会科学出版社）、《传统典籍中汉文西夏文献研究》（胡玉冰著，中国社会科学出版社）、《哈萨克英雄史诗与草原文化》（黄中祥著，中央编译出版社）、《敦煌画稿研究》（沙武田著，中央编译出版社）、《唐代白话诗派研究》（项楚著，学习出版社）、《先秦两汉文学考古研究》（廖群著，学习出版社）。

我社设计的封面典雅大气，版式规范，得到社科规划办、作者和其他各家出版单位的充分肯定，文库出版后，影响巨大。（阮宏波）

◇ 开展中层干部竞争上岗

为适应我社公益性出版机构改革发展的需要，优化选人用人机制，加快事业单位人事制度改革，在中层干部选拔工作中引入了竞争机制，优化干部队伍结构。2007 年 8 月 23 日，社委会研究通过了《2007 年人民出版社中层领导干部竞争上岗暂行办法》。根据办法要求，这次中层干部聘任的原则是：坚持党管干部的原则，坚持干部队伍"四化"方针和德才兼备的原则，坚持按公开、公平、公正的原则，坚持择优选拔的原则。为切实搞好竞争上岗工作，使德才兼备、实绩突出、群众基础好的优秀人才脱颖而出，中层干部竞聘工作在社委会领导下，专门成立了人民出版社中层干部聘任工作领导小组，组长：黄书元，副组长：董伊薇，成员：陈有和、张小平、任超、沈水荣、陈亚明、李春生。成立人民出版社中层干部聘任工作监督小组，组长：沈水荣，副组长：吴海平，成员：工会全体成员（参加竞聘者除外）。这次以竞争上岗方式和续聘上岗方式，周密安排，稳步实施，对参加竞聘的同志资格条件、政治素质、业务能力等进行严格审核，通过公布竞争上岗职数、岗位任职条件，经过报名、资格审核、竞聘演说、民意测评和民主推荐、听取群众意见、社委会集体研究、报批报备等程序，完成了新一届中层干部的聘任工作，有 10 名同志通过竞聘走上新的领导岗位，分别是：王萍任总编室副主任，郑海燕任经济编辑室副主任，方国根任哲学编辑室主任，杨美艳任历史编辑室副主任，贺畅任文化编辑室副主任，陆丽云任东方编辑室副主任，孙兴民任宣传策划部主任，张京德任出版部主任，张启任财务一室副主任，蒋建平任办公室主任。有 31 名中层干部经考核合格续聘原职务，既保持了中层干部的稳定，又增添了新鲜血液，为我社的持续发展奠定了人才基础。（宋军花）

◇《大巴山的呼唤》获第十届
"五个一工程"图书奖

周国知，湖北大巴山区一位普通的基层干部，在平凡的岗位上勤劳工作，默默奉献，用生命铸就了新时期基层党员干部的良好形象，他的感人事迹被当地群众铭记和传颂。2004 年，国家人事部、民政部追授其"为民模范"荣誉称号，党和国家领导人胡锦涛、温家宝等高度评价周国知的先进事迹和短暂、光辉的一生，要求全国基层干部向他学习。

正是在这一大背景下，我社商议准备组织相关内容图书，配合全国性的党员"保先"教育活动。在组稿过程中，我们了解到湖北省著名纪实文学作家王寒青正在采写记录和描绘周国知同志一生的全景式长篇报告文学《大巴山的呼唤》，即迅速与他联系沟通，把我们的想法详细向他说明，双方达成共识后，作者迅速写出了第一稿。在阅读了一部分样稿后，我们觉得内容显得还是比较粗糙，语言有些口号化、符号化，不易引起共鸣。编辑孙涵与作者反复沟通，调整结构，增加细节，多描绘，少议论，前后修改四次，才最终定稿。该书出版后，被认为以生动的笔墨、饱满的情感再现了周国知同志成长、学习、工作的过程，是一本宣传楷模，配合党中央开展"保先"教育，号召全党认真学习和实践"三个代表"重要思想，践行全心全意为人民服务宗旨的生动教材，也是宣传楷模的第一本图书。在 2005 年春节前后，出版社和作者加班加点，使该书在 3 月两会后如期出版。时任中共中央政治局委员、湖北省委书记俞正声同志为该书作序。

对于图书的宣传工作，我社也做了重点部署。3 月 26 日，由我社主办的《大巴山的呼唤》首发式暨学习周国知同志先进事迹座谈会在北京人民大会堂举行，国家新闻出版总署副署长柳斌杰，国务院发展研究中心副主任谢伏瞻，中宣部宣教局副局长董俊山，湖北省委常委、宣传部部长张昌尔出席会议并讲话。来自中国人民大学、中央党校等方面的专家学者，部分基层干部代表和周国知的妻子汪碧秀参加了座谈会。20 多家中央和地方媒体进行了报道。4 月 10 日，由湖北省作家协会、《光明日报》文艺部、《湖北日报》教科文部联合主办的《大巴山的呼唤》作品研讨暨时代风貌创作选题会在武昌召开。省委办公厅、省人大、省政协、省委组织部、省委宣传部、省民政厅等有关领导和作家、评论家共 70 余人参加了会议，对该书进行了热烈研讨，并给予了充分肯定和高度赞扬。

2007 年 9 月，《大巴山的呼唤》荣获第十届精神文明建设"五个一工程"图书奖。（孙涵）

◇ 出版大国三部曲系列

2006 年 11 月，12 集大型电视纪录片《大国崛起》在 CCTV—2 黄金时段播出，立刻引起观众的极大兴趣。

编辑敏锐地捕捉到了市场热点，随即迅速组织学者撰写书稿，回答读者关切，要求作者通过解读 15 世纪以来葡萄牙、西班牙、荷兰、英国、法国、德国、日本、俄罗斯、美国等世界大国崛起的历史，追踪和研究世界大国兴起轨迹，总结大国崛起的经验教训和基本规律，探究其兴起背后的原因，我们可以从中吸取什么样的有益经验和教训。同时，要求文稿比电视片的解说词更深刻更能回答一些关键性的问题。

为了能赶在热潮没有褪去时及时出版，图书的撰稿和出版处于一种亢奋状态，作者和编辑好似进行了一场接力赛，加班加点奋战两个月，当年年底图书面世。

《大国崛起》出版后，销量直线攀升，迅速达到十多万册。不少学者和读者普遍认为，历史上大国崛起的经验固然给我们提供了参照，但大国成长之路并不平坦，大国维持强盛更是难上加难，历史上不乏大国盛极而衰的例子。因此，探讨大国何以会走向衰落，对于我们来说，具有清醒头脑、未雨绸缪的意义。《大国衰落之鉴》正是在这种背景下策划的。

《大国衰落之鉴》是《大国崛起》的延伸版，因为在《大国崛起》中更多的是关注其崛起的历程和原因，其衰落过程和原因则探讨得不够，因此《大国衰落之鉴》着重在衰落原因上下功夫，探讨的是历史上存在过的大国（包括已经消亡的和现今存续的大国）衰落历程及其原因分析。具体包括古罗马帝国、拜占庭帝国、蒙古帝国、奥斯曼土耳其帝国、荷兰、葡萄牙、西班牙、英国、苏联九国。

正当酝酿《大国衰落之鉴》之时，得知在党的十七大召开前夕的 2007 年 10 月，将在 CCTV—1 黄金档播出政论片《复兴之路》，这给了编辑策划《大国复兴之路》的灵感。在《大国崛起》热销的背景下，继续邀请相关领域的专家学者推出《大国复兴之路》，探讨东罗马帝国、德国、法国、日本、以色列等国家在遭受沉重打击甚至灭国的状态下是如何完成国家复兴的，也要剖析俄罗斯、印度等正在试图复兴的国家的经验教训。这样分析得出的历史结论可能对于我们今天的复兴有着更贴切的意义，也势必能再次吸引广大关心历史、关心国家发展的读者的目光。

如此，构成了《大国崛起》《大国衰落之鉴》与《大国复兴之路》完整的"大国命运三部曲"。后两本在 2007 年 9 月底，几乎与电视片同步面世，其销售数量均超过几万，并在短时间内重印。这三种图书分别在 2007 年、2008 年和 2010 年向韩国输出版权。（杨美艳）

◇ 圆满完成党的十七大系列文件的出版工作

按照中宣部、新闻出版总署有关十七大文件出版发行专项工作会议的要求，在总署领导的亲临指导和关心下，我社领导和全体职工对此高度重视，专门成立了十七大文件出版发行专项工作领导小组，协调全社相关部门各个环节的工作。各个出版流程都有责任人、进度表、应急预案等，环环相扣，紧张有序。从编辑部到出版发行部，所有参与者付出了种种艰辛。

为学习好、宣传好、贯彻好、落实好党的十七大精神，新闻出版总署党组书记、署长、国家版权局局长柳斌杰率总署有关司局领导到我社具体指导十七大文件的出版发行工作。柳斌杰一行视察了正紧张进行中的十七大文件出版各个环节的工作，亲切会见了全国各地人民出版社和解放军出版社读片取样的代表并作了重要讲话。柳斌杰要求各社要精心筹划、周密组织、争分夺秒，全力做好十七大文件的出版发行工作，力争以最快的速度、最好的质量，把十七大文件的出版物送到全国广大读者手上，以实际行动贯彻落实十七大精神。

我社出版十七大的报告、党章、文件汇编和辅导材料4种书籍、8个版本。10月25日早晨5点半从人民日报社取回报纸，晚上7点钟就见到了样书。在短短的十几个小时内，我社就出版了准确权威的十七大报告单行本。第二天早晨9点钟，第一批1000本十七大报告单行本就被王府井新华书店取走。

我社以准确、无差错，高质量、高效率的出版十七大报告的系列中央文件，赢得了社会各界的高度赞誉和广泛好评。（吴继平）

◇ 推出标志性出版物《人民文库》

《人民文库》是对我社建社近90年以来出版的并形成深远影响的学术精品资源的有效整合成果，属于陆续出版以代表国家最高学术水平的标志性出版物为宗旨的重大精品工程。

几十年来，特别是新中国成立以来，我社出版了大批为世人所公认的精品力作，其中影响比较大的学术出版工程有：《郭沫若全集》历史编共8卷，范文澜、蔡美彪等著10卷本《中国通史》，翦伯赞主编《中国史纲要》（上、下卷），侯外庐主编5卷本《中国思想通史》，胡绳的《从鸦片战争到五四运动》，薛暮桥的《中国社会主义经济问题研究》，《中国学术通史》，《柏拉图全集》等等。这些有的眼光犀利，独具卓识；有的取材宏富，考索赅博；有的大题小做，简明精悍。它们引领着当时的思想、理论、学术潮流，一版再版，不仅在当时享誉图书界，即使在今天，仍然具有重要影响。

为挖掘我社蕴藏的丰富出版资源，在广泛征求相关专家学者和老一辈出版家意见的基础上，我社决定自2007年开始从历年出版的2万多种图书中（包括我社副牌东方出版社和曾作为我社副牌的三联书店出版的图书），披沙拣金，精选出一批在当时产生过历史影响，在当下仍具思想性、原创性、学术性以及珍贵史料价值的优秀作品，汇聚成《人民文库》，以满足广大读者的阅读收藏需求，积累传承优秀文化。

《人民文库》第一批以 20 世纪 80 年代末以前出版的图书为主，分为以下类别：（1）马克思主义理论，（2）中共党史及党史资料，（3）人文科学（包括撰著、译著），（4）人物，（5）文化。两批出版 100 余种。《人民文库》首批印量 1 万套，促进了我国哲学社会科学的发展，提升了我社的品牌和影响力。（诸晓军）

◇《中国学术通史》坚持"自己讲""讲自己"

受梁启超所著《清代学术概论》及《中国近三百年学术史》等书的启发，我社历史室编辑陈鹏鸣提出出版《中国学术通史》的设想，既不按中国传统经史子集的分类方法，也不按西方的历史、哲学、文学等学科分类法，而是注重"整体性""连续性"和"时代性"，写出体现当代中国学者独立思考和自身特点的中国学术通史。

我们首先想请社科院的杨向奎先生担任主编，杨老欣然同意，不料遗憾的是，没过多久，杨老病逝，写作计划就此耽搁了一阵子。为了完成这个计划，我们又邀请中国人民大学的张立文教授担任主编，张教授提出，中国学术史应将思潮史与学问史相融合，坚持"自己讲"和"讲自己"的学术。为此，主编提出，根据中国学术发展的特点，确定全书分为六个阶段，即先秦、秦汉、魏晋南北朝、隋唐、宋元明、清，每个阶段独立成册。经与主编沟通，最后确定各卷作者：北京师范大学教授周桂钿、陈其泰，中国人民大学教授向世陵，湖南师范大学教授张怀诚，中国青年政治学院教授陆玉林，承担各卷的撰写任务。为了保证各卷的体例统一，我们向主编提议以梁启超《清代学术概论》和《中国近三百年学术史》为蓝本，将总论与分论结合起来写，得到主编与作者的认同。主编与作者高度重视该书的研究与撰写工作，前后共花费两年多时间。交稿后，编辑校对人员各负其责，努力保证书稿质量。图书出版后，得到社会广大读者的认可，《中华读书报》等权威媒体先后发表书评肯定该书的学术贡献。2006 年获得第二届中国出版集团图书奖；2007 年获得首届中国出版政府奖图书奖的提名奖。（杨美艳）

◇ 中国共产党思想理论数据库
开启马克思主义传播新模式

　　随着数字出版模式的兴起，我社未雨绸缪，于 2006 年设立信息部，依靠自身力量，推动数字出版工程。主要做了四件事情：一是以中国特色社会主义理论体系主要著作为内容，着手进行党的思想理论资源数字化工作；二是以胡锦涛同志一系列重要论述为内容，研发语义查询系统；三是以为中央领导和机关提供特需服务以及出版短版学术著作为内容，开发按需出版业务；四是根据数字出版工程的需要，对人民出版网进行升级改造。

　　2007 年，我社提出建设"中国共产党思想理论资源数据库与传播工程"的申请，申请中明确该项目的基本出发点是：推动马克思主义中国化成果特别是中国特色社会主义理论体系、社会主义核心价值体系在网上的传播，唱响主旋律，占领主阵地，维护国家意识形态安全。目前互联网信息浩如烟海，唯独很难找到编校规范的马列经典著作、党的重要文献这类内容。我社很有必要发挥自身优势，建设一个具有较强影响力的党的思想理论数字传播平台，填补目前网络媒体的一个空白。在申请中，我社还提出了详细的设计原则：坚持高标准、高起点，立足打造一流数字出版和传播品牌；找准思想理论和学习求知的功能定位，力求办出鲜明特色；坚持将传统编校质量优势引入网络出版，开创网络信息规范化之风气；坚持公益性出版社的办社宗旨，实行无偿服务，创造良好社会效益。在服务对象上，重点搞好"五个服务"：服务党中央、国务院；服务各级党委、政府；服务广大党员、党政干部和军队官兵；服务理论工作者和青年学生；服务国外马克思主义研究者。并且在申请中指出，计划用三年左右时间建成，作为向建党90周年献礼的一个重大成就推出。

同年，"中国共产党思想理论资源数据库与传播工程"，经过社内外有关专家的多次研讨论证，立项工作基本完成，并得到财政部的认可，初步批准1000万元预算计划。

经过近四年的建设，到2010年"七一"前夕，"中国共产党思想理论资源数据库与传播工程"首期工程完成了数据库维护管理后台、数据库页面展示平台、新闻管理和上传平台等一系列数据库运行、维护和展示平台的建设；完成了近百万面高质量、低错误率（全部电子书的差错率低于万分之一，经典著作低于三万分之一，领袖著作按无差错要求制作）的电子图书加工任务；制订了此项目的国家信息化安全等级保护方案；建立了数字化加工智能平台；并开始了此项目手机网的建设。

该数据库项目的正式上线，标志着我社按照党中央的指示，打造党的主流媒体的巨大成功，也标志着我社在数字出版领域走在了全国出版行业的前列。（吴继平）

2008

◇ **"向世界推出中国文化的宝贝"，**
《中国民俗史》出版

众所周知，中国民俗是世界公认的非物质文化遗产。在中华民族的传承中，民俗文化作为一种世俗文化，一直在不断地补充、丰富着传统文化和中华文明。可以说，如果没有民俗文化，中国文化将失去滋生与升华的土壤和根基。足见，出版一部完整的、高水准的既具有原创价值，又涵盖我国各民族特性；既能充分展示民族文化精粹，又能体现民族文化特色；既能体现悠久的文化传统，又具有鲜活时代精神的中国民俗史是何等的重要。正是基于这种考虑，我社早在 2000 年就组约了 6 卷本《中国民俗史》。该书主编钟敬文教授是中国民俗史研究领域泰斗级人物。钟老把该书的撰写比作"文化长城"，自豪地说："这套书出来了，就是向世界展示了中国文化的宝贝。"参加撰写的 50 多位作者分别来自清华大学、中国科技大学、中央民族大学、西北大学、南开大学、北京师范大学以及中国社会科学院、中国科学院、中国艺术研究院等重点院校和科研单位。2006 年，该项目入选"代表国家社科研究最高水平"的国家社科基金成果文库。

经过历时 8 年的精心打磨，分为先秦卷、汉魏卷、隋唐卷、宋辽金元卷、明清卷、民国卷，合计 300 余万字，配有 1200 余幅插图的 6 卷本《中国民俗史》于 2008 年 4 月出版了。该书全景式展现了中国民俗形成、延展与传承的演进过程，深刻揭示了这项非物质文化遗产的价值所在。

2008 年 6 月 14 日是我国第三个文化遗产日，这一天我社与北京师范大学联合主办了 6 卷本《中国民俗史》首发式。

参会的专家学者指出："《中国民俗史》是具有传世价值的厚重之作"；"人民出版社出版钟敬文先生主编的《中国民俗史》，堪称一件学界盛事"；"这套属于'国家社科基金成果文库'的重量级的著作，学术价值重大，在国内外会产生深远的影响，可以说它是中国民俗史研究上的一个里程碑"；"这套书不仅总结提升了中国民俗理论，丰富了世界人类文化史、填补了中国学术领域的空缺，同时为了解中国国情、改良社会提供了依据"。

2009 年 10 月 31 日，该书获第九届中国民间文艺山花奖学术著作奖。2010 年 12 月 11 日，该书获北京市第十一届哲学社会科学优秀成果奖特等奖。2013 年 4 月 7 日，该书获教育部第六届高等学校科学研究优秀成果奖（人文社会科学）著作奖一等奖。（于宏雷）

◇ 心系汶川灾区，奉献真情

2008 年四川汶川"5·12"大地震发生后，我社员工心系灾区同胞的生命安危，快速向灾区人民伸出援助之手。社党委于 5 月 13 日发出《关于开展向四川地震灾区人民捐款的紧急通知》。5 月 14 日早晨，党委书记、社长黄书元同志在本社局域网上发出《让我们伸出援助之手》的倡议，希望每一位同志紧急行动起来，聚沙成塔，积水成湖，献上我们的微薄之力来减轻受灾同胞的哪怕一点点痛苦。当日上午，社党委、社委会召开中层以上干部会议，部署捐款事宜。全社同志积极响应号召，立即行动起来，至 5 月 14 日下午 5 点 30 分，全社职工及部分离退休同志共 359 人捐款 86550 元，人民出版社捐款 10 万元，全社第一次捐款总计 186550 元，并于当日上午交新闻出版总署。为了支援灾区人民恢复生产、重建家园，我社在《爱的奉献——2008 宣传文化系统抗震救灾大型募捐活动》中第二次向灾区捐款 100 万元。在北京市民政局开展的"捐赠十元钱，爱心送汶川"捐赠活动中，我社职工继续伸出援助之手，捐款 2222 元。中组部发出《关于做好部分党员交纳"特殊党费"用于支援抗震救灾工作的通知》后，我社党员同志积极响应，共缴纳"特殊党费"合计 181449 元……

在及时捐款的同时，我社迅速行动起来，履行作为公益性出版社的责任和使命，为灾区人民提供最快的出版服务。灾情发生的当天，社长黄书元策划并组织《地震灾害自救互救防疫》图书，经过编校人员通宵达旦的工作，首批 2 万册图书于 15 日出版后立即交付有关航运部门空运至灾区，免费发放到灾区人民手中。5 月 17 日，胡锦涛同志在四川召开的抗震救灾工作会议上发表讲话后，我社又以最快的速度把《在四川召开的抗震救灾工作会议上的讲话》发放到灾区人民手中，把党和国家领导人心系灾区人民安危，对保护灾区人民生命财产安全的决策部署和对抗震救灾工作的高度重视传达给灾区人民。我社紧急制作和出版的图书还有：《地震来了怎么办》(挂图)、《汶川大地震：生死救援》《汶川大地震：重建家园》《抗震救灾英雄谱》《灾害：心理创伤的发生到复原》《我们众志成城——抗震救灾大聚焦》《一切为了生命——抗震救灾震撼人心的瞬间》《关于当前抗震救灾进展情况和下一阶段的工作任务》等。我社捐赠至灾区的图书7万多册，码洋70多万元。(宋军花)

◇ 深入开展学习实践科学发展观活动成效显著

按照中央的统一部署和新闻出版总署的总体安排，2008年10月至2009年2月，人民出版社开展了深入学习实践科学发展观活动。社党委按照"坚持解放思想、突出实践特色、贯彻群众路线、正面教育为主"的原则，组织全体党员干部认真学习了党的十七大报告和胡锦涛总书记在全党开展深入学习实践科学发展观活动动员大会暨省部级主要领导干部专题研讨班开班式上重要讲话等重要文件，学习了《毛泽东邓小平江泽民论科学发展》《科学发展观重要论述摘编》《深入学习实践科学发展观活动领导干部学习文件选编》《科学发展观读本》以及中央领导同志关于开展深入学习实践科学发展观活动的讲话。通过学习实践活动，全社党员干部受到了一次深刻的马列主义教育和党性锻炼，进一步解放了思想，更新了观念，厘清了发展思路，明确了努力方向，增强了推动我社建设发展跨上新台阶的信心。由于本社开展学习实践科学发展观活动深入扎实、富有成效，2009年"七一"前夕，社党委被新闻出版总署评为"先进基层党委"。

同年 3 月，我社分别被中央国家机关工委和新闻出版总署授予"2008年度中央国家机关文明单位""新闻出版总署 2008 年度文明单位"的称号。（刘济社）

◇ 出版多种图书纪念改革开放 30 周年

为全面贯彻落实党的十七大精神，系统回顾、深刻总结我国改革开放30 年来的伟大历程与宝贵经验，教育和引导广大干部群众充分认识改革开放的伟大意义、巨大成就，进一步坚定走中国特色社会主义道路的决心和信心，中宣部和国家新闻出版总署组织出版"纪念改革开放 30 周年百种重点图书"。我社 8 种图书入选，分别是：《中国财税体制改革 30 年回顾与展望》《中国行政体制改革 30 年回顾与展望》《中国特区 30 年》《数字中国 30 年》《中国法制建设 30 年》《中国审计 30 年》《大跨越——中国电信业三十春秋》《一个意大利记者眼中的北京（1976—2008）》等图书入选。

"强国之路——纪念改革开放 30 周年重点书系"由新闻出版总署署长柳斌杰等担任编委会主任，由中央党史研究室副主任李忠杰、中央党校原副校长邢贲思担任副主任，由中央党史研究室、中央文献研究室、国务院研究室、国务院发展研究中心，以及相关中央部委的同志担任编委会委员。

受书系编委会委托，我社承担了编委会办公室的日常工作，负责全国21 家出版单位的联络协调组织服务工作。包括：上级领导指示要求的传达、各出版单位质量的检查、进度的把握、送审稿件的传递、意见建议的反馈、样书的收纳、宣传册页内容的校订等，头绪众多，事务繁杂。我社"强国之路"书系编委会办公室的同志，把这项工作当作一项政治任务看待。在全部出版过程当中，认真对待每一项工作，不放过任何一个细小的纰漏，高度负责，严谨细致，为书系高质量高水平地按期出版作出了贡献。

为了保证我社纳入"强国之路"书系重点图书的质量和出版时间，社领导高度重视、精心策划、周密部署，选派了一批政治过硬、业务纯熟的同志作为骨干力量，我社各个部门团结合作，密切配合，圆满地完成了出版任务。

我社有 12 种图书入选"强国之路"书系，分别是：《中国经济体制改革30 年回顾与展望》《中国改革开放 30 年大事记》《改革开放 30 年思想史》《中国开放 30 年：增长、结构与体制变迁》《中国金融体制改革 30 年回顾与展望》《中国国有企业改革 30 年回顾与展望》《中国农村改革 30 年回顾与展望》《中国社会体制改革 30 年回顾与展望》《中国出版业改革开放 30 年》《中国社会保障 30 年》《改革开放 30 年中国教育纪实》《伟大历程——中央国家机关改革开放 30 年回顾与展望》等。（阮宏波）

◇《李大钊全集》（最新注释本）
获第二届中华优秀出版物奖

李大钊（1889—1927）是中国共产主义运动的先驱，中国伟大的马克思主义者，中国共产党的主要创始人和早期领导人。我社一向重视李大钊著作的出版工作。

1959 年出版的《李大钊选集》，该书收入了作者自 1913 年至 1926 年的论文、演讲、杂文、讲义等，共 133 篇，39 万字，20 世纪 50 年代末到 80 年代初，对李大钊研究的进展起了重要的作用。这一版收入的文章有限，又对原文多有删节，未能保持原风貌。1985 年出版的《李大钊文集》上下卷，共收入文章 438 篇。与选集相比，文集内容更加丰富、准确，对此后的李大钊研究的进展起了重要的作用。1989 年，我社出版的《李大钊文集》（续），收入了文集未收的李大钊各类著述 46 篇，对二卷本《李大钊文集》进行了补充。

为了解决读者在文字的理解和写作背景了解方面的困难，编辑出版了一部文本准确、注释可靠的《李大钊文集》，是理论界和学术界的现实需要，也是广大干部群众学习李大钊思想、事迹的迫切需要。1994 年，经中共中央批准，中国李大钊研究会主持的五卷本《李大钊文集》编辑、注释工作启动，经过五年的努力，于 1999 年正式出版。文集共收文章 508 篇，附录 18 篇，另有四十余万言的注释。五卷本文集吸收了此前学者历经几十年艰辛搜集、整理与考订的学术研究成果，为推动李大钊研究工作作出了重要贡献。此后，在遗文搜集、整理、考订工作方面又取得了一些新成果，于是在此基础上，再次作了增补、修订与校勘，于 2006 年出版了《李大钊全集》（最新注释本）。该书集权威性、系统性、全面性于一体的版本，是准确、全面地对李大钊思想的真实记录，对研究我党早期建党思想，宣传爱国主义有极高的文献价值，出版后受到学界和社会的广泛关注。

2008 年 12 月，《李大钊全集》（最新注释本）荣获"第二届中华优秀出版物奖"。

2011 年，我社启动"十二五"重点项目"中国共产党先驱领袖文库"出版工程，该书被收入文库，编注组本着"精益求精"的精神，对 2006 年版《李大钊全集》作了为期一年半的再次修订，在文字校勘、篇目编排、注释增补方面下了很大功夫。2013 年，文库本《李大钊全集》出版。这一版本具有三个显著特点：一是收录的李大钊论著最为完备。与此前刊行的所有版本相比，在收录论著方面，这部全集所汇集的李大钊的著作最为详备，考订最为精审。二是编校精良。校勘方面，全集遵循的原则是以最初刊行的文稿为准，参校以其他较好的或通行的版本。凡编者认定错误的地方，有可靠证据的，酌加订正；校正无据的，一仍其旧。三是注释全面。全集对李大钊论著中难懂、难理解的名词、术语、观念均作了详细的注解，全书注释几千条，共 40 余万字。

参与本书的编辑有乔还田、陈鹏鸣、于宏雷。（于宏雷）

◇《南京浩劫：被遗忘的大屠杀》 获第二届中华优秀出版物奖

《南京浩劫：被遗忘的大屠杀》是根据美籍华裔学者张纯如女士创作，于 1997 年在美国出版的《南京大屠杀：被遗忘的二战浩劫》翻译的译著。

作者是约翰·霍普金斯大学写作硕士、俄亥俄州伍斯特学院荣誉博士，为《芝加哥论坛报》《纽约时报》和美联社撰写稿件的自由撰稿人。1995 年冬季，她在美国国家档案馆和华盛顿国会图书馆完成了《南京大屠杀：被遗忘的二战浩劫》一书的初步资料准备，随后前往北京、上海、杭州进行为期六个星期的深入调查，1997 年 12 月该书出版。

《南京浩劫：被遗忘的大屠杀》既是对"二战"的西方史学研究的一种补正，亦是对"二战"中的侵略者罪行的整体完整性作出了学术贡献。它最难能可贵的是，最真实反映了"南京大屠杀"的历史事实，向世界提供了第一手关于"南京大屠杀"的亲历者的详尽史料。这些史料，极度地震惊了西方媒体和西方史学界，掀起了关于日本侵华罪行的关注和研究的热潮，更是使日本的"南京大屠杀"的暴行无可遁形。

该书译者杨夏鸣先生是二战史研究的专家，他对南京大屠杀有非常深入的研究并且整理出版了大量的研究资料集。

《南京浩劫：被遗忘的大屠杀》一书之所以能成为一部优秀的译本，这同整体策划、编校设计协同作战分不开。先后五位编审从不同角度审阅了这部书稿：作为实际责任编辑的李椒元，从整体策划到遴选译者，从预审、调整书稿体例、编辑加工到分别请其他老编辑审读书稿以及安排校对、美编设计等工作；美国史专家、资深编审邓蜀生主动承担联系作者家属商订版权工作、联系译者并对书稿译文的准确以及语言风格都作了认真的指导；资深历史编辑张维训等，认真审读书稿并对其作了认真细致的编辑加工工作；副总编辑张小平终审全稿对书稿编校的各个环节作了细致的领导安排；该书能成为优秀译本也同它出色的校对工作分不开。该稿不仅完成正常三校，还先后请了几位副编审参与读校工作。正是由于他们认真细致的工作使得这部译著成为译文最优秀的版本。

2008 年 12 月，该书获第二届中华优秀出版物奖（图书奖）提名奖（国家二等奖），2011 年进入国家新闻出版总署推荐的全国青少年百种优秀读物推荐书目。（李椒元）

◇ 出版吴官正同志系列著作

党的十六届中央政治局常委、中央纪委原书记吴官正同志的著作，自 2008 年以来陆续由我社出版。可分两类：一是工作文稿集，包括 2008 年出版的《汉水横冲——武汉城市改革的实践与思考》和《正道直行——党风廉政建设的实践与思考》，2010 年出版的《民贵泰山——山东改革发展稳定的实践与思考》；二是随笔散文集，即 2013 年出版的《闲来笔潭》。这些著作出版后，产生了广泛的社会影响力。

《正道直行》分两部分，分别收录了吴官正同志在湖北省武汉市、江西省、山东省主持工作期间和在中央纪委主持工作期间，关于党风廉政建设方面的部分讲话、谈话、文章、书信和批示；《汉水横冲》分上下两篇，选编了吴官正同志 1983—1986 年任武汉市市长期间的部分讲话、谈话和文章，下篇收录了其改革理论论著《城市改革与系统工程》；《民贵泰山》收录了吴官正同志任中共中央政治局委员、山东省委书记期间的部分讲话、谈话、文章、书信和批示。这 3 部工作文稿集，反映了吴官正同志从地方到中央的执政轨迹，体现了一个党的高级领导干部强烈的百姓情怀、高超的工作艺术、创新的廉政思维和坦荡的人生态度，具有重要的资料价值和现实意义。3 部工作文稿集出版后，分别在武汉、江西、山东等地举行了高规格的读书交流会，武汉、江西、山东省重要领导和我社黄书元社长、辛广伟总编辑等分别出席。

《闲来笔潭》是从吴官正同志自领导岗位退下来后，自己所记录撰写的 40 多本笔记中摘选成书的。该书一改领导人著作"工作文稿"的惯有面相，以家常式的"闲谈"风格，首次向社会大众大尺度吐露高官丰富的内心世界。该书刚一出版，即引起读者热议，触发了无数网友的情感共鸣。境内外各大媒体掀起了一波接一波的解读热，从《人民日报》《新华社》《光明日报》等中央主流媒体，到《南方周末》《南方都市报》《中国青年报》《新京报》《环球人物》周刊、《壹读》杂志等影响力很大的大众媒体，再到新华网、凤凰网、新浪网等各大门户网站，关于本书的深度报道一篇接一篇，使得《闲来笔潭》一书的出版，成为出版后一两个月内国内一条重要的焦点性新闻。境外中文媒体也随之高度关注，美国《世界周刊》、新加坡《联合早报》等海外主要华文媒体，纷纷刊发有关书摘和专家深度书评。我社黄书元、辛广伟等社领导和相关部门，为做好该书的宣传推广做了大量卓有成效的工作。该书发行量达 60 万册。鉴于其重要影响力，该书数字版 2014 年 7 月由中国移动"和阅读"平台上线发布，这是领导人著作首次实现网络及无线媒体传播。（张振明）

◇《艾思奇全书》获首届中国出版政府奖图书奖

《艾思奇全书》（八卷）由"艾思奇著作编委会"（由曾任艾思奇秘书十多年的卢国英教授具体负责）历经十多年收集、整理、编排而成，基本上收录和汇集了艾思奇一生各个时期的主要著述。其中既有公开发表、出版过的有关哲学著作、文章、译文、专论以及短论、杂文、文艺作品，包括影响很大的通俗哲学读物《大众哲学》和作为高等学校文科教材的《辩证唯物主义和历史唯物主义》，又有近 200 万字是从未公开发表、出版过的讲义、讲解、辅导报告、讲学提纲和文稿。总字数达 550 万。我社 2006 年 8 月出版发行。《艾思奇全书》既是我们认知和把握艾思奇一生的革命历程、心路轨迹、精神风貌、哲学创新、学术贡献的第一手资料，更是我们深入学习和研究艾思奇哲学思想的重要文献，从中可以看到艾思奇是如何将自己的一生献给党和人民的哲学事业、教育事业，为传播和发展马克思主义哲学所作出的卓越贡献。

为了编好《全书》，专门成立了由艾思奇同志夫人王丹一为顾问、以邢贲思为主任的"艾思奇著作编委会"，并由卢国英教授主持的国家社科基金项目"艾思奇哲学思想研究课题组"承担具体编务工作。《全书》自 20 世纪 90 年代初启动至 2004 年陆续交稿，前后历经十多年的查找资料、收集和整理工作，浸润着众多专家、学者以及艾老家属的大力支持和艰辛努力，乃至心血付出。

我社领导非常重视《全书》的出版工作，从组稿、纳入出版计划到编校、出版，支持和协调责编全力主抓，历时长达八年之久。责任编辑方国根自1999年获悉卢国英教授正在负责编辑整理《艾思奇全书》后，密切关注其进展，与"艾思奇著作编委会""艾思奇哲学思想研究课题组"有关人员时常联系，屡次协商，最终以我社的品牌优势与作者家属对我社的高度信任，在数家出版社的强烈竞争中脱颖而出。应该说，《全书》的顺利出版，蕴含着我社领导与哲学编辑室全体人员齐心协力所付出的很多心血和情感，更彰显了我社"当仁不让"的出版使命感。该书由我国当代书法大师欧阳中石题写书名。

2008年，该书获首届中国出版政府奖图书奖。（段海宝）

◇《中国文化新论丛书》已出版 19 种

早在1991年策划《中国文化新论丛书》时，我社就提出了明确的定位和要求：（1）不是任何一种传统文化都具备让人追怀或不断反思的价值。本丛书探究的中国传统文化，是那些在今天仍留有"辙印"，并能展示以往社会历史氤氲流转，且对未来社会发展有益，尤其是对社会主义精神文明建设具有启迪作用的文化现象。由是，从感悟、体认、昭示的角度着眼，选择生活起居、伦理道德、宗教神话、文化制度、语言文学中，带有强烈民族特色，诸如龙、凤、饮食、茶、酒、服饰、婚俗等与中国文化的关系。（2）要多角度地论述主题。每一种书对主题应尽量作全面、系统的论述。切忌拘泥于一隅，力求多层次、多角度地论述主题。（3）不按朝代顺序叙述主题。一律按主题涉及的方方面面来揭示其与中国文化的关系。（4）必须具备学术性。要求作者提出独到的见解，同时提倡吸取他人的最新研究成果和引用新发掘的材料。因是"新论"丛书，所以必须突出一个"新"字，应约作者要尽量发他人未发之言。在写法上，也提倡百花齐放，提倡创新。每一本书力求具有开拓性和原创价值，最好能代表该领域的最新研究成果，甚或填补空白之作。（5）要兼有可读性。文辞力求典雅，富有文学色彩。杜绝教科书式的枯燥行文，同时避免资料与数据的堆砌。（6）要配有精美的图片。为了强化内容的生动性和观赏性，每一本书必须配有几十甚至上百幅插图，使其表现形式多元、活泼。所用插图以能表现文意为佳，或是能延伸其意。（7）本《丛书》的封面设计要有整体感。力求典雅、庄重。在"雅"中体现民族特点。要有文化品位。正文版式设计也要力求新颖。（8）装帧一律为大32开精装本，不搞平装本。

截至2008年，《中国文化新论丛书》已出版19种。分别是：《龙与中国文化》（刘志雄等著，1992年11月），《饮食与中国文化》（王仁湘著，1993年12月），《京剧与中国文化》（徐城北著，1999年1月），《性与中国文化》（刘达临著，1999年1月），《花与中国文化》（何小颜著，1999年1月），《书法与中国文化》（欧阳中石等著，2000年1月），《祭坛古歌与中国文化》（顾希佳著，2000年1月），《孝与中国文化》（肖群忠著，2001年7月），《禁忌与中国文化》（万建中著，2001年7月），《姓名与中国文化》（何晓明著，2001年7月），《茶与中国文化》（关剑平著，2001

年 8 月），《服饰与中国文化》（华梅著，2001 年 8 月），《礼仪与中国文化》
（顾希佳著，2001 年 8 月），《围棋与中国文化》（何云波著，2001 年 11 月），
《语言民俗与中国文化》（黄涛著，2002 年 10 月），《生肖与中国文化》（吴
裕成著，2003 年 1 月），《梦与中国文化》（刘文英著，2003 年 10 月），《择
吉与中国文化》（刘道超著，2004 年 7 月），《庙会与中国文化》（高有鹏著，
2008 年 1 月）。

该《丛书》陆续出版以来，受到学术界、文化界、读书界的关注和好评。

其中，《京剧与中国文化》于 2000 年获第十二届中国图书奖，《服饰与
中国文化》获天津市社会科学成果一等奖，《语言民俗与中国文化》获第二
届中国民间文艺山花奖学术著作一等奖，《祭坛古歌与中国文化》获第二届
中国民间文艺山花奖学术著作二等奖。

《龙与中国文化》《饮食与中国文化》《京剧与中国文化》《性与中国文化》
《花与中国文化》《书法与中国文化》等向台湾商务印书馆输出繁体字版权。（于
宏雷）

2009

◇《人民出版社改革发展方案》呈报新闻出版总署

自 2005 年文化体制改革试点工作开展以来，党和国家一系列支持文化产业改革发展的文件法规颁布实施，出版产业取得了日新月异的发展。人民出版社的改革发展工作下一步如何开展，党和国家领导人予以高度重视。李长春同志、刘云山同志分别到我社视察调研，听取情况汇报，并对我社的改革发展工作做过多次批示。

2009 年 1 月，新闻出版总署蒋建国副署长主持召开了人民出版社改革发展情况汇报和研讨会。根据蒋建国副署长的指示意见，形成《人民出版社改革发展方案》，并于 2009 年 6 月 23 日上报总署。《方案》突出了人民出版社改革发展的指导思想、目标要求和主要措施。本次改革的指导思想是：人民出版社作为公益性出版机构改革和发展，要始终以马列主义、毛泽东思想和中国特色社会主义理论为指导，深入贯彻落实科学发展观；坚持社会主义先进文化前进方向，牢牢把握正确出版导向，服务党和国家大局；做强做大公益性出版服务机构主体，大力提升公共出版产品供给和服务能力，为广大读者奉献更好更多、质优价廉的公益读物，不断满足人民群众日益增长的公益出版需要；解放思想，积极探索，按市场化方式管理和运营所属经营性资产和业务，用良好的经济效益和市场影响力反哺公益性出版事业。改革的基本原则是：坚定导向，创新机制，事企分开，加大投入，增强服务，努力实现社会效益最大化。

我社事业部分的主要任务和发展目标为：通过调整结构，整合资源，创新机制，提高效率，以图书、期刊和数字产品等方式，致力于出版马列主义经典著作和相关研究作品、普及读物；展现、传播马克思主义中国化理论成果的读物；党和国家重要文件、文献；领导人著作、传记、年谱；党史、党建、国史读物；宣传党和国家重要方针政策、弘扬时代主旋律的理论著作和大众普及读物；站在时代前沿、代表国家水平的高质量哲学社会科学学术著作；贴近实际、贴近生活、贴近群众、质优价廉的公益性大众文化读物；增强中华民族文化影响力的"走出去"读物。以体制改革、机制创新为手段，以发展为目标，努力建设成为一个党性原则鲜明、出版导向正确、符合和引领先进文化前进方向、服务党和国家大局、按我国事业单位体制运行和管理、充满生机与活力、体现和代表我国公益出版风貌和实力、不辱使命、无愧时代的现代化标志性公益性出版机构。

10月，为更加自觉、更加主动地推动人民出版社改革，我们又在广泛征求意见、充分讨论研究的基础上，形成了《人民出版社企业改革发展方案》，并于2009年11月上报新闻出版总署。12月底，蒋建国副署长再次主持召开人民出版社改革发展研讨会，就人民出版社事企分开和企业部分改革问题，发表了重要指导意见。2010年1月7日，总署正式批复同意人民东方出版传媒有限公司挂牌成立，我社于当日举行了隆重的挂牌仪式。人民东方出版传媒有限公司挂牌成立，标志着我社体制机制改革遵循事企分离原则迈出重要一步，将为我社事业单位整体改革提供资产、业务、机构和人员出口，建立坚实的体制机制平台。

2010 年 6 月 18 日，根据新闻出版总署《关于同意成立"新闻出版总署人民出版社改革领导小组"的批复》（新出审 [2010] 475 号），新闻出版总署成立人民出版社改革领导小组，成员如下：组长：邬书林（新闻出版总署党组成员、副署长）；成员：刘建国（新闻出版总署办公厅主任）、范卫平（新闻出版总署出版产业发展司司长）、吴尚之（新闻出版总署出版管理司司长）、孙文科（新闻出版总署机关党委常务副书记）、余昌祥（新闻出版总署人事司司长）、孙明（新闻出版总署财务司司长）、王国庆（新闻出版总署新闻报刊司司长）、于慈珂（新闻出版总署法规司司长）、黄书元（人民出版社社长）、辛广伟（人民出版社代总编辑）、任超（人民出版社常务副社长）。

根据中央有关文件精神，我社承担政治性、公益性出版任务，属于公益性事业单位。在管理体制上，原来长期实行的事业单位企业化管理模式，已不符合国家事业单位改革发展的时代要求，不适应做强做大公益性出版事业、做强做大经营性出版产业的需要。应按照事业单位体制改革事企分开的原则进行改革，事业单位可以办企业，但需界定明晰，独立发展。

2011 年 1 月 5 日，新闻出版总署《关于同意人民东方出版传媒有限公司组建方案的批复》（新出审字 [2011] 14 号）原则同意人民东方出版传媒有限公司组建方案。人民出版社企业部分将按照事企分开原则，在重点加快推进人民出版社机构改革和发展过程中，对其原有的经营性资产和业务加以合理整合与有效配置，与其公益事业部分完全分开，组建新的实体，即"人民东方传媒股份有限公司"，按企业体制实施运营和管理。企业部分的改制和运营，其直接目标是提高经济效益，增强市场竞争实力；其最终目标是为公益性出版事业服务。这是由其既是按企业方式运作，又属于公益性出版机构一部分的特有性质决定的。

通过事业部分和企业部分的有效配置，总体上作为公益性出版机构运营的人民出版社，要形成以事业体制为保障的公益性出版产品与服务的研发和编辑系统及以企业体制为依托的效率与效益并重的服务系统相互支持、协调发展的公益性出版事业运行机制，从体制和机制两方面保障公益性出版事业的社会效益、运行效率以及系统能力。

在体制机制改革中，我社还就事企分离改革后，需要上级有关部门帮助制定落实有关政策，解决编制、经费和专项补贴、税收政策、老干部离退休费用、转制成本、核销不良资产、合理配置优质资产等问题向上级主管部门提出了意见和建议。（宋军花）

◇ 出版多种图书庆祝新中国成立 60 周年

为系统回顾新中国成立 60 年来在中国共产党领导下所走过的辉煌历程，全面反映 60 年来社会主义中国所取得的伟大成就，充分展示全国各民族人民解放思想、改革开放、不断开创中国特色社会主义事业的伟大实践，中宣部和国家新闻出版总署组织出版"庆祝新中国成立60周年百种重点图书"。2009年4月20日，总署发出通知，我社《辉煌历程——庆祝新中国成立60周年重点书系》《社会主义通史》（8卷）《共产党通史》（3卷）《中华人民共和国史（1949—2009）》《20世纪的中国——走向现代化的历程》《共和国财税60年》《共和国经济60年》《共和国文学60年》《共和国对外贸易60年》《新中国经济发展60年》《60年中国经济发展报告》《中国信息化进程》《新中国60年重大科技成就巡礼》《共和国文学60年》《中国社会保障制度60年变迁（1949—2009）》《中国农村制度变迁60年》《风雨兼程——新中国辉煌60年》《经略西藏——新中国西藏工作60年》等17种图书入选庆祝新中国成立60周年百种重点图书。

庆祝新中国成立60周年出版工作的重中之重是由我社等全国31家出版单位承担的《辉煌历程——庆祝新中国成立60周年重点书系》。受总署和书系编委会委托，我社承担了编委会办公室的日常工作，负责书系封面、版式设计和联络协调等事项。该书系共52种图书，涵盖了经济、政治、文化、社会等方面，导向正确，史实准确，具有较高的学术水平和传承价值。10月26日，新中国成立60周年重点出版物出版座谈会在北京召开，国家新闻出版总署署长柳斌杰在会上表示，该重点书系客观记录了新中国成立60年波澜壮阔的伟大实践，全面展示了新中国成立60年来社会主义中国、中国人民和中国共产党面貌发生的深刻变化，深刻总结了马克思主义中国化的宝贵经验，生动宣传了新中国成立以来我国各方面所取得的伟大成就和社会主义中国对人类社会发展进步所作出的伟大贡献。

我社《中国美术60年（1949—2009）》《马克思主义中国化研究》《中国经济国际化进程》《新中国农村60年的发展与变迁》《新中国百姓生活60年》

《外国人眼中的新中国》《中国信息化进程》《中国市场化进程》《中国城市化进程》《中美关系 60 年》《数字中国 60 年》《拼搏历程辉煌成就：新中国体育 60 年》《新中国国防和军队建设 60 年》《中华人民共和国大事记（1949—2009）》等 14 种图书入选该书系。（阮宏波）

◇ 社领导班子再次调整

根据新闻出版总署工作安排，2009 年 8 月 31 日，我社召开社领导班子调整大会。总署副署长、党组成员孙寿山、邬书林及人事司司长孙文科等出席会议。孙寿山、邬书林同志发表重要讲话。孙寿山同志在讲话中指出，这次关于人民出版社领导班子成员的变动，是党组从全署工作大局和人民出版社领导班子建设的实际出发，根据工作需要和干部交流的精神，通盘考虑、慎重研究作出的决定，体现了党组对人民出版社工作和社领导班子建设的高度重视。孙寿山同志还就加强人民社领导班子建设提出四点要求：一要讲政治，顾大局，把思想统一到总署决定上来。二要讲团结，守纪律，切实加强民主集中制建设。三要讲责任，抓基础，进一步加强专业队伍建设。四要讲改革，促发展，积极探索公益性出版社的改革发展之路。

孙文科宣读了辛广伟、于青、李春生、乔还田四位同志的任命和张小平同志退休的决定：辛广伟任人民出版社副总编辑，代理总编辑职务（正局级），试用期一年，免去其中国出版科学研究所副所长职务（新出字［2009］117 号）；于青任人民出版社副总编辑（副局级），试用期一年，免去其新闻出版总署出版管理司图书处处长职务（新出人［2009］5 号）；李春生任人民出版社副社长（副局级），试用期一年；乔还田任人民出版社副总编辑（副局级），试用期一年（新出人［2009］7 号）。根据干部退休的有关规定，总署党组 2009 年 6 月 24 日决定：免去张小平人民出版社副总编辑职务，并于 2009 年 7 月办理退休手续（新出字［2009］110 号）。本社中层干部、高级职称以上人员参加了会议。（宋军花）

◇ 中共中央政治局常委李长春同志视察我社

2009 年 9 月 29 日，中共中央政治局常委李长春同志来我社视察调研，并向全国出版工作者致以节日的祝贺和良好祝愿。

李长春同志先后来到校对科、政治编辑室等部门，看望慰问全体员工，在随后召开的我社中层以上干部座谈会上听取了党委书记、社长黄书元同志的工作汇报，并发表重要讲话。他指出，对于人民出版社，中央明确定位为公益性质，要突出政治性、理论性与公益性。人民出版社作为党的理论宣传主阵地之一，在建设马克思主义学习型政党上责无旁贷。就此，李长春同志对我社提出几点希望：第一，希望人民出版社在推进马克思主义中国化、时代化、大众化，用中国特色社会主义理论体系武装全党、教育人民，建设马克思主义学习型政党上作出新贡献；第二，希望人民出版社的每位员工都能继承与发扬老一代出版工作者的好传统好作风，像爱护眼睛一样爱护我们人民出版社的品牌；第三，作为政治性、理论性、公益性出版单位，要积极探索如何完善内部机制创新，增强活力；第四，积极利用先进科技手段提高理论出版与传播能力；第五，要使我们中国特色社会主义理论体系"走出去"。最后一点，要重视培养人才。

随同李长春同志视察的有：中共中央政治局委员、中宣部部长刘云山同志，新闻出版总署署长柳斌杰、副署长蒋建国、邬书林等同志。本社离退休干部代表、老编辑代表、中层以上干部参加了座谈会。（吴继平）

◇ 黄书元出席国庆 60 周年庆典仪式

庆祝中华人民共和国成立 60 周年大会于 2009 年 10 月 1 日上午 10 点在首都北京天安门广场隆重举行，由 10 万名各界群众、60 辆彩车组成的36 个方阵和 6 节行进式文艺表演花车依次通过天安门广场中心区，与广场上 8 万青少年呈现的背景图案相呼应，在长安街上展现共和国流动的历史进程。

我社党委书记、社长黄书元作为全国文化出版界代表出席了国庆 60 周年庆典，并乘坐彩车经过了庄严肃穆的天安门，亲历了阅兵，见证了这一伟大的历史时刻。（左乐）

◇ 出版《毛泽东箴言》

新中国成立 60 周年之际，我社出版了中国中共文献研究会编订的《毛泽东箴言》一书。

《毛泽东箴言》一书共收录 360 条毛泽东箴言。这 360 条箴言分成观世、正己、待人、处事 4 大篇，其下又按毛泽东倡导的对立统一和矛盾转化的辩证方法，分为"有穷与无尽""有患与无畏""表达与倾听""大局与小节"等 36 小类。同时，这本书所收箴言摘选自新中国成立以来正式出版的《毛泽东选集》《毛泽东文集》《建国以来毛泽东文稿》等毛泽东同志的主要基本著作。

《毛泽东箴言》出品者为北京东润菊香书屋，书屋负责人为毛泽东外孙女孔东梅女士。在该书编辑出版过程中，我社副社长任超与孔东梅女士做了大量具体的沟通协商，就书名、编排形式与内容等，提出了大量建设性、创新性意见建议，为该书编订方和出品方采纳。

2009 年 11 月 11 日，由人民出版社、中国中共文献研究会、北京东润菊香书屋联合主办的《毛泽东箴言》新书发布会在京举行。新闻出版总署、中共文献研究室、中共党史研究室、军事科学院的有关领导和专家出席会议。新闻出版总署署长柳斌杰、军事科学院政委刘源出席会议并发表讲话。出席新书发布会的还有李敏、贺捷生、周秉德、刘铮、陶斯亮、孔东梅等老一辈无产阶级革命家的亲属。柳斌杰在讲话中指出，以《论语》为代表的语录体著作的出版是中国出版界的一个悠久传统，历朝历代刊印出版过一百多个语录体的重要著述，这种出版风格应该在新时期得到传承和发扬。《毛泽东箴言》就是新时期出版的一种语录体的毛泽东著作。该书出版有特殊意义，毛泽东思想是中国人民世世代代继承的政治遗产，是中华民族原创的马克思主义，传播毛泽东思想永远是我们的任务。

《毛泽东箴言》一书出版后受到广大读者的热烈欢迎，多次重印，截至2016年年底已累计发行近30万册。（张振明）

◇《新华月报》创刊60周年

2009年是《新华月报》创刊60周年。近十年来，《月报》在创新办刊理念上做出了更加大胆的尝试。

2001年，《新华月报》推出了光盘版并随刊赠送给读者。光盘版将当年月报刊登的内容悉数收入，大大方便了读者检索和保存资料。

在期刊市场竞争日趋激烈的大环境下，《月报》人力、物力资源后劲不足的问题也逐渐显现出来。经过相关人员的努力，2005年"湖南湘邮文化"与人民出版社共同出资，成立了"新华时代（北京）传媒文化有限公司"，负责《月报》的市场经营，同时公开向社会招聘编辑人才。体制机制上的变革为《月报》的发展带来新的契机和动力。

为了跟上时代步伐，给读者提供更多更好的精神产品，《新华月报》从2006年起改为大16开本，并由月刊改为半月刊。上半月为"天下"版（四色印刷），内容是盘点国内外发生的重大事件和精辟论点，在事件报道的全景与深度上下功夫。运用评论、背景、相关链接等多种辅助手段，使报道内容更丰富，事实更准确。通过对不同观点的选择与整合，提供给读者观察问题的新视角，满足读者的多方面需求。下半月为"记录"版（双色印刷），内容基本上保持了"纯文献"特色。

2009年11月号的"记录"版特增加纪念刊，庆祝《新华月报》创刊60周年。开篇刊登了新闻出版总署署长柳斌杰的贺信。信中希望新华月报社的同志们继续发扬老一辈新闻出版工作者的好传统、好作风，以创刊60周年为新的起点，坚守"记录新中国人民的历史"这一办刊宗旨，在秉承原有持重、缜密和诚信办刊风格的基础上，坚持"三贴近"，提高公信力，再接再厉，开拓创新，办出特色，办出水平，更好地为读者服务，更好地为党和国家的工作大局服务，更好地为建设中国特色社会主义伟大事业服务！

纪念刊封面上的一首小诗，形象地概括了《新华月报》60年的历程：沐浴着新中国第一缕阳光，我们扬帆起航。一甲子犁波耕澜，记录下时代沧桑。六十年很长，长到创刊号的纸张慢慢脱落变黄；六十年很短，短到一个轮回的风雨都在一本书里收藏。六十岁已不年轻，旧书架吱吱作响，老编辑白发苍苍；六十岁还很年轻，新的一页已经翻开，我们将写下新的篇章！

在《新华月报》创刊60周年之际，荣获了由中国期刊协会和中国出版科学研究所联合评出的"新中国60年有影响力的期刊"称号。

编刊之余，还以"新华月报社"的名义编辑了《中华人民共和国大事记（1949—2004)》《新中国60年大事记》《中国改革开放30年大事记》《时政文献辑览》(2004年3月—2009年3月，共5册)、《永远的丰碑》(共17册)，以及反映"5.12"抗震救灾英雄事迹的书籍若干种。(李京明)

◇ 李长春致信祝贺《新华文摘》创刊 30 周年

《新华文摘》创刊 30 周年之际，中共中央政治局常委李长春同志专致贺信；中共中央政治局委员、书记处书记、中宣部部长刘云山同志题词："荟萃时代精品，凝聚人文精华"；新闻出版总署署长柳斌杰题词："解放思想，实事求是，海纳百川，永远卓越"。

2009 年 11 月 22 日上午，由我社举办的"纪念《新华文摘》创刊 30 周年座谈会"在北京人民大会堂隆重举行。中宣部、新闻出版总署的领导，首都文化界、学术界的知名学者，全国部分杂志社的社长、主编共计 200 余人参加了会议。座谈会上宣读了李长春同志为《新华文摘》创刊 30 周年所致的贺信。贺信指出："《新华文摘》创刊 30 年来，始终坚持正确的办刊方向，突出理论特色，荟萃时代精品，凝聚历史精华，已经成为国内集政治性、思想性、权威性于一身的大型理论学术期刊，在宣传科学理论、促进思想解放、繁荣学术研究、弘扬民族文化等方面作出了积极贡献。"新闻出版总署副署长李东东、中国社会科学院副院长李慎明、新华社副社长崔济哲、中国作家协会副主席高洪波和媒体、学者代表在会上分别发言，对《新华文摘》的办刊方针及在广大读者中产生的巨大影响给予了充分肯定，对《新华文摘》

的未来发展提出了许多有益建议。当天下午，"纪念《新华文摘》创刊 30 周年座谈会暨全国社科学术期刊发展论坛"在北京广州大厦举行，一百多位期刊界代表参会。

为纪念《新华文摘》创刊 30 周年，《新华文摘》杂志社还编辑出版了以学科为界的十卷本 400 万字的《新华文摘·精华本》(2000—2008)，编辑推出了《新华文摘 30 年》大型画册。(王善超)

◇ 出版《马克思恩格斯文集》《列宁专题文集》

《马克思恩格斯文集》(十卷本)、《列宁专题文集》(五卷本)是中央实施的马克思主义理论研究和建设的基础性工程，是国家"十一五"图书规划重点项目。

《马克思恩格斯文集》(十卷本)是根据中央马克思主义理论研究和建设工程的需要，由我国自行编选的马克思、恩格斯的著作、书信和笔记。该《文集》共十卷，分为 4 个部分：一是著作(第一至五卷)；二是《资本论》(第六至八卷)；三是笔记(第九卷)；四是书信(第十卷)。《马克思恩格斯文集》(十卷本)系统地编选了马克思、恩格斯的基本文献，全部采用最新译文。全书近 900 万字。

《列宁专题文集》(五卷本)根据《列宁全集》中文第二版编选列宁关于马克思主义、社会主义、帝国主义、科学技术、文化建设的论述。全书共分 5 卷,约 250 万字。以上两个文集按照中共中央的要求,均由中央编译局编,我社负责编辑出版发行等工作。

对两个文集的编译出版,中央领导非常重视,李长春同志、刘云山同志多次作出重要指示,指出要高度重视质量,把文集做成精品。而且把这两个文集的出版作为一个时期以来我国理论基本建设的重点工程来抓。从 2004 年开始,中央将这一重大"马工程"编辑出版工程交给我社,社领导率领全社干部职工以高度的责任心和使命感,将这两个出版工程作为全社出版工作的重中之重,举全社之力,完成使命。

2007 年下半年,《马克思恩格斯文集》发稿 8 卷,《列宁专题文集》发稿 2 卷,《马克思恩格斯文集》已完成 4 个校次,有的完成了 8 个校次,《列宁专题文集》发稿的 2 卷已进行校对。2008 年,按照中宣部的统一部署,《马克思恩格斯文集》(十卷本)、《列宁专题文集》(五卷本)大部分完成了 4 校,并送中央编译局审定。

2009 年,两个文集的出版工作进入最后冲刺阶段,我社全体干部职工兢兢业业,加班加点,编辑出版工作扎实推进。期间,我社与中央编译局等兄弟单位多次协商沟通书稿修改、密切协作。6 月,在刘云山等中央领导视察我社并再次就两个文集的出版工作作出重要指示后,我社全体干部职工掀起了两个文集的编辑、出版、发行工作的热潮。11 月 10 日和 12 月 29 日,我社就两个文集的装帧设计等与中宣部理论局进行详细协商、沟通。两个文集的编辑出版在 2009 年全部完成。

2010 年 2 月,两个文集向全国新华书店发行。到 2010 年年底,《马克思恩格斯文集》《列宁专题文集》两种版本发行总量达 2 万套以上。对此,黄书元社长在我社本年年终总结会上就此指出,《马克思恩格斯文集》《列宁专题文集》创造了在出版一年的时间内马恩经典著作发行的最高纪录，创造了马恩经典著作发行史上的奇迹。由于我社文集编辑出版工作的出色表现，《马克思恩格斯文集》（十卷本）还荣获第二届中国出版政府奖图书奖。（吴继平）

2010

◇《人物》创刊 30 周年

1980 年我社《人物》杂志创刊号出版。《人物》通过介绍古今中外各种人物（以现代中国人为主）为读者，特别是青年读者提供一些思想、政治、知识养料，以有助于提高思想，振奋精神，启迪智慧，开阔视野，增长知识。该刊起初为不定期丛刊，1980 年出版了第一至四辑，从 1981 年 1 月起，改为双月刊。

《人物》创刊时，我社最初提出该刊的办刊宗旨：《人物》丛刊，以马列主义、毛泽东思想为指导，通过介绍各种人物，为青年读者提供一些思想养料、政治养料，以有助于提高思想，振奋精神，启迪智慧，开阔视野，增长知识，为提高全民族的科学文化水平、实现新时期的伟大历史任务服务。此后，《人物》杂志走过了 30 年辉煌发展和锐意创新改革的道路。

2010 年 1 月 1 日，是《人物》杂志创刊 30 周年的日子，这对杂志来说是具有历史意义的时刻，《人物》编辑部于 2009 年 12 月 18 日举办了名为"人物杂志 30 周年暨人物书系首发"的庆祝活动。此次活动，一是庆祝《人物》

创刊 30 周年，本着实事求是的宗旨，回顾历史、梳理思路，为杂志下一步的发展提供建设性的意见，同时还隆重推出了集《人物》30 年精华而成的一套丛书"人物书系"（共出版 4 本，分别为《风过流年——文化名人忆往昔》《昨夜长风忆至亲》《并未远行的传奇》《中国科学的晨曦》）。出席当天活动的有中宣部及总署领导、我社领导、各界学者、《人物》杂志历任主编及所有老编辑及作者代表，以及媒体人士等近百人。

此次活动由两部分内容组成，第一部分为庆典，各界领导和专家与《人物》的老编辑、老作者一起，回顾历史，展望未来；第二部分为研讨会，部分学者及作者就《人物》杂志的定位、选题、市场各抒己见，给出了非常中肯及可操作的建议，为《人物》如何迈出走向市场的下一步提供了较为清晰的思路。

2012 年 5 月，《人物》全新改版，在订阅之外扩展市场路线，目前覆盖中国一线、二线城市所有报摊，覆盖中国所有机场。在全国机场 400 多份杂志中，销量名列前茅。

2012 年年底，完成改版的当年，《人物》即获得了《新周刊》年度新锐杂志奖。《人民日报》更是于年底撰文赞誉《人物》是 2012 年期刊改革的典范。

如今的《人物》，作为一本在市场上颇具影响力的新闻杂志，报道对象锁定对当下中国有重大影响力的人物，强调文本的优美和深度，不对报道对象做是非对错的价值判断，而是触及人物的内心、悲喜、情感。对人物的深度访问能力已让这本杂志在读者群和传媒界获得高度美誉。（赵立）

◇ 推进公益性出版机构改革

按照中央文化体制改革有关部署，我社从 2006 年启动公益性文化出版事业改革，到 2009 年在对公益性文化事业单位进行逐步改革的基础上，对经营性部分予以剥离。

2006 年，在社党委会、社委会的领导下，根据中央关于我社公益性文化出版事业单位的改革精神，积极筹划公益性出版单位机制创新问题，将公益性改革作为 2006—2010 年总体发展目标，将公益性部分作为我社的主体，将经营性部分剥离到副牌东方出版社，作为未来"事办企"的部分。2010 年国庆节后，我社成立了深化改革领导小组及其办公室，广泛征求全社干部职工意见，研讨文件，进行社外调研，起草具体方案。

2007 年，按照新闻出版总署指示精神，探讨"事企分开"改革方案，把符合公益性出版目标的部门和项目归入公益性事业性质的人民出版社，将东方出版社剥离出来，成立人民出版社全资子公司。

2008 年上半年，我社设立了改革领导小组办公室，并在总署改革办的协同配合下，专程去了上海、广州、深圳等地进行调研，并邀请走在出版改革前沿的十多位专家和国际知名机构的数名高级研究管理人员来我社座谈，结合我社实际状况，反复研讨，数易其稿，制订出改革初步方案。然后将方案印发上网，组织全社进行讨论，广泛征求意见。

2009 年 1 月，副署长蒋建国主持召开了我社改革发展情况汇报和研讨会。根据蒋建国副署长的指示意见，对原有方案做了重大修改，并多次在社内外广泛征求意见，形成了新的《人民出版社改革发展方案》，并于 5 月上报新闻出版总署。同年 10 月，为更加自觉、更加主动地推进我社改革，我社在广泛征求意见、充分讨论研究的基础上，形成了《人民出版社企业改革发展方案》，并于 11 月上报总署。12 月底，副署长蒋建国再次主持召开我社改革发展研讨会，就我社事企分开和企业部分改革问题，发表了重要指导意见。

2010 年 1 月 7 日，新闻出版总署正式批复同意人民东方出版传媒有限公司挂牌成立，我社于当日举行了隆重的挂牌仪式。人民东方出版传媒有限公司挂牌成立，标志着我社体制机制改革遵循事企分离原则迈出重要一步。

2010 年是我社公益性出版事业改革关键性的一年，2010 年年初我社领导班子就此专门召开了改革发展理论务虚会。2 月 22 日，为推进我社改革，社委会决定设立两个办公室：人民出版社事业部分改革办公室和人民出版社企业部分改革办公室。事业部分改革办公室由辛广伟牵头，陈有和、于青、乔还田协助。企业部分改革办公室由任超牵头，沈水荣、李春生协助。

我社积极实施改革，逐步推进，并将公益性体制机制改革分三步走：第一步，完成以东方出版社剥离转企为核心的转制工作；第二步，在完成第一步转制工作的前提下，对公益性业务进行剥离转企，实现公益性业务的效率最大化；第三步，在国家事业单位改革政策明确的基础上，全面完成我社事业体制机制的改革。（吴继平）

◇ 11 名同志获新闻出版系统"三个一百" 优秀人物表彰

2010 年 1 月 13 日，全国新闻出版工作会议在京召开，对新中国成立 60 年来新闻出版系统"新中国 60 年杰出出版家和百名优秀出版人物""中国百名优秀出版企业家""百名有突出贡献的新闻出版专业技术人员"进行隆重表彰。我社有 11 人当选"新中国 60 年新闻出版系统'三个一百'优秀人物"，当选人数位居全国新闻出版单位之首。

4 名当选"新中国 60 年杰出出版家"的是：胡绳，人民出版社原社长、总编辑；王益，人民出版社原党委书记；王子野，人民出版社原社长、总编辑；陈原，人民出版社原副总编辑。

5 名当选"新中国 60 年百名优秀出版人物"的是：范用，人民出版社原副总编辑；尤开元，人民出版社原编审、编辑室主任；戴文葆，人民出版社原编审、编辑组组长；林穗芳，人民出版社原编审、编辑室主任；白以坦，人民出版社原副编审、出版部副主任。

2 名当选"百名有突出贡献的新闻出版专业技术人员"的是：陈亚明，人民出版社原编审、总编辑助理；党力文，人民出版社原编审、总编室副主任。

中共中央政治局常委李长春对新闻出版系统"三个一百"优秀人物评选

表彰活动作出批示，向受到表彰的"三个一百"优秀人物表示热烈祝贺，并向新闻出版战线的全体同志致以诚挚问候。他希望广大新闻出版工作者按照高举旗帜、围绕大局、服务人民、改革创新的总要求，继续深入推进新闻出版体制改革，加快新闻出版业的发展步伐，不断提高我国新闻出版传媒的舆论引导能力和国际传播能力，努力把我国建设成为新闻出版强国，为实现中华民族伟大复兴贡献力量。中共中央政治局委员、中央书记处书记、中央宣传部部长刘云山发来贺信，中共中央政治局委员、国务委员刘延东出席颁奖大会并讲话。（宋军花）

◇ 分批出版《人民·联盟文库》

为了有效地利用和二次开发全国人民出版社的优秀出版资源，向广大读者提供更多更好的精品佳作，也为了提升人民出版社市场联盟的整体形象，2008年，人民出版社市场联盟开始策划、整合各成员社的优秀图书。市场联盟委托人民出版社具体负责这项工作，在历年已经出版的数十万个品种中精心筛选出具有理论性、学术性、创新性、前沿性及可读性的图书编辑成《人民·联盟文库》，分批陆续出版，以飨广大读者。

《人民·联盟文库》是全国人民出版社共同打造的首个图书精品工程，所选图书出版采用联合署名，即人民出版社与入选图书出版社共同署名的形式，版权仍归原出版单位，同时利用人民出版社的发行网络优势，把文库推向全国，并争取走向世界。

《人民·联盟文库》的编选原则是：（1）要充分体现人民出版社的政治、学术风格和水平；（2）要展示出各地人民出版社的特色；（3）所述专题应体现民族的，而不应是地区性的；（4）注意市场价值，要为读者所喜爱；（5）译著选择要经典或具重要影响；（6）内容应不受时间变化之影响，可供读者长期阅读和收藏。在编选过程中，编委会认真听取了有关专家学者及发行界同行们的意见。

入选图书由于出版于不同的年代、不同的出版单位，在封面、开本、版式、字号、材料、装帧设计等方面都不尽一致。为保持风格的整齐划一，文库全部予以统一。

《人民·联盟文库》分政治、哲学、历史、文化、人物、译著六大类。采用流行的 710 毫米 ×1000 毫米小 16 开本，版面字号及行距间隔舒适，封面设计没有过多的装饰图案，仅以颜色作不同类别的区分，同时将原书的书影放在封面上以示新老版本的对照，便于读者直观地根据自己的需求来选购与阅读，整套书放在一起，充分体现出人民出版社图书的简朴、庄重、大气的一贯风格。

文库共出版三辑。既有德高望重的老学者的代表作，也有优秀中青年学者影响较大的作品；既有曾经荣获"国家图书奖""中华优秀出版物奖"的原创作品，也有在海内外产生过重大影响的翻译图书。

《人民·联盟文库》具体出版工作由人民出版社教育中心负责，第一辑于 2010 年 3 月起正式出版，共收入图书 34 种。第二辑于 2011 年 6 月起面市，共收入图书 35 种。第三辑的出版工作转由人民东方出版传媒有限公司全资子公司——人民联合书业有限公司负责。于 2013 年 7 月起开始出版，入选图书31种。全三辑共出版图书100种。

2016年年初，人民出版社市场联盟变更为人民出版发行工作委员会，成为中发协正式成员。在人民出版发行工作委员会指导下，人民联合书业有限公司将已出版的《人民·联盟文库》全三辑归集到一起，做成成套箱装。全三辑箱装面世后，供不应求。

《人民·联盟文库》一问世，立即引起新闻媒体及广大读者的关注与好评，多个品种获得重印。许多读者说，这是他们看到的除商务印书馆《汉译世界名著》以外选编得最好的一套大型丛书，具有很高的学术价值和收藏价值；是大型公共图书馆、资料室的馆藏必选；同时由于它的理论性、学术性、创新性、前沿性及可读性的特点，加上其内容涉及广泛，也非常适合普通读者获取知识的需要，是个人家庭藏书的最佳选择。另外文库简朴、庄重、大气的装帧风格，优秀、精良的印制工艺也在读书界留下了良好的口碑和印象。（潘少平）

◇ 紧急援助青海玉树藏族自治州灾区人民

2010年4月14日，青海省玉树藏族自治州玉树县发生6次地震，最高震级7.1级。在得知青海省玉树藏族自治州玉树县发生地震后，我社全体职工对在玉树地震遇难的同胞表示深切哀悼，同时，作为新闻出版总署直属国家公益性出版社，我社立即响应党中央的号召，紧急行动起来，第一时间向灾区人民捐赠款物献真情。

地震消息传出后，正在外地参加全国政协活动的我社党委书记、社长黄书元电话要求在单位的社领导，部署向灾区捐款捐物工作，社党委和社委会同时向全社职工发出通知，号召全社职工积极踊跃向灾区人民捐款捐物，广大职工纷纷响应。全社第一时间向灾区人民捐赠款物献真情，共捐款2034865元。其中，以我社名义捐款200万元，职工捐款34865元。考虑到灾区人民的迫切需要，我社还组织采购1000床棉被、50顶棉帐篷。从地震消息传出仅一天时间，我社便筹集总价值150万元的抗震款物，以最快的速度送往灾区。同时，我社立即调拨《地震灾害自救互救防疫》《地震来了怎么办》（挂图）等一批我社出版的普及地震常识、传授救灾知识、弘扬赈灾精神的图书，紧急运往灾区。我社还要求有关编辑部门进一步做好抗震救灾相关图书的出版工作。

灾区人民的一切牵动着全社每个员工的心。我社积极参加4月20日由中宣部、国家广电总局、民政部、中国红十字会主办，中央电视台承办的《情系玉树大爱无疆——抗震救灾大型募捐活动特别节目》，以多种方式支援灾区，向灾区人民施予善举和表达爱心。（宋军花）

◇ 参加第20届全国图书交易博览会

2010年4月24日至28日，我社参加在成都举办的第20届全国图书交易博览会。本次书博会恰逢新中国成立 60 周年相关作品掀起热潮、农家书屋工程颇见成效、反映"5·12"抗震救灾各类出版物集中上市。我社一方面紧抓市场热点，另一方面着力突出我社品牌出版成果，精心准备了近 200 个图书品种，组建了由社领导带队的最大规模参展团参展。在博览会上，我社陈列了《马克思恩格斯文集》《列宁专题文集》《辉煌历程——庆祝新中国成立 60 周年重点书系》等一批重点图书，并由我社发行部在会场精心码放、设专人推介讲解，获得业界和读者共同良好反响，并最终取得 150 多万元的销售码洋，创历史最高水平。（汤仁宇）

◇ 主办著名出版家范用追思会

范用是我国著名的编辑出版大家，中国共产党优秀党员，国务院特殊津贴获得者，曾任人民出版社副社长、副总编辑、三联书店总经理、资深编审，因病医治无效，于 2010 年 9 月 14 日 17 时 40 分在协和医院病逝，享年 87 岁。

范用毕生从事、热爱出版事业，成就巨大。他曾策划编辑出版了绥青的《为书籍的一生》、巴金的《随想录》、陈白尘的《牛棚日记》《傅雷家书》及杨绛的《干校六记》等一大批具有广泛与深远影响的精品力作；他也是我国著名的杂志人，曾主持创办了《新华文摘》与《读书》杂志。范用同志勤于创作，著有《我爱穆源》《泥土脚印》《泥土脚印（续篇）》《叶雨书衣》等多部知名作品。

范用一生视书籍如生命，视读者为亲人，甘为他人作嫁衣。2009 年范用同志曾致信人民出版社，安排后事，并自拟讣闻留下数语："匆匆过客，终成归人。在人生途中，若没有亲人和师友给予温暖，将会多寂寞，甚至丧失勇气。感谢你们！拥抱你们！"人民出版社和三联书店遵从范用同志的嘱咐和其家人的意愿，不举办追悼会，不搞遗体告别。

为表达对范用先生的哀悼和深切怀念，9 月 18 日上午，著名出版家范用先生追思会在京举行。追思会由我社和三联书店共同举办。来自中宣部、新闻出版总署的领导，知识界、文化界和出版界的代表，我社与三联书店的领导与代表，以及范老先生的家人等共计 160 余人参加了追思会。会议由我社代总编辑辛广伟主持。

中共中央政治局委员、中央书记处书记、中宣部部长刘云山同志发来唁函："范用先生是当代著名的编辑家出版家，为新中国的出版事业作出杰出贡献。先生视书籍为生命，视作者读者为亲人，堪为文化界出版界大家，新闻出版人的楷模。请转达我的深切悼念和对家人的慰问。"云山同志特派代表宣读唁函并代表云山同志向范用先生画像敬献了花束。

国家新闻出版总署署长、国家版权局局长柳斌杰同志出席追思会并讲话。他号召新闻出版界要学习范用先生对新闻出版工作深厚的、强烈的历史责任感和文化使命感；爱书如命，视作者、读者为亲人的敬业精神与职业操守；淡泊名利，坚持真理，胸怀宽广的人格魅力。努力为推动社会主义文化大发展大繁荣做贡献。

正在台湾参加交流活动的新闻出版总署副署长邬书林和社长黄书元分别发来唁电。

范用同志的去世，是知识界、文化界、出版界的巨大损失，新闻媒体

纷纷报道，怀念这位纯粹的出版家，纪念这位对中国的新闻出版事业作出过许多贡献的老编辑家。（宋军花）

◇ 出版《欧洲文艺复兴史》

欧洲文艺复兴是 14—17 世纪由意大利发起、全欧洲响应、影响波及中国的欧洲新兴资产阶级新思想、新文化运动，被恩格斯誉为"这是人类以往从来没有经历过的最伟大、进步的变革"。西方在此领域的研究成果汗牛充栋，美国出版了《文艺复兴百科全书》。中国学界和高层领导也注意到了文艺复兴史的研究的重要性，认为要弄清明朝以后中国衰落的原因，弄清西方经济科技文化在 16 世纪以后迅速发展的历程，都应抓住文艺复兴这个历史阶段。

世纪之初，策划编辑杨美艳撰写了选题策划报告，分析撰写此套书的社会意义，提出："本套书应力求反映国外最新的研究成果和国内最高研究水平……并着重于思想和制度的考察，构建我国世界史学者关于欧洲文艺复兴史的理论体系。"拟定政治卷、经济卷、文学卷、艺术卷、法学卷、教育卷、哲学卷、科学技术卷、城市与社会生活卷、史学卷共 10 卷（后来增加了总论卷和宗教卷）。

时任历史编辑室主任的乔还田对杨美艳的策划报告很重视，力争选题通过，并对编辑予以肯定和鼓励。选题立项后不久，该项目又由我社约请的主编刘明翰教授申报，列为社科基金资助课题。这种先由我社策划选题、后被国家社科基金办定为基金项目的情况，在我社以往选题立项中并不多见。

书稿的写作无疑是艰辛的，为了确保书稿的学术质量，由我社提议，成立了5人学术委员会（编委会），负责书稿学术质量的把关。由编委会推选，出版社确定，最终从全国大学中确定了25位作者。

写作队伍建好了，关键的是需要拧成一股绳、劲往一处使，才能确保写作的顺利进行。为此共举办了5次撰稿工作会议，策划编辑亲历其中，就书稿写作方案、写作体例规范、学术委员会分工、材料收集、写作进度等细节，发表意见和建议。

为了充分调动各卷作者的积极性，加快写作进度，编辑提出废除主编"包工头"制，除了与主编签订约稿合同，确定其对书稿质量把关，还与每卷第一作者签订图书出版合同，将著作权权益明确给予书稿的第一作者。这一做法，得到主编刘明翰的包容和支持。

为了配合作者的研究创作，策划编辑还策划引进外国文艺复兴研究著名学者的著作版权，出版了"文艺复兴经典译丛"四部，从而有效地提高了对文艺复兴史方面书稿的审稿水平。这些书出版后，及时寄送给相关作者，作为他们的写作参考。

对于12卷本这样一个庞大规模的书稿来说，审稿工作很关键。审稿应抓住两点：一是看书稿内容是否真正实现了选题策划意图；二是结构体例是否符合统一的规范要求。对于前一项，第一要看是否真正反映国内外最新研究成果；第二要看作者是否能够归纳提炼出新论点，而不仅仅是知识性的介绍。为此，策划编辑依靠自身专业优势，对各卷导论详细审读，由此对书稿形成初步判断，符合要求后才进入正式的文字编辑加工阶段。总论、政治、经济、文学、教育等卷的"导论"在编辑的建议和要求下做了反复修改。

十年磨一剑。从策划到出版，耗时十年，2008 年上半年出版了前六卷，2010 年年底 12 卷全部出版，前国家科委主任宋健为该书题写了书名。全书分为总论、文学、艺术、哲学、宗教、政治、法学、史学、经济、教育、科技、城市与社会生活共 12 卷，400 多万字。它首次系统梳理和全方位阐析了欧洲文艺复兴的思想精华，多层面探究文艺复兴的成果和历史经验。为我们更深地理解资产阶级革命的发生以及西方科学技术的迅速兴起和繁荣的根本原因提供了参考与借鉴。

2010 年 12 月 17 日，12 卷本《欧洲文艺复兴史》出版后，作者所在高校举办了盛大的新书首发式。我社社长黄书元和副总编辑乔还田以及相关编辑参会。黄书元社长就本书的出版过程和出版意义发表了重要讲话，多位专家学者充分肯定其学术价值。《人民日报》《光明日报》、新华社、《世界历史》等多家媒体刊载书评和报道。

2013 年 4 月，《欧洲文艺复兴史》（12 卷本）获得第六届教育部优秀社科成果一等奖。（杨美艳）

◇ 出版《希腊哲学史》

《希腊哲学史》一至四卷，共 420 万字，是我国著名哲学史家汪子嵩先生主持，由汪子嵩、范明生、陈村富、姚介厚、包利民、章雪富三代学人共同奋斗 28 载撰写而成的皇皇巨著；主要论述了公元前 6 世纪到公元 6 世纪长达 1200 年的希腊哲学史，是迄今为止世界上第二部多卷本希腊哲学史著作，也是中国学者以中国学术视野对古希腊哲学进行断代史研究的鸿篇巨制，体现了中国学者对古希腊哲学研究所作出的独特的理论贡献，是一部富有原创性、高水准的学术论著。《希腊哲学史》最早是 1980 年国家社科基金立项的多卷本"西方哲学史"之一，自 1987 年第一卷问世，到 2010 年四卷本全部出版，延续近 30 个年头最终完成的一套大型哲学史书。其跨越时间之长、参与学者之多、学术质量之高，堪称学术界的一项壮举。这套规模宏大、篇幅浩瀚的四卷本《希腊哲学史》的出版，标志着我国对古希腊哲学的研究取得了足以立足于世界学术之林的成就，为我国学人具有昭著于世界的学术能力提供了一个令人信服的成功范例。

应该说，四卷本《希腊哲学史》每一卷的出版，在学术界都引起强烈的反响，但由于 2010 年出版第四卷时，距离第一卷出版已经时隔 20 多年，四卷本在体例、装帧方面存在一些差异，甚至难以形成套书，严重影响了这套书的整体性，更加不便于当代学者特别是青年学者的研究和收藏，有鉴于此，在我社领导的直接指挥下，2014 年，我们又对这套书进行了全面的修订。在已经 90 多岁的汪子嵩老先生的支持下，我们请当年参与写作的陈村富先生牵头，组织有生力量对四卷本进行了勘误，从体例上进行了规范和统一，并且增补了人名、地名和重要学术用语中希文的对照表及索引，按照现代学术研究的要求和规范，使这套历经 30 多年打磨的《希腊哲学史》重现光芒，在学术界引起非常好的反响。该书荣获 2014 年度我社十大优秀学术著作奖。（李之美）

◇ 选题论证创立网上"双盲投票"机制

　　为提高选题论证效率，最大程度保证选题的科学性，2010 年我社成立了由 21 名专家组成的编委会，在网上对选题实行"双盲投票"。编委投票时不知道选题的责任编辑，以避免"人情稿"和"关系稿"；编委投票后，选题的责任编辑也不知道是谁投的票，以避免出现得罪人等问题。编辑提交的选题只要获得 2/3 的票数，就顺利通过，否则，选题就被"毙"了。如果有特殊理由，被"毙"的选题再提交到每月一次的出版社选题论证会上进行面对面的讨论，决定最终存留。编委主要从三个方面对选题进行把关：一是看作者是不是该领域的权威，是否发表过一批有影响力的著作，提供的选题及内容是否有创新性；二是看选题的框架结构是否合理，布局不能强弱不均；三是看样章写得怎么样，是否文通字顺，是否有条理，是否有文采。

　　编委一方面保证了选题非常"靠谱"，另一方面保证了选题进入"快速通道"。我社一个月开一次选题论证会，属于"中等速度"，实行"双盲投票"后，编辑直接在网上申报选题，好的选题几天就可以顺利通过，特殊选题还可以由社长特批，当天通过。我社的出版速度目前在全国走在前面，选题论证的双盲投票发挥了重要作用，实现了当天确定选题，第二天即可出书的最快速度。（阮宏波）

2011

◇ 出版《中国家庭应急手册》

　　2010 年秋季，新闻出版总署把《中国家庭应急手册》一书公益出版项目交给我社。社领导高度重视，将此书的编辑工作交给东方编辑部负责。

　　该书分为自然灾害、事故灾难、公共卫生事件和社会安全事件四部分，内容立足公共突发事件，以家庭应急自救互救为重点，同时兼及预防。为确保该书科学、实用、通俗、易懂，新闻出版总署和我社约请各领域的十几位知名专家精心编写，并由民政部救灾司、中科院心理研究所、公安部宣传局等部门审定书稿。

　　作为一项大型惠民出版工程，该项目任务重，迄今为止是总署针对一种图书投入资助款最多的项目。为确保图书质量和进度，在 3 个月的时间里，东方编辑室陆丽云、邵永忠、詹素娟、周果均、宰艳红、武丛伟等编辑在室主任侯俊智的带领下，组织了十数位国家级的消防、地震、食品、急救等方面专家，从拟写提纲，到组织作者修改书稿，集中工作达 3 个月之久，前后有 12 位作者参加编写，14 位专家参与书稿审订。组织的专家审订会就有 4 次，报送 5 个部委下属 7 个局审查 2 次，数易其稿，审了改，改了审，每个条目几乎是逐字逐句地改。其间，黄书元社长、辛广伟代总编辑、于青副总编辑亲力亲为，既有宏观的把握，又有微观的指导。总编室陈鹏鸣主任、诸晓军、常再昕承担了许多繁杂的编务工作，照排室、办公室也积极予以配合，有求必应。3 个月的时间里，东方编辑室的编辑们放弃了全部在编书稿，专心编辑《中国家庭应急手册》。

2011 年元旦一过，该书正式出版，获得了总署及应急专家们的一致好评。在其后的一年时间里，新闻出版总署与我社陆续向潮安、广安、左权、延安、云南、西藏、新疆等灾区、农村贫困地区、革命老区、边远地区以及北京、广州、深圳等农民工聚集地赠送了 300 多万册，免费公益配送累计突破 680 万册，受到了广大基层群众的欢迎。该书被誉为"是一本具有独特性、战略性、让百姓受益的优秀公益图书，体现了国家对人民的关怀，体现了国家出版基金项目的价值和意义"（《新闻出版报》相关报道），取得很大社会效果。

2011 年 6 月，我社和西藏人民出版社联合出版了《中国家庭应急手册》藏文版。（侯俊智、刘畅）

◇ 出版《中国社会保障改革与发展战略》

2011 年 2 月，《中国社会保障改革与发展战略》(含总论卷、养老保险卷、医疗保障卷、救助与福利卷，共 200 万字）出版。

《中国社会保障改革与发展战略》是在国务院原总理温家宝等领导的直接关注下，由著名学者、全国人大常委郑功成教授在2007—2010年间组织30多位重要专家学者独立开展社保国家战略研究所取得的原创性成果，是经20多个省区市调研、5个国家考察和230多位教授、210多位官员40多次专题研讨的集体智慧结晶，是总理特别批示项目、国家社科基金特别委托项目、民政部重大项目、"十一五"国家重点图书规划项目最终成果。

《中国社会保障改革与发展战略》立足于国家利益与人民福祉，从全局与战略视角出发，分析了中国社会保障改革与制度建设所面临的形势、挑战与任务，系统诠释了社会保障的核心理念、基本原则和需要处理好的宏观关系，从理论上厘清了社会保障建制目标、政府责任和中国特色，规划了从2008年至21世纪中叶社会保障制度的战略目标、战略步骤与阶段任务，并对养老保险、医疗保障、社会救助、社会福利等支柱性制度安排提出了系统的规划与政策建议，被誉为中国社会保障体系建设及其发展描绘的全景式战略蓝图。

《中国社会保障改革与发展战略》的核心内容获得温家宝、张德江、回良玉、华建敏、马凯等多位中央领导重要批示。学术界也给予了高度评价。

2011年2月28日，"中国社会保障改革与发展战略研讨会暨《中国社会保障改革与发展战略》（1—4卷）首发式"于中国人民大学隆重举行。华建敏（全国人大常委会副委员长）、张梅颖（全国政协副主席）及我社辛广伟代总编辑、乔还田副总编辑以及其他政府官员、专家学者、新闻媒体代表共300多人出席了首发式。

为了确保该书在全国"两会"前正式出版，我社集中力量投入工作，相关同志放弃了多个节假日加班加点。由于作者不是一次性交齐书稿，出书时间又特别紧张，责编、排版、校对与作者（主要是丛书主编郑功成教授）之间采用"四位一体"的流水线作业形式，即作者每交一部分书稿，责编马上着手编辑，并将编辑意见反馈给作者，作者定稿后责编再次处理，然后责编将定稿交由排版和校对处理，校对中发现的问题通过责编再次反馈给作者；所有陆续交来的书稿均按此方式循环，直至所有书稿定稿。加之，书稿由数十位专家学者共同完成，体例、格式以及表述方式存在较大差异，责编在编辑过程中也下了很大功夫来统一。从 2010 年 12 月 23 日开始交稿，到 2011 年 1 月 8 日交齐书稿，再到新书出版，除去元旦和春节假期，仅仅只用了短短 50 多天的时间，便优质高效地完成了这套 4 卷本（共 200 万字）的出版工作，受到作者方的高度赞誉。

《中国社会保障改革与发展战略》荣获第三届政府出版奖提名奖、第六届高等学校科学研究优秀成果奖（人文社科）一等奖、北京市第十二届哲学社会科学优秀成果一等奖。（洪琼）

◇ 六个项目获第二届中国出版政府奖

2011 年 2 月，第二届中国出版政府奖揭晓，我社荣获六项殊荣：我社荣获"第二届中国出版政府奖·先进出版单位奖"；《马克思恩格斯文集》（共 10 卷）荣获"第二届中国出版政府奖·图书奖"；《新华文摘》荣获"第二届中国出版政府奖·期刊奖"；《中国美术 60 年：1949—2009》荣获"第二届中国出版政府奖·印刷复制奖";《列宁专题文集》(共 5 册) 荣获 "第二届中国出版政府奖·印刷复制提名奖";中国共产党思想理论资源数据库荣获 "第二届中国出版政府奖·网络出版物提名奖"。

中国出版政府奖是我国新闻出版行业最高奖项,每三年评奖一次。第二届中国出版政府奖评奖范围是 2007 年、2008 年、2009 年三年出版的经过市场和读者检验的优秀出版物及其出版单位和先进人物。经过层层推荐、逐级审核、专家评审和社会公示等环节,最终评选出 240 个作品、单位和个人,其中还首次评出期刊奖 20 个、优秀编辑 26 名,代表了近年来我国新闻出版业改革发展的水平。

◇ 出版《中国为什么要改革》

2011 年 2 月,我社出版了由胡德平撰写的《中国为什么要改革:思忆父亲胡耀邦》一书。作者从自身独特的视角出发,深情回忆父亲胡耀邦在 "文化大革命" 中、在党的十一届三中全会前后以及担任中共中央总书记期间,对于中国改革问题的深层理论思考和实践探索;真实再现了胡耀邦同志一生中最令人难忘和感怀的一段峥嵘岁月,反映了中国改革进程中波澜壮阔的一个历史断面。该书以温家宝总理《再回兴义忆耀邦》为代序,收入中共中央政治局原常委曾庆红同志在胡耀邦诞辰 90 周年座谈会上的讲话,以及全国政协原副主席胡启立《人生、人格、人心——耀邦诞辰九十五周年感言》、中央宣传部原副部长郑必坚《在纪念胡耀邦诞辰九十五周年座谈会上的发言》、中央对外联络部原部长朱良《试谈耀邦为我国对外政策在新时期的调整》、原轻工业部副部长余建亭《深深怀念耀邦同志》等重要文章。

该书出版发行后引起媒体和读者的广泛关注。3月，中央党校教授沈宝祥在《学习时报》发表书评《对中国改革追根溯源的思考》，中国社科院近代史所研究员雷颐在《经济观察报》发表书评《中国为什么要改革》，均对该书出版的意义给予高度评价。沈宝祥说："在改革亟待推进的今天，这本书这样提出问题，很有启示意义。回顾改革的初衷和改革艰难曲折的历程，有助于更好地总结研究当前的改革。特别是，对于年轻一代的改革者来说，重温改革先驱者的思想和实践，可以更好地理解当前中国的改革。"该书获国家图书馆评选的第七届文津图书奖。此外，该书还推出了繁体字版。（阮宏波）

◇《朱镕基答记者问》英文版在伦敦举办首发式

《朱镕基答记者问》英文版（*ZHURONGJI MEETS THE PRESS*）由英国牛津大学出版社于2011年出版。同年4月11日，*ZHURONGJI MEETS THE PRESS* 首发式在伦敦举行。我社黄书元社长、乔还田副总编辑等同志代表我社与牛津大学出版社共同举办了这次成功的盛会。中国驻英国大使刘晓明、中国外文局局长周明伟以及牛津大学名誉校长彭定康、牛津大学出版社财务委员会主席、圣灵书院院长维克斯爵士等都在首发式上作了精彩演讲。

参加首发式的还有正在英国访问的中共中央政治局委员、上海市委书记俞正声、英国上海领事馆总领事戴伟绅，英国中国协会主席戴维斯，中英商务委员会副主席斯蒂芬·佩里，该书的统稿者、著名口译美籍华人梅缵月，北京大学英语系教授刘意青等。

刘晓明大使在首发式讲话中祝贺牛津大学出版社出版发行《朱镕基答记者问》英文版，并对他们的出色工作表示感谢。他还深情回忆起同朱镕基几次接触时的情景。他说，朱镕基以高瞻远瞩的战略眼光、深邃敏捷的外交智慧和高超娴熟的外交艺术，促进了中国与世界各国的友谊与合作，为中国的外交事业和世界的和平与发展作出了重要贡献。

中国外文局局长周明伟在讲话中说，从这本书中可以看出朱镕基如何应对 20 世纪 90 年代两位数的通货膨胀、上千万人的失业，如何应对腐败、破产、赤字，如何应对天灾人祸、不测风云，如何应对国际上某些误解、压制、对立，可以看出作为一个大国总理的喜怒哀乐，看出他的率真、幽默、坦白和智慧。

牛津大学名誉校长彭定康在讲话中表示，他为牛津大学出版社发行《朱镕基答记者问》英文版倍感欣慰。他说，朱镕基在世界上享有崇高的声誉，他为推动中国经济持续增长，也为中国与世界的关系作出了重大贡献。相信此书将有助于各界更好地了解中国近十几年来的发展历程和国际作用的演变，也会增加对朱镕基卓越领导风范的认识。

黄书元社长在接受记者采访时表示，该书英文版与中文版相比，增加了基辛格博士的一篇序言，以及为便于外国读者了解情况的一些注释，其他内容都是一样的。他透露，在大半年的时间内，中国、美国、英国以及中国香港的顶级专家，一起进行此书的翻译、统稿工作，翻译得很规范、很标准。全部工作结束后，授权牛津大学出版社出版。

首发式上播放的两段视频，在网上创下了超高点击量。

第一段是朱镕基英文讲话的视频，他流利的英语让在场的很多人折服。尤其是"我不敢说这本书立论如何正确，更不期望每个读者都会同意我的观点，我只想说，我在本书中的讲话都是真话，这是我一生坚持的原则"这句话，不仅成为现场的亮点，随后也引起了网友的热议。

第二段是展现朱镕基当年和现在风采的视频。这段视频汇集了当年朱镕基与媒体的各种对话，以及朱镕基退休后的生活点滴。视频以朱镕基著名的"不管前面是地雷阵还是万丈深渊，我都将一往无前……"这句话开始，重新勾起人们对朱镕基在任期间颇具个性的作为的很多回忆；视频还播放了一段朱镕基身着休闲装，与家人打台球和与票友一起拉京胡唱京剧的温馨画面，展现出总理退休后家庭和睦、颐养天年的幸福生活，引起了在场嘉宾的强烈兴趣。

首发式结束后，黄书元社长一行深度走访了牛津大学出版社。（李冰）

◇"马工程"首批教材按时优质出版

2004年1月，中共中央发出《关于进一步繁荣发展哲学社会科学的意见》，提出实施马克思主义理论研究和建设工程。

经典著作的编译，向来被称作"马克思主义中国化的第一道门槛"。为此，工程专门设立马克思主义经典作家重点著作译文审核和修订课题组，于

2009 年底推出了 10 卷本《马克思恩格斯文集》和 5 卷本《列宁专题文集》，为学习研究马克思、恩格斯、列宁的重要著作提供了更加准确、权威的译本。在此基础上，我社出版了中共中央编译局修订后的《马克思恩格斯选集》第三版和《列宁选集》第三版修订版。此外，《马克思恩格斯全集》中文第二版、《列宁全集》第二版增订版也陆续由我社出版。

根据"马工程"办公室的安排，2011 年，我社先后出版的"马工程"教材有《军队政治工作学》《马克思主义政治经济学概论》《科学社会主义概论》《社会学概论》四种，连同此前已出版的《法理学》，共五种教材。此外，还出版了"马工程"重点项目《中国抗日战争史》。上述六种图书，均已按时优质完成。

为保证"马工程"项目的顺利出版，我社高度重视，对每本书都实行了双责编制，同时还确保有一名责编所学专业与所编图书内容相关，并抽调了其他优秀编辑参与设计校对印制等相关工作。

这些教材充分反映了马克思主义中国化的最新成果，反映了中国特色社会主义的新实践，反映了各学科领域研究的新进展，体现了政治性、思想性、学术性的统一。

◇ 出版《五星红旗太空飘扬》

2011 年 6 月，《五星红旗太空飘扬》出版。

该书以纪实小说的形式，描写了主人公亓官（原总装备部部长、载人航天副总指挥张建启为原型。张建启是中国载人航天的高级将领，从神五到神七，张建启都是亲自参加并指挥，他的经历也成为一个传奇。）从一名农村少年成长为载人航天总指挥的人生经历，反映了中国航天40年曲折而快速的发展之路，以及中国航天事业蓬勃发展背后一代代航天人的艰辛付出；揭秘了众多中国航天史上鲜为人知的重大事件，以及这些重大事件背后一幕幕惊心动魄的故事；展现了一个有技术、有魄力、懂管理、思想开放、视野开阔的航天工程高级指挥员形象，以及严谨求真、富于奉献精神的航天人群体形象。

中国"神五""神六""神七"航天员杨利伟、费俊龙、聂海胜、翟志刚、刘伯明、景海鹏联袂推荐该书。六位航天员为该书的题词也展示了航天人的心声。

杨利伟的题词是：为了人类的和平与进步，中国人来到太空了。

费俊龙的题词是：航天是充满挑战、充满激情的事业。航天员这个特殊的群体承载着人类的飞天梦想，他们的每一次太空之旅，都是人类智慧与勇气的印迹！

聂海胜的题词是：中国人应该在浩瀚的太空占有自己的位置！当祖国和人民需要的时候，我们将以更加优美的姿态、更加灿烂的笑容，在太空展示中国人的形象！

翟志刚的题词是：无数的航天人用心血和汗水铺就了飞天之路，祖国和人民托举我们飞上了太空。

刘伯明的题词是：使命艰巨而光荣，人生因奋斗而精彩。只有在泥泞的道路上才能留下一串深深的足迹。

景海鹏的题词是：祖国航天事业艰难困苦的历程、航天人坚忍不拔的精神，使我实现了对世界、对人生认识的一次次质的飞跃。

6月29日，在北京航天城召开新书发布会，总装备部领导，杨利伟、费俊龙、聂海胜、刘伯明、景海鹏等5位航天员，20余家新闻媒体，以及航天城部分官兵约500人参加了新书发布会。发布会上，我社社长黄书元代表出版单位讲话，副社长任超介绍了本书的编辑出版情况，该书主人公原型张建启做了发言，作者北方介绍了创作情况，航天员代表杨利伟代表航天员发言。会上，我社还向酒泉卫星发射中心、航天城等军队单位代表赠送了图书。

发布会结束后，杨利伟等五位航天员现场为读者在书上签名。

2011年11月1日5时58分，专为首发制作的纪念首日封，经由北京市方圆公证处公证，搭载被装入编号为SZDZ—8—4的包装袋中，并与其他搭载物一起，在中国酒泉卫星发射中心由长征二号F遥运载火箭发射升空的神舟八号飞船升入太空，并于11月17日19时32分安全返航。

《五星红旗太空飘扬》发行量达3万册，取得了良好的社会效益和经济效益。（姜冬红）

◇ 推出 90 种重点图书为建党 90 周年献礼

为庆祝建党90周年，我社推出90种重点图书为建党90周年献礼。这些图书既包括《社会主义通史》《共产党通史》《中国共产党延安时期政治社会文化史论》等党史研究、党史文献等具有重要学术价值与文献价值的作品，又有《中国红色记者》《党史细节》等面向一般读者，特别是青少年读者群的党史通俗读物与大型画册等，品种多样，特色纷呈。

其中，八卷本《社会主义通史》与六卷本《共产党通史》是中外学术界第一套分别系统论述社会主义与共产党在全世界发展演进的通史著作。《中国共产党少数民族文化建设研究》则入选国家社科基金项目。大型系列丛书《中国共产党先驱领袖文库》首次将新中国诞生前就义和去世的我党早期几十位领袖的遗作全部整理编辑成文集或全集，其中有一半以上为首次整理出版。文库计划两年内全部出齐，"七一"前后推出的第一批图书包括新增订的《李大钊全集》《方志敏文集》《邓恩铭文集》《王尽美文集》《赵世炎文集》《苏兆征文集》等。

为吸引普通读者特别是青年读者的阅读兴趣，使他们更多更全面地了解党的发展历程，我社特别组织出版了30种优秀通俗读物。其中《红色家书的故事》《中国红色记者》《党史细节》《亲历中国共产党90年》《建党伟业》《日出东方——中国共产党创建纪实》《毛家英雄谱》《一代伟人朱德》《潘汉年的情报生涯》《"拨乱反正"亲历记》《红相册——晓庄摄影手记》《一个大党和一只小船》《中国共产党90年学习读本》和《学习党的群众工作重要论述读本》等均引人注目。《中国红色记者》是新闻出版总署直接组织编写的庆祝建党90周年重点图书，收入了我党创建以来已故的中共所有著名记者及其他倾向革命、积极从事进步事业的著名记者的传记与代表作。该书图文并茂，被视为一本浓缩了的我党90年红色新闻史，不仅是大众读者更是年轻新闻人的必读优秀读物。

这些图书得到读者的普遍认同。《亲历中国共产党90年》《党史细节》《建党伟业》《中国共产党 90 年学习读本》等图书多次加印，取得不俗成绩。为适合网络与电子书读者的需求，我社还将多种图书以电子书的形式收入《中国共产党思想理论数据库》网络平台，供广大读者下载阅读。（许运娜）

◇ 成功举办建社 90 周年纪念大会

作为我们党亲手创办的第一个出版机构，人民出版社与我们党同龄，在 2011 年迎来了与我们党共同的 90 年华诞。在中宣部指导、新闻出版总署党组统一部署下，在总署办公厅、出版管理司等部门的全力支持下，人民出版社成功举办了 90 周年社庆系列活动。

总署高度重视我社 90 周年纪念活动，将其列为总署 2011 年的重大工作之一，决定主办人民出版社创建 90 周年纪念大会，并专门设立了人民出版社创建 90 周年纪念活动领导小组。

为做好相关工作，2011 年 3 月 12 日，我社在社内成立"纪念人民出版社创建 90 周年工作领导小组"，统一领导部署出版社的相关纪念活动，我社党委书记、社长黄书元任领导小组组长，党委副书记、代总编辑辛广伟、常务副社长任超任副组长。领导小组下设"纪念人民出版社创建 90 周年工作领导小组办公室"，负责相关具体工作，副总编辑于青任社庆办主任。按照相关计划，成立社史编写工作组、电视专题片制作工作组、光盘制作工作组、文宣品制作工作组、宣传工作组、名人联络工作组等六个专题工作组。

各组分别负责相关项目与活动。90周年纪念活动的各项准备工作全面展开。

在我社创建90周年纪念之际，党和国家领导人时任国务院总理温家宝、国家副主席习近平、国务院副总理李克强、全国人大原委员长乔石等先后为我社题词、发来贺信表示热烈祝贺。海内外广大出版界和文化界同仁和朋友们，也纷纷发来贺信贺电。

2011年9月1日，是党的出版事业暨人民出版社创建90周年纪念日，人民出版社创建90周年纪念大会在北京人民大会堂举行。

中共中央政治局常委李长春在会议开始前亲切接见当天参加大会的部分代表，代表党中央向我社创建90周年表示热烈祝贺，向我社全体职工和广大出版工作者致以诚挚慰问，并发表重要讲话。李长春充分肯定了我社为党和国家的出版事业作出的重要贡献，高度评价了我社取得的辉煌成就，并对我社今后的发展提出了新的、更高的要求，希望我社继续发挥好重要的宣传思想文化阵地的作用，继续发挥好马克思主义理论读物的出版中心的作用，继续发挥好国家水准的哲学社会科学出版重要基地的作用。

中共中央政治局委员、中央书记处书记、中宣部部长刘云山出席大会并做重要讲话。中共中央政治局委员、国务委员刘延东，新闻出版总署署长柳斌杰及中央有关部门领导、专家、学者及全国各地方我社的代表、出版界代表、新闻界代表等，以及我社全体职工、部分离退休老同志共700余人参加了大会，新闻出版总署党组副书记、副署长蒋建国主持。

我社社长黄书元在纪念大会上，围绕我社90年来的变迁和发展，深情回顾了不平凡的发展历程，历数了90年来所取得的光辉业绩，满怀信心地展望未来前景。薛德震、张振明等我社老领导、职工代表、作者代表也分别作了发言。

我社创建 90 周年纪念大会的成功举办，充分显示了党和国家对我社和全国新闻出版战线的高度重视和亲切关怀，是对我社和全体新闻出版工作者的巨大鼓舞和激励。中央电视台《新闻联播》、新华社做了关于人民出版社创建 90 周年的专题报道；《人民日报》做了题为《人民出版社在京纪念创建90 周年》专题报道；《求是》杂志、《光明日报》等刊发文章，对我社创建90 周年做了大篇幅报道。（刘畅）

◇"日出东方——马克思主义在中国暨人民出版事业 九十周年纪念展"在国家博物馆隆重举行

2011 年 9 月 6—13 日，"日出东方——马克思主义在中国暨人民出版事业九十周年纪念展"在国家博物馆隆重举行。此次展览在新闻出版总署、中共中央党史研究室、中共中央文献研究室、中共中央编译局等单位支持和指导下，由我社和中国国家博物馆共同主办，9 月 6 日在国家博物馆隆重开幕。新闻出版总署副署长李东东、孙寿山等领导出席并共同为纪念展开幕剪彩。

展览受到党政机关及社会各界的广泛好评，中宣部、中共中央党史研究室、中共中央文献研究室、中共中央编译局等多部门的领导专门率队集体参观展览。柳斌杰署长等总署领导先后参观了展览。

此次展览通过数千件展品，以丰富的实物和资料，全景式地生动展现了马克思主义在中国传播和发展的历程，也是马克思主义中国化、时代化、大众

化的重要理论成果展示。展品中包括诸多珍贵文物文献，如我国出版的最早的
《共产党宣言》，从我党创立起出版的不同时期不同版本的马列、毛泽东等领袖
的经典著作。展品中还包括少数民族文、盲文版本和外文的马列经典著作等。
展出的大多数展品，均由我社出版或收藏。展览不仅能让观众看到许多难得一
见的珍贵历史文献，更能使观众受到一次生动的马克思主义教育。对于坚持
和发展马克思主义、不断开创中国特色社会主义新局面，对年轻出版人了解历
史、发扬老一辈革命家、出版人的光荣传统和职业精神具有重要意义。这次
展览是我国历史上第一次高规格的党的出版事业专题历史回顾展，规模大、
展品全、内容丰富、论述权威，前所未见。展览不仅在人民出版事业的发展
史上留下浓墨重彩的一页，也是出版界给社会留下的珍贵记忆。（刘畅）

◇《人民出版社社史（1921—1950)》的整理和编撰

为纪念党的出版事业暨人民出版社创建 90 周年，人民出版社组织编写
了《人民出版社社史（1921—1950)》，这是人民出版社历史上第一次正式编
修社史，尤其是人民出版社在新中国成立前的历史。

《人民出版社社史（1921—1950)》共分五章，分别是：人民出版社的
创立与发展（1921—1927）、土地革命时期（1927—1937）、抗日战争时期
(1937—1945）、解放战争时期（1945—1949）、人民出版社的重建（1949—
1950），总计 7 万余字，力求真实反映和体现人民出版社在新民主主义革命

时期的创立、曲折发展，直至 1950 年 12 月重建的过程。

以黄书元为社长的社委会对《人民出版社社史（1921—1950）》的编写高度重视，乔还田副总编辑亲自主持，为此专门组建人民出版社社史编写组，并派人兵分多路到上海、江西瑞金、武汉和延安等地调研和收集资料。首先，由侯俊智执笔，在陈有和的研究成果之上撰写了初稿。随后，初稿广泛征求社内外专家学者和老同志、老领导的意见，并专门召集党史、出版史方面的专家举行审稿会，获得了宝贵的修改意见。综合各专家的意见，王善超和侯俊智对书稿进行全面修订和完善，最后由乔还田副总编辑审定。

社史的编写，得到了中共中央文献研究室、中共中央党史研究室、中共中央编译局、中央档案馆、中国出版科学研究院、上海一大会址纪念馆、延安新闻纪念馆、瑞金中央苏区旧址纪念馆、北京大学信息管理学院、中国人民大学中共党史人物研究会、武汉大学出版学系等有关部门和单位的知名专家学者，以及我社老领导、老前辈的多方支持和帮助。中国电影资料馆研究员陈墨、武汉大学出版学系教授吴永贵参与了该书的修改工作，书稿中的许多内容吸收了他们的研究成果。

《人民出版社社史（1921—1950）》编写完成后，报送中央党史研究室审读，党史专家审定后给予高度评价："由人民出版社编写、送审的《人民出版社社史（1921—1950）》，以翔实的资料，记录了人民出版社在新民主主义革命时期（到 1950 年新的人民出版社成立）各个历史阶段的发展变化，展现了党领导理论宣传文化思想战线的一个重要方面，反映了党对马克思列宁主义的中国化、时代化和大众化的历史贡献。"

《人民出版社社史（1921—1950）》于 2011 年 9 月出版内部本。（侯俊智）

◇ 出版《中国抗日战争史》

早在 2005 年纪念抗日战争胜利 60 周年的时候，中央领导同志就提议编写一部权威的中国抗日战争史，中宣部把这一重要课题交给了军事科学院，并列入"马工程"重点项目。该项目由军事科学院支绍曾担任首席专家。在工程办及工程专家的指导下，军事科学院及有关单位的一流专家组成编写组和专家组，经过 7 年的努力，在 2011 年中国抗日战争爆发 80 周年的时候，该书由我社出版发行。

2010 年年底，我社接到书稿后极为重视，大家分工合作，对书稿做了两轮初审，并提出一份书面审读意见，上报作者及相关部门。作者充分吸收了编辑提出的意见并做了修改。2011 年 6 月下旬新修改的书稿返回到编辑部，各位编辑又对书稿做了仔细编辑加工。

该书特点是：其一，旗帜鲜明地反映中国共产党抗战中的中流砥柱作用，客观反映中国共产党在抗日战争中的各个阶段的表现，同时实事求是地展现蒋介石国民党 14 年抗日战争中的全过程。其二，增加了优秀人物和典型事件的描写。无论是共产党人的抗战英雄人物，或者是民族抗战的典型事例，还是英勇殉国的国民党将领，尤其受到高层褒奖的重要人物，均对他们的抗战事迹及感人的情节进行简述，对他们的高尚思想品质予以点赞，从而增加了史书的感染力，在一定程度上克服了"有史无情"的问题。

几年来，该书在全国抗日战争宣传的基调、表述和规范等方面发挥了很好的作用。先后重印两次，每次重印，均对文字和个别表述做了更精确的完善。（杨美艳）

◇ 纪念辛亥革命 100 周年推出多本重点书

为纪念辛亥革命 100 周年，我社出版了《辛亥革命全景录》《孙中山传》和《辛亥革命的前前后后》，这些书同时也被中宣部和新闻出版总署列为纪念活动的重点图书。

《辛亥革命全景录》是由人民出版社牵头，上海、湖北、江西、四川、广东、江苏、浙江、湖南、陕西、山西、云南等 17 家地方人民出版社共同策划编辑出版的。金冲及担任主编，黄书元担任副主编。金冲及是著名的辛亥革命史和孙中山研究专家、中国史学会原会长。

《辛亥革命全景录》是一套大型历史纪实图书，共 17 卷，采用史话体形式写作，坚持权威与通俗相结合，内容面向普通读者，特别是青少年读者；以生动、新颖为特色，力求可读性，每本书均配有大量图片，图文并茂。第一卷《共和大业》为综合卷，由我社负责编辑出版，总述辛亥革命的全过程。第二至第十七卷为地方卷，每省一册，以辛亥革命发生的时间为序，描述辛亥革命在各省的情形与特色。16 个分卷全方位地阐述了武昌首义、民国肇基、保路风潮等辛亥革命在全国各地的发展情况。各地根据本省辛亥革命发展情况和特色独立成册，汇集成套，全景展示辛亥革命的历史风云。丛书各卷如下：

《共和大业——聚焦1911》（人民出版社）

《武昌首义——辛亥革命在湖北》（湖北人民出版社）

《民国肇基——辛亥革命在江苏》（江苏人民出版社）

《保路风潮——辛亥革命在四川》（四川人民出版社）

《海上风云——辛亥革命在上海》（上海人民出版社）

《喋血南国——辛亥革命在广东》（广东人民出版社）

《赣鄱壮举——辛亥革命在江西》（江西人民出版社）

《钱江潮涌——辛亥革命在浙江》（浙江人民出版社）

《慷慨三湘——辛亥革命在湖南》（湖南人民出版社）

《血沃中原——辛亥革命在河南》（河南人民出版社）

《铁血雄风——辛亥革命在安徽》（安徽人民出版社）

《齐鲁烽火——辛亥革命在山东》（山东人民出版社）

《晋省风雷——辛亥革命在山西》（山西人民出版社）

《陕西光复——辛亥革命在陕西》（陕西人民出版社）

《天南电光——辛亥革命在云南》（云南人民出版社）

《铁血破晓——辛亥革命在贵州》（贵州人民出版社）

《直隶惊雷——辛亥革命在京津冀》（天津人民出版社、河北人民出版社）

这是全国各人民出版社首次联合开展大型丛书的出版合作。新闻出版总署副署长邬书林评价说，这套大型历史纪实丛书的成功问世，源于多家出版社就同一重大主题合作出版的积极探索。

《孙中山传》立足于孙中山的著述和当时的报刊、文件和参与者的回忆等第一手资料，并参考部分中外研究论著，对孙中山一生的革命实践作出扼要概述，对孙中山思想做了重点研究。全书 40 多万字，上篇概括了孙中山的革命实践活动，下篇重点阐述三民主义及其理论哲学基础。正文前配有十多页插图。其显著特点是：作者运用比较研究的方法，分析孙中山的思想渊源。

由金冲及教授撰写的《辛亥革命的前前后后》早在 1991 年就出版了第一版，这版图书出版后，曾在当年读者中产生了较大影响。通过对大量史料的系统整理，努力为读者还原出辛亥革命的史实真相。这次出版，增配了180 余幅珍贵图片，立体地再现了辛亥革命前前后后发生的重大事件。这本看似简单的配图再版重印的图书，其实并不太简单，光收集配图就花了半年时间。打印出的图文混排书稿清样经金老审阅后，又做了一些删改和调整，按照尽量少用历史人物的大头照片，多用有历史场景图片的原则，对图注做了精心编辑。新版图书，历史现场感强烈，更加生动和鲜活。（杨美艳、张双子）

◇ 21 世纪国家标志性公益文化工程 《清史》出版签约

《清史》工程是经党中央、国务院批准的国家重大项目，是 21 世纪国家标志性公益文化工程，同时也是新中国成立以来最大的文化出版工程。

2002 年 8 月，中央作出启动清史纂修工程的重大决定。新修《清史》拟分 100 卷，总字数约 3000 万字。参与修史的专家学者达到近 2000 人，整理了 200 多万件原始档案，出版了合计超过 18 亿字的 200 多种图书，成果惠及国内外学术界。

新修《清史》由通纪、典志、传记、史表、图录五大部分组成。全书采用将《二十四史》经典体例与目前国际通用的章节体相结合的"新综合"体进行编写。

经过反复比较研究，国家清史办决定将《清史》交由人民出版社出版。2011 年 11 月 29 日，《清史》出版签约仪式在我社举行。国家清史纂修领导小组办公室主任卜键与我社社长黄书元代表双方签字，国家清史编纂委员会主任戴逸、新闻出版总署副署长邬书林共同出席签字仪式。邬书林副署长在讲话中充分肯定了这项举措，要求我社采取切实措施，组织精兵强将，确保《清史》成为立得住、留得下、传得远的出版精品。戴逸先生在讲话中充分肯定了我社在出版界的历史地位和重大影响，相信作为党和国家最重要的公益性出版文化单位、我国学术出版重镇，我社有能力出版好这一国家重大工程。我社社长黄书元表示，感谢戴逸先生及清史办对人民社的厚爱与信任，将按照邬书林副署长的要求，举全社之力，把《清史》打造成精品力作。

为保证稿件质量和编辑出版工作顺利进行，我社提前介入，参与部分史表的审读修改并提出意见和建议，其中包括：《驻防将军都统大臣表》《册封使表》《驻外使领表》《布政使表》《提督表》《学政表》《历科进士表》《军机大臣年表》《总理衙门大臣年表》《清末内阁年表》《文祸表》《按察使表》《藩部封爵世表、四大活佛世表》《报刊表》《总督巡抚表》《外国驻华使领表》《议政王大臣表》《部院大臣表》《诸臣封爵表》《中外约章表》《学校书院表》。

为跟进《清史》编纂工作的进度并协调相关工作，确保《清史》出版工作落到实处，与《清史》编纂工作保持协调一致，2016 年 12 月经社长批准，成立《清史》出版工作委员会。党委书记、社长黄书元任出版工作委员会主任，党委副书记、总编辑辛广伟、副总编辑于青、陈鹏鸣任副主任。下设出版工作办公室，挂靠公共事业编辑部，由王萍兼任《清史》出版办公室主任，邵永忠兼任《清史》出版办公室副主任。（王萍、卓然）

◇《三个新四军女兵的多彩人生》
　获第十二届"五个一工程"

2011 年 11 月，由陈毅与张茜之子陈丹淮、叶飞与王于畊之女叶葳葳合力撰写的红色传记《三个新四军女兵的多彩人生》由人民出版社出版。该书从革命后代子女的独特视角，追忆讲述了张茜、王于畊、凌奔等一批热血女青年加入新四军，在战火中经受洗礼和成长的故事，披露了她们鲜为人知的战斗、工作和生活细节，以及新中国成立后在各自事业上所取得的特殊成就：她们在花季之年投身革命，为民族的解放、新中国的诞生和成长无私奉献；她们在开国元勋的身边生活，分担着他们的辛劳和困苦，经历的磨难在一些时候甚至更多。全书情感厚重而细腻，史料丰富而真实，有很多是第一次披露，为广大读者展现了一幅讴歌纪念革命母亲的生动画卷。

该书正式出版后，在广大读者特别是新四军后代群体中引起了强烈反响，不久即重印再版。中国新四军研究会、福建新四军研究会、江苏新四军研究会、北京新四军研究会等单位为该书在福州、南京等地举办了多场活动。原南京军区司令员朱文泉上将，作者陈丹淮、叶葳葳，我社代总编辑辛广伟等出席了在南京举行的宣传推介活动。

该书出版后得到中央领导同志的高度肯定和称赞。中共中央政治局原常委、国家副主席曾庆红同志读后评价说："如获至宝，爱不释手！三位革命母亲可分别称得上是新四军中的'美女'、'才女'和'侠女'，全书题材具有创新意义。"

2012 年 9 月 24 日，第十二届精神文明建设"五个一工程"颁奖晚会在中央电视台举行。该书荣获本届"五个一工程"文艺类图书奖。（张振明）

◇《新华文摘》获第二届中国出版政府奖期刊奖

2011 年，经过严格的评选流程，《新华文摘》杂志荣获第二届中国出版政府奖期刊奖。中国出版政府奖是我国新闻出版领域的最高奖，每三年评选一次，旨在表彰和奖励国内新闻出版业优秀出版物、出版单位和个人。该奖项于 2005 年出台《全国性文艺新闻出版评奖管理办法》后开始施行。

第二届中国出版政府奖首次设立期刊奖，期刊奖获奖期刊分科技类和社科类两类，各有 10 种，共 20 种获奖。这次期刊奖的评审，既是对 2007

年到 2009 年期刊业发展实力的审视，也是对"十一五"期间我国期刊业发展成果的一次盘点，集中反映了我国科学技术、哲学社会科学繁荣发展的良好局面。本次获奖的 10 种社科类期刊，在选题策划、理念创新等方面做出了不懈努力。文摘类期刊是社科类期刊的一个重要组成部分。这次社科类获奖期刊中，文摘类期刊有 2 家，分别是《新华文摘》和《读者》，占比20%。两家获奖的文摘类社科期刊，堪称文摘类期刊的优秀代表。

《新华文摘》始终坚持正确办刊方向，关注实际问题，突出理论特色，荟萃时代精华，彰显时代潮流，凝聚中国经验。《新华文摘》选载的文章，多为代表性强、观点鲜明、理据充实的精品力作，读者面广，受到社会各界读者普遍好评。各栏目编辑始终牢记杂志办刊宗旨，牢固树立大局意识，责任意识，坚持正确政治方向和舆论导向，广泛阅读与各自栏目有关的各类报刊，精选精编栏目所属高质量文章，为宣传党和国家方针政策，积累、传承哲学社会科学优秀文化成果，满足人民群众多方面、多层次的精神文化需求作出了应有的贡献。在社会上或学科范围内产生了重要影响的学术精品和优秀文艺作品，大量被杂志选载。在选稿过程中，全体编辑人员不但注意政治上配合党和国家工作大局，及时传达党和政府声音，而且高度重视学术类文章的学术价值，力图通过所选文章，体现我国哲学社会科学研究所达到的时代高度。各个专栏编辑每天都要浏览大量报纸杂志，阅读大量专业文章。总体而言，在评奖考量的 3 年时间内，刊物选载了大量有思想、有深度、有创见的好文章、好作品，较宽幅度、较深层面地反映了当前我国理论界、学术界有代表性的人文社会科学研究成果，也选载了大量深入反映当代中国时代风貌的文学艺术作品。所选文章大量获得各级各类奖项。

《新华文摘》在以往多次获得国家级重大奖项的基础上，再次获得首次

颁发的中国出版政府奖期刊奖，可谓实至名归。（喻阳）

◇"人民金典语义查询系统"获王选新闻科学技术奖一等奖

"王选新闻科学技术奖"是经国家科学技术奖励办公室批准，中国新闻技术工作者联合会于 2003 年设立的，以此激励新闻科技人员的创新，推动新闻界的科技进步。2005 年经批准更名为"王选新闻科学技术奖"。这是我国新闻传媒界唯一的全国性跨媒体的科技奖项。

2011 年，由我社自主研发的"人民金典语义查询系统"获王选新闻科学技术奖一等奖。该系统作为我社在开发建设"中国共产党思想理论资源数据库与传播工程"过程中所做软件平台的一个子项目，属于语义检索技术领域，主要做法是依托中国共产党思想理论专业领域的专家知识和经验，把传统文献编目的方法引入计算机检索，模拟人脑的思维模式，构建基于语义分析的模型，形成了该领域的知识库。该知识库的主要内容资源是马列著作、领袖著作、中央文件文献及相关中国共产党思想理论的重要资源。

该系统包括若干检索子系统：

"人民金典语义查询"系统：能够按语义对著作文献资源，实现从篇目章节、段落层次到语句等知识点的查询。

"人民金典概念关联"系统：可供用户在研究问题、构思文章时，找到一个概念与其他概念之间的语义关联，获取所需要的语段。

"人民金典自动比对"系统：用户能在网上把所要引用的经典论述与电子书进行自动对照，迅速发现引文对错。

主要特点如下：

（1）将传统文献编目方法引入计算机知识点编目，提出了一种面向政治理论文献的知识点标引模型。

（2）在知识点标引模型的基础上，创建和实现了多个独具特色的模拟人脑思维过程的语义检索模型，有效地解决了关键词检索技术存在的多种不足，向用户提供高质量的检索服务。

（3）创建了"偏正属类语义标注规则"和"句内概念关联自动判定规则"，构建了一个计算机与人工相结合的半自动知识标引平台。

（4）创建专题词库加工平台并制作了"中国共产党思想理论专题词库"。

（5）该系统属系列产品，各产品在同一基本模型下，采用不同具体模型而构成。适合于人们从不同角度思考问题时，按相应的不同方式进行知识点检索。（黄翠）

◇ 出版《东方哲学史》

《东方哲学史》是我国哲学史上一部拓荒性的著作，同时也是世界上第一部大型的、完整的、系统的东方哲学史。这部著作的诞生标志着中国的东方哲学研究走在了世界前列，真正奠定了世界东方哲学研究的基础，同时表明东方哲学研究的学科真正成熟了。

这部《东方哲学史》从撰写到出版历时十多年，可谓"十年磨一剑"。该书共分上古、中古、近古、近代、现代五卷，近300万字，突破了传统东方哲学研究中的国别研究模式，采用以文化区域与发展阶段为主线统摄国别哲学发展的新研究模式，具有重大的学术意义。作者团队集中了中国最有成就的一批东方哲学研究专家，由中国社会科学院哲学研究所徐远和、李甦平、周贵华、孙晶担任主编、全国近40位东方哲学学者参与写作，发挥了大型团队研究的整体力量，反映了中国东方哲学研究的最高水平与前沿研究成果。这套丛书的出版具有重大补白意义，意味中国东方哲学研究整体上已经达到世界最高水平之列。

《东方哲学史》五卷本从组稿开始，社领导就高度重视这部书稿。交稿后，各位编辑在主任的带领下，首先制订统一编辑规范和要求，其次各负其责，加班加点，依照精品书的标准对该书各卷进行非常认真的细致审读和编辑加工，处理了书稿中的大量问题，并提出了书稿中的一些存疑问题。从2008年年底陆续接稿到2011年全部出版，历时三年，哲学编辑室的方国根、李之美、夏青、洪琼、钟金铃五人各负责一卷的编辑加工，由方国根主持统筹，其间曾经在编辑加工的基础上两退书稿，就各卷书稿中的有关问题与主编或作者们反复沟通，特别是对印度哲学、日本哲学及中国哲学中的部分内容进行修改、完善、认定，并两次抽检全书的引文，协助撰写者一同对全书引文进行核查，从而确保图书质量，使该书增色不少。

《东方哲学史》出版后，我社与中国社会科学院共同组织研讨会，《光明日报》还刊发整版的宣传介绍和书评文章，在国内外学界引起巨大反响。2014 年，该书荣获第三届中国出版政府奖提名奖。（李之美）

◇ 出版《中国工程院院士传记丛书》

2011 年，我社与中国工程院商定，决定联合编辑出版《中国工程院院士传记丛书》，并将《钱学森传》作为该丛书的第一本。2013 年 6 月 25 日，我社与中国工程院在北京会议中心举行《中国工程院院士传记丛书》编辑出版合作协议签字仪式，黄书元社长和中国工程院院长周济出席并致辞。中国工程院党组成员、秘书长白玉良与我社党委副书记沈水荣，代表双方在协议上签字。签字仪式由中国工程院副院长谢克昌主持。中国工程院党组副书记、副院长王玉普，中国工程院资深院士代表潘镜芙、童志鹏、张国成、陈清泉、梁应辰、陈肇元、刘源张，以及中国工程院机关各局领导、我社相关部门领导和编辑共同出席了签字仪式。

《中国工程院院士传记丛书》是中国唯一一套权威的中国工程院院士传记丛书，书稿内容均经丛书编审委员会审定，并由院士及其家属认可。该丛书记录了院士们对祖国和社会的丰功伟绩，传承了院士们治学为人的高尚品德，弘扬了院士们开拓创新的科学精神，既是珍贵的新中国工程科技发展史料，也是青年一代最好的人生教科书。全国政协原副主席、原国务委员、中国工程院原院长、中国工程院主席团名誉主席宋健，全国政协原副主席、中国工程院原院长、中国工程院主席团名誉主席徐匡迪任丛书领导小组顾问，中国工程院院长周济任丛书领导小组组长。宋健还为丛书作了总序。

经我社推荐、国家新闻出版广电总局批准，2013年7月，《中国工程院院士传记丛书》被列为"十二五"国家重点图书出版规划项目。

我社对这套丛书的出版工作高度重视，选调精兵强将，投入封面和版式设计、编辑、校对、印制工作，精编精校，精益求精，高质量地按时出版了第一批30种传记，为广大读者呈现了一位位院士真实的立体科技人生，展现了他们的光辉风采和大家风范。2014年6月8日，我社与中国工程院在北京会议中心联合举行《中国工程院院士传记丛书》首发式。于青副总编辑出席并代表出版方发表讲话。第十届全国政协副主席徐匡迪、中国工程院院长周济以及近百位院士、院士家属代表、作者代表、北师大附中"钱学森班"的师生代表等，也出席了首发式。

我社草拟了《中国工程院院士传记丛书》编辑出版合作协议文本，并提出了丛书编撰出版工作领导小组、编审委员会组成建议名单，黄书元社长、辛广伟代总编辑任领导小组副组长，黄书元社长任编审委员会主任，日常组织工作由我社图典分社会同中国工程院二局科学道德办公室负责。该协议明确规定，由我社对丛书提出统一的封面、版式和体例等设计方案。另外，我社还草拟了丛书合作出版合同，确定了丛书相关工作流程、丛书出版样式、丛书出版所用纸张材料。

截至目前，由中国工程院组织编写，我社与航空工业出版社、科学出版社、中国科学技术出版社、高等教育出版社、金城出版社、中国宇航出版社、学苑出版社、湖南教育出版社、清华大学出版社、华南理工大学出版社、东南大学出版社，已联合出版《中国工程院院士传记丛书》50余种，包括《钱学森传》《钟南山传》《王梦恕传》《张涤生传》《黎介寿传》《王振义传》《姜泗长传》《袁隆平自传》《陈一坚自传》《刘大响自传》《施仲衡自传》《屠基达自传》《朵英贤自传》《刘源张自传》《林宗虎自传》《顾诵芬自传》《孙玉自传》《王永志传》《王小谟传》《王选传》《宋文骢传》《管德传》《赵振业传》《石屏传》《关桥传》《李明传》《杨凤田传》《冯培德传》《陆孝彭传》《倪维斗传》《陈清泉传》《潘镜芙传》《张履谦传》《吕志涛传》《金怡濂传》《俞大光传》《李乐民传》《李坪传》《吴佑寿传》《傅依备传》《于维汉传》《罗沛霖传》《何镜堂传》《刘广志传》《陈灏珠传》《山仑传》《闵恩泽传》等。

这套丛书的编写出版，不仅可以全面展现我国科学发展、技术进步的艰难历程和辉煌业绩，也将对社会大众树立科学思想、弘扬科学精神、提高科学素养产生重要影响，引领全社会培育和践行社会主义核心价值观，激励广大科技工作者为实现中华民族伟大复兴的中国梦而奋斗。（侯春）

2012

◇ 出版《邓小平南方谈话真情实录——记录人的记述》

为纪念邓小平同志发表南方谈话20周年,《邓小平南方谈话真情实录——记录人的记述》2012年1月由我社出版。

该书由目录、正文28章和后记组成。书中记述的时间自邓小平同志乘坐的专列1992年1月19日上午9时到达深圳,到1月23日上午9:40邓小平乘坐轮船离开深圳,讲述了在这短短五天时间里,邓小平发表南方谈话的深刻背景、谈话内容及如何使得这次不允许报道的重要谈话公布于世的周折细节。该书有两大特点:一是首次系统披露邓小平南方谈话历史背景的重大历史题材图书,具有珍贵的史料价值。二是记述重大历史题材、史料权威,具有丰富的阅读价值。

2月21日下午备受关注的《邓小平南方谈话真情实录——记录人的记述》在深圳书城中心首发。作者、广东省文史研究馆馆员、深圳市委宣传部原副部长、深圳报业集团原社长吴松营莅临现场,与读者进行面对面交流。见证新书发布的有原深圳市市长郑良玉，原深圳市委常委、宣传部部长杨广慧，市委副秘书长胡谋，深圳报业集团领导黄扬略、陈寅、丁时兆、胡洪侠；深圳广电集团总编辑陈君聪，深圳出版发行集团总经理尹昌龙，香港商报总编辑、原深圳特区报总编辑陈锡添等。副社长任超、宣传策划部主任孙兴民、责任编辑人事处副主任宋军花、发行部副主任房宪鹏、宣传策划部编辑许运娜等参加了首发式。郑良玉评价此书有很强的阅读价值，一是主题有意义，二是内容真实。尹昌龙评价这本书真实地还原了当时的情景，甚至对每个表情、每个场景、每个氛围进行了细致的描述；真情展现了小平同志对祖国、对人民、对改革开放事业的热爱。任超副社长指出重温南方谈话的核心思想和精髓，对于进一步推动改革开放事业有很强的现实意义。

邓小平同志南方谈话是我国改革开放和现代化建设推进到新阶段的一次思想解放的宣言书，此书一问世立即引起国内外的广泛关注和反响，《人民日报》《中国新闻出版报》等媒体纷纷刊发出版消息。《作家文摘》《新民晚报》连续选载该书内容。人民网、光明网、中国共产党新闻网等十几家网站纷纷转载。

在中文版出版仅 1 个月之后的 2 月 24 日，韩国汎友社和我社签订了《邓小平南方谈话真情实录——记录人的记述》一书的翻译出版合同，同年 8 月 29 日，在第 19 届北京国际图书博览会上，举办了《邓小平南方谈话真情实录——记录人的记述》韩文版首发式暨中韩出版交流研讨会。新闻出版总署副署长蒋建国在韩文版首发式上讲话指出："中国出版界将这本书的韩文版出版视为一次重要的中韩文化交流。这本书给韩国读者带去的是中国人民的理想、信念、智慧、精神和前进的步伐，相信将换来韩国读者对中国人民的了解、认同、友谊、支持和友善的微笑。"此书荣获由中国出版协会、国际合作出版工作委员会、中国新闻出版研究院、出版参考杂志社联合颁发的2012年度输出版优秀图书奖。（宋军花）

◇ 社党委、纪委换届

根据《中国共产党章程》《中国共产党基层组织工作条例》的规定，在新闻出版总署直属机关党委的指导下，中共人民出版社党委、纪委换届选举全体党员大会于2012年3月30日下午2：00在京东宾馆会议大厅举行。会议选举产生了第三届人民出版社党委纪委，并报告新闻出版总署党组。我社第三届党委成员7人：党委书记黄书元、党委副书记辛广伟、党委专职副书记沈水荣，委员任超、陈亚明、于青、乔还田。我社第三届纪委成员5人：纪委书记乔还田、纪委副书记刘济社，委员吴海平、陈鹏鸣、安杰。

2012年4月11日，新闻出版总署直属机关党委作出《关于人民出版社第三届党委、纪委委员及党委书记、副书记、专职副书记、纪委书记、副书记任职的批复》（新机党字 [2012] 25号），同意本社第三届党委、纪委的人员组成。（刘济社）

◇ 出版《雷锋画传》

《雷锋画传》由我社策划，中共辽宁省委宣传部、抚顺市委、抚顺雷锋纪念馆共同编写，2012年3月出版。该书集时代性、权威性、可读性于一体，采用读者特别是青年读者最喜欢的画传形式编写，收入雷锋各个时期的最具代表性图片150多幅，很大一部分是首次发表。按照雷锋本人的成长经历，以饱含深情的笔触详细回顾了雷锋光荣而短暂的22年的人生经历，是2012年关于雷锋的书籍中最为出色的读本，也是主题出版中双效益图书的典型代表。

该书受到权威部门与多位相关领导同志的高度肯定。中宣部、国家新闻出版总署将该书列为向全国推荐的学习雷锋重点图书。3月5日，全国农家书屋办公室专门为该书发出《关于将〈雷锋画传〉增列〈2012年农家书屋重点书目〉的通知》，要求确保全国广大地区农民读者能及时阅读到该书。中共中央政治局常委李长春对该书作出重要批示："人民出版社出版的《雷锋画传》很好。通俗易懂，真实全面，可广泛发行。可充实到社区文化中心、农村书屋、赠予高校辅导员。"中共中央政治局委员、书记处书记、中宣部部长刘云山及中宣部常委副部长雒树刚都作出相关批示。新闻出版总署署长柳斌杰指示，《雷锋画传》是今年雷锋书籍中的出色读物，要全力做好该书宣传发行工作。

"当代雷锋"郭明义、雷锋生前战友、电影《离开雷锋的日子》主人公原型乔安山、"草原英雄小姐妹"龙梅与玉荣、世界篮球巨星姚明等联合向全国推荐该书。乔安山说："一本《雷锋画传》就是一座流动的雷锋纪念馆。"草原英雄小姐妹龙梅、玉荣说："《雷锋画传》非常生动耐读，我们愿意向全国青少年朋友推荐。我们热爱雷锋，雷锋精神将永远激励我们前进。"教育部伦理学研究基地主任、著名伦理学家葛晨虹教授说："传播雷锋精神，就应该用青年喜爱的方式，《雷锋画传》恰恰做到了这一点。只有生动可读，才能吸引青年读者"。该书还推出了藏文、维文等多个少数民族文字版本和繁体字版，发行近 30 万册，入选"2012 年度中国影响力图书"。（阮宏波）

◇ 制定我社《学术著作出版规范》

2012 年 4 月 1 日，我社《学术著作出版规范》正式施行。

为深入实施精品出版战略，进一步提高学术著作出版质量和水平，提升我社学术著作的创新力和品牌影响力，我社积极响应总署加强学术规范的号召，根据国家相关法规文件和出版标准，参照国内外相关出版标准，结合多年积累的经验和做法，率先制订和实施了人民出版社《学术著作出版规范》（下文简称《规范》）。

《规范》涉及作者、编辑、装帧设计、校对、印制等各个环节，对学术著作的基本体例、文本、图表、引文、注释、参考文献、索引、附录等方面进行了详细的说明和例示，要求凡是以我社名义出版的重要学术著作应严格按照《规范》执行。全面加强学术著作出版规范管理工作，得到了我社编辑与作者的积极支持。编辑自觉把《规范》的每一项具体要求落实到书稿上，在约稿时主动给作者提出相关要求，并把《规范》手册送给作者；广大作者也给予了大力支持，根据《规范》要求，主动对写作计划和内容进行调整完善，使书稿质量得到进一步提高。《规范》的制定与实施为我社学术著作出版提供了制度保障，使我社的学术图书规范水平得到显著提升。

2012 年 11 月，我社还和社科文献等出版单位联合发起了加强学术著作出版规范的倡议书，得到了全国众多出版单位的积极响应，发挥了大社名社的表率作用，推动了出版行业进一步加强学术著作出版规范工作。（刘畅）

◇ 调整内设机构和人员

2012 年本社组织实施了 10 多年来最大规模的机构和人员调整工作。这次内设机构调整的目标是围绕党和国家工作大局，突出我社政治性公益性出版职能，一是通过机构调整促进产品结构的调整，进一步明确我社的发展方向，明确我社的主要产品生产线以及发展的重点和主攻方向。二是通过优化产品结构，进一步增强核心产品的开发力、生产力、市场占有率，提高我社的核心竞争力、品牌影响力和传播力。三是增强对公益出版项目、产品的研发生产力度，争取更多的政策支持，提高向群众提供更多基本公共出版产品服务的能力。四是逐步形成策划、编辑、出版、宣传、营销等各个环节相互支撑、相互促进的局面，形成以出版社的总体发展目标为核心、以核心产品为中心、以市场需求为目的的生产经营模式。五是通过明确目标、规范管理，进一步调动大家的主动性、积极性、创造性，增强出版社的活力、创新力和持续发展的动力。

经过反复讨论研究，广泛征求意见，4月24日社委会研究通过《2012年人民出版社内设机构调整方案》《2012年中层干部竞争上岗实施方案》《2012年全社员工双向选择实施方案》，并公布实施。4月25日召开全社动员大会，黄书元社长发表重要讲话，动员部署机构调整和人员调整工作。整个工作分三个步骤进行：

第一步：对内设机构进行全新设计和创新。这次内设机构调整围绕党和国家工作大局，突出体现我社作为政治性公益性出版社的职能，在保持整体编制和内设部门数量基本稳定的基础上，打破原有部门结构，不仅部门有增减，而且赋予了新的名称和职能。加强了马列、政治编辑部门的力量，由以前的一个马列编辑室调整为现在的马列编辑一部、马列编辑二部，由以前的一个政治编辑室调整为现在的政治编辑一部、政治编辑二部。同时，新增公共事业编辑部，为今后更好地坚持我社的出版方向，发挥公益性出版职能，增强公益出版项目，向群众提供更多基本公共出版产品和服务，在机构设置上提供了保证。撤销了文化编辑室和东方编辑室。

第二步，中层干部竞争上岗。在中层干部竞聘上岗工作中，坚持党管干部的原则，坚持公开、公正、公平的原则，优化选人用人机制。按照《2012年人民出版社中层领导干部竞争上岗办法》，制定了科学严谨的工作方案，竞聘程序合理规范，民主监督严格到位，16名实绩突出、群众基础好的同志脱颖而出，经过资格审查、竞聘演说、测评、考察、研究、公示，向总署报批报备，宋军花等16名同志受聘相应中层领导职务，走上工作岗位，具体如下：宋军花任人力资源部主任，杨美艳任历史与文化编辑部主任，王萍任公共事业编辑部主任，孙涵任宣传推广部主任，娜拉任马列编辑二部（重点工程办）副主任，阮宏波任政治编辑一部副主任，李之美任哲学与社会编辑部副主任，王世勇任历史与文化编辑部副主任，洪琼任法律与国际编辑部副主任（主持工作），黄翚任数字出版中心副主任，姜冬红任办公室副主任，田军任办公室副主任，常再昕任总编室副主任，骆蓉任资产管理与审计部副主任，李冰任法律事务部（对外合作部）副主任，许运娜任宣传推广部副主任。

第三步，坚持双向选择的原则，全员聘用上岗。打破部门界限，部门主任在全社范围招兵买马，每个员工自主选择部门和主任。依据《2012年人民出版社全员聘用上岗实施办法》，从岗位职责的要求出发，综合考虑人员素质，严格实施步骤，28名在岗的中层干部（不包括在社属公司任职的干部）受聘到同职级职位，全社200多名职工全部入岗，37名同志在这次双向选择中调整了所在部门，通过双向选择，优化了部门人员结构，实现了三个结合：部门实际需要与本人意向相结合，岗位职责要求与人员综合素质相结合，双向选择为主与统筹调剂为辅相结合，使这次人多面广的全员聘用上岗工作顺利完成。

在内部机构调整和人员调整基础上，进一步完善了内部管理机制。根据社委会的要求，由人事处牵头协调，在许多部门和同志的共同努力下，出台了《人民出版社图书编辑部目标责任管理暂行办法》和《人民出版社发行部岗位目标管理暂行办法》，按照新的目标管理办法，更加明确部门负责人的岗位职责，更加注重团队力量，更加有利于激发部门运行活力，为今后巩固和提升我社的品牌影响力、核心竞争力，增强公益出版服务能力，坚持政治性公益性的出版特色奠定了基础。（宋军花）

◇《马克思恩格斯选集》第三版和《列宁选集》第三版修订版的出版

马克思主义经典著作选集本，是马克思主义经典作家重要著作的精选本，入选文献既要体现理论的系统性，又要适合一般读者的需要。选集的编目原则，是在马克思主义经典作家的全部著作、手稿和书信中选编或节录各个时期最具有代表性的文献，完整地反映经典作家在哲学、政治经济学和科学社会主义方面的基本观点和重要论述，使读者通过精练的篇幅比较系统地了解马克思主义的主旨和精髓。出版《马克思恩格斯选集》和《列宁选集》旨在为广大干部群众学习马克思主义理论提供篇幅适中、编选科学、重点突出的读本。

早在1965—1966年，中央编译局编译完成4卷本《马克思恩格斯选集》，但未正式发行。1972年，经过重新编辑，我社出版了《马克思恩格斯选集》第一版，本版选集收入马克思和恩格斯的主要著作89篇，书信96封，总计211万字。这个版本多次重印，广泛发行，发行量高达900多万部，有力地推动了马克思主义理论学习和宣传，推动了我国哲学和社会科学事业的发展。

改革开放以后，为适应新形势下理论学习的需要，1995 年 6 月我社出版了新版《马克思恩格斯选集》，即第二版。《马克思恩格斯选集》第二版共 4 卷，共 270 万字，这版选集充分考虑到马克思主义理论三个组成部分的著作所占比例，对各卷篇目做了较大幅度的调整，充实了政治经济学、哲学文献，删除一些观点重复的内容，更加全面、完整地反映了马克思和恩格斯创立的科学理论体系。全部译文经过重新校订，以求更准确、更忠实地表达原文的意蕴；同时，对注释和索引做了大量的增补和订正，增写了各卷说明，对相关著作的写作背景及主要思想进行扼要评价。选集第二版出版以后一直是广大干部群众学习和研究马克思主义理论的重要版本，累计发行量达 30 余万册。

随着国内外马克思主义理论研究的深入、文献编译水平的提高以及国外马克思恩格斯著作新版本的出现，《马克思恩格斯选集》第二版也逐渐显露出不足之处，在文献选辑、语言翻译、资料编辑等方面难以很好地适应新的要求，需要进一步修订完善。2009 年，10 卷本《马克思恩格斯文集》正式出版，这是马克思主义理论研究和建设工程的重点项目和标志性成果。为保持马克思主义经典著作的编译质量，特别是重要著作译文的统一性和准确性，更好地推动马克思主义经典著作的学习、研究和宣传，我社与中央编译局经研究决定充分利用文集的编译和研究成果，编译出版了《马克思恩格斯选集》第三版。第三版定位为学习、研究和宣传马克思恩格斯重要著作的普及读本，力求在有限的篇幅内完整准确地反映马克思和恩格斯创立的科学理论体系，集中涵盖马克思主义哲学、政治经济学和科学社会主义，以及马克思和恩格斯在政治、法学、史学、教育、科学技术、文学艺术、军事、民族、宗教等方面的重要论述，同时兼顾马克思主义理论体系形成和发展的历史进程。《马克思恩格斯选集》第三版编为 4 卷，所收著作按编年和专题相结合的方式编排，正文和资料部分总字数约为 310 万字。

《马克思恩格斯选集》第三版在编选和编排上遵循了历史与逻辑统一的原则，充分展示了马克思恩格斯著作的基本内容，既照顾到经典作家思想发展脉络，又突出了重点著作、重要论述的地位。编入新版《马克思恩格斯选集》的著作，集中反映了马克思主义的立场、观点和方法以及与时俱进的理论品质。首先，《马克思恩格斯选集》第三版系统而有重点地辑录了马克思和恩格斯最具代表性的著作，在充分体现经典作家科学理论体系的完整性和系统性的同时，着重展现了论述马克思主义科学世界观和方法论的基本内容，反映了马克思主义鲜明的政治立场和阶级性。其次，《马克思恩格斯选集》第 3 版突出了马克思主义的实践特征，展示了马克思主义与时俱进、创新发展的理论品质。再次，《马克思恩格斯选集》第三版反映了马克思主义经典著作中国化的最新成果，体现了我国马克思主义经典著作编译研究的最新进展，突出了马克思主义经典著作中文版本的特色。

《列宁选集》第三版修订版是在马克思主义中国化、时代化、大众化事业不断推进的形势下，为适应广大读者学习和研究马克思列宁主义理论的需要而编辑的列宁著作精选本。

1960 年，四卷本《列宁选集》第一版问世，译文选自《列宁全集》第一版。1972 年，中央编译局对第一版篇目作了部分调整，对译文进行了校订，出版了《列宁选集》第二版。1990 年《列宁全集》第二版 60 卷全部出齐之后，为充分利用全集的编译和研究成果，于 1995 年我社出版了《列宁选集》第三版。《列宁选集》第三版同第二版相比有较大调整，力求以更加合理的结构和精审的编目，完整准确地反映列宁思想的精华及其对马克思主义的理论贡献。为了推进新时期党的思想理论建设，帮助读者全面深刻地认识中国特色社会主义的理论渊源和科学内涵，提高运用科学理论分析和解决实际问题的能力，《列宁选集》第 3 版着重增选了反映列宁在理论和实践上创造性地探索社会主义建设规律和无产阶级政党建设规律的文献，同时还精选了列宁在各个历史时期关于马克思主义立场观点方法的著述。实践证明，《列宁选集》第三版的编辑思路是正确的，文献选录是精当的。这个版本对广大干部群众联系中国特色社会主义伟大实践学习马克思列宁主义基本理论起了重要作用。

2009 年年底，马克思主义理论研究和建设工程重点项目和标志性成果十卷本《马克思恩格斯文集》和五卷本《列宁专题文集》正式出版。为了保证经典著作译文的准确性和统一性，增强经典著作所附各种资料的系统性和科学性，中央编译局在以下五个方面对《列宁选集》第三版进行了修订：一、对列宁著作中出现的马克思恩格斯著作的引文，根据《马克思恩格斯文集》的最新译文进行了统一，同时对未收入文集的引文，也按照文集的编译标准逐条进行了审核和修订；二、充分利用《列宁专题文集》的编辑和研究成果，对各卷说明进行了充实和完善，以更加准确简练的语言阐明列宁著作的时代背景、理论要旨和历史地位；三、认真审核各卷译文，对个别错漏加以补正，特别是对各类重要概念的译名进行了复核；四、依据新的研究成果对各卷注释和人名索引进行了审订和勘正，同时对涵盖整部选集内容的名目索引作了全面的修订和完善；五、增补了列宁生平大事年表。本修订版保持《列宁选集》第三版的整体结构和各卷篇目，仍分为四卷：第一卷选辑 1894—1907 年的著作，第二卷选辑 1908—1916 年的著作，第三卷选辑 1917—1919 年的著作，第四卷选辑 1919—1923 年的著作。本修订版每卷正文之前刊有本卷说明，正文之后附有注释和人名索引。第四卷还附有名目索引和列宁生平大事年表。

《马克思恩格斯选集》第三版和《列宁选集》第三版修订版的编辑工作，正值马列编辑部人员新老交替时期。长期从事经典著作编辑工作的郇中建、邓仁娥同志接近退休年龄，先后退出编辑部领导岗位。他们不计个人得失，发扬我社传帮带的优良传统，手把手帮助编辑部年轻同志尽快熟悉经典著作编辑业务。崔继新同志在两位老同志带领下，认真总结《马克思恩格斯文集》和《列宁专题文集》编辑出版工作经验，制定并进一步完善了选集各卷书稿的编辑流程，编制了科学合理的质量和进度控制计划，保证了两部《选集》出版工作按期完成。这一做法在国家出版基金验收过程中得到了高度认可，并作为我社的成功经验刊登于国家出版基金网站。《马克思恩格斯选集》第三版和《列宁选集》第三版修订版的出版工作得到了上级的高度重视，两部选集都被列入国家新闻出版"十二五"规划，并获得国家出版基金资助。两部选集无论是编辑校对质量，还是印刷、装订也充分体现了当代中国出版的较高水平。2013 年，两部《选集》均取得国家出版基金验收优秀成绩，《马克思恩格斯选集》第三版荣获第三届中国出版政府奖印刷复制奖。（崔继新）

◇ 出版《中华人民共和国史稿》

2012 年 9 月，中国社会科学院当代中国研究所编写的《中华人民共和国史稿》由我社和当代中国出版社联合出版，这是国史工作者和出版工作者献给党的十八大的一份厚礼。

9月23日，新华社发布通稿指出：该书的出版发行，对于发挥国史研究以史鉴今、资政育人作用，对于帮助人们系统学习新中国的历史、了解新中国的发展历程，深刻认识党领导人民进行社会主义革命、建设、改革的辉煌成就和历史经验，坚定中国特色社会主义理想信念具有重要意义。

该书是经中央批准编写并经中央审定、批准出版的。这套丛书共五卷、152万多字的著作，其编写历经了20年的艰辛努力。

全书具有四个特点：一是突出体现了国史的主题和主线，充分展示出中国革命、建设和改革所取得的伟大历史成就及其对世界和平发展所作出的巨大贡献。二是突出体现了新中国发展历程中取得的成就，积累的经验，取得的理论成果。同时也做到了不回避曲折和错误，并且写出了中国共产党自己纠正错误的历史过程。三是角度新颖，具有鲜明的国史特色。既突出了中国共产党的执政历程、探索历程和重大决策历程，又用更多的笔墨全面体现新中国的建设历程，既有经济建设，也有政治建设、文化建设、社会建设，还以一定篇幅反映了外交、国防、科技、体育、教育、统一战线、民族宗教、社会风尚、气候灾害等方面的国家大事。四是坚持据史立论、论从史出，以翔实准确的资料尤其是第一手档案资料为依据，真实、客观地记述和评价历史，还历史本来面貌。

中央文献研究室主任冷溶，中央党史研究室主任欧阳淞，中国社会科学院常务副院长王伟光，中国社会科学院原副院长、当代中国研究所原所长朱佳木等在《人民日报》《光明日报》报刊上撰文，对该书的出版给予高度评价。称赞《中华人民共和国史稿》是一部思想性、政治性、学术性、可读性都很强的成功之作，不仅具有重要的史学价值，而且具有重要的资政育人价值。

2013 年 1 月 11 日，《中华人民共和国史稿》一书主编讲谈会于北京图书订货会期间在我社展位举办。社长黄书元、代总编辑辛广伟、常务副社长任超、副总编辑乔还田出席了讲谈会。该书主编原中顾委秘书长李力安，中国社会科学院副院长、当代中国研究所所长李捷，《求是》杂志原总编辑、当代中国研究所原副所长有林，北京大学原副校长梁柱，中国人民大学教授周新城，当代中国研究所副所长张星星等畅谈了该书的学术价值、文化价值、出版价值并与现场读者进行交流。

2015 年 2 月 2 日，该书荣获第五届中华优秀出版物奖图书提名奖。（于宏雷）

◇ 向党的十八大献礼，
出版《科学发展　辉煌成就》丛书

为迎接党的十八大召开，2012 年，我社策划出版了《科学发展　辉煌成就》丛书 14 本，作为向党的十八大献礼的重点图书。这套丛书约请了中央组织部、中央统战部、教育部、工业和信息化部、财政部、人力资源和社会保障部、国土资源部、环境保护部、住房和城乡建设部、农业部、文化部、司法部、计生委、国家测绘局等部委的一把手共同撰稿。

这套丛书系统总结了党的十六大以来，我国经济社会发展的各个领域在以胡锦涛为总书记的党中央领导下，以邓小平理论和"三个代表"重要思想为指导，深入贯彻落实科学发展观，以全面建设小康社会为目标，以改革创新为动力，以加快转变经济发展方式为突破口，以保障和改善民生为重点，全面推进社会主义经济建设、政治建设、文化建设、社会建设以及生态文明建设和党的建设取得的辉煌成就，既总结概括了各领域在改革发展进程中攻坚克难、开拓进取的丰富实践，也归纳提炼了各领域十年科学发展的宝贵历史经验与启示，为更好地做好今后的各项工作奠定了基础，提供了借鉴，进一步振奋全党和全国人民的精神，凝聚全民族的力量，切实为党的十八大胜利召开营造了良好的环境和氛围。

这套丛书在党的十八大召开前 18 天顺利出版发行，被中央电视台、《人民日报》《光明日报》等主流媒体报道，产生了极大的政治影响和社会效益。（郑海燕）

◇ 十八大文件纸质、数字化同步出版

2012 年 11 月 8 日，党的十八大在北京胜利召开，我社相继出版了《中国共产党章程》《坚定不移沿着中国特色社会主义道路前进 为全面建成小康社会而奋斗——在中国共产党第十八次全国代表大会上的报告》和《中国共产党第十八次全国代表大会文件汇编》，同时发布了相关著作的电子书，党和国家重要文件出版工作首次实现了纸电同步。

数字出版中心对电子书的上线工作进行了周密的安排，于大会召开前2个月就制定了相应的工作方案，最终确定了中国理论网、中国移动、当当网、京东网、大佳网、文轩九月网、中邮阅读网和中文在线在当时运作成熟、影响力广泛的八家单位作为电子书的首发平台。

在大会文件出版工作阶段，我社一经接到相关著作最终确认的排版文件，立即对文件进行加工，除了制作中国理论网所需的版本之外，为了适应其他平台要求，又制作了其他两种格式文件发给对方再进行转码工作。依照工作方案要求，其他平台转码工作完成，还需反馈回来，由数字出版中心进行验校工作。

在最短的时间内，数字出版中心对8家平台（包括自有平台）根据3种著作制作的24种不同的电子书文件全部进行了3个校次的验校工作，为了确保质量和上线时间，相关工作人员经常加班到第二天早上，通知各平台按时上架之后，还要在电脑或者手机上对最终展示的结果进行最终的确认。

数字出版中心克服了时间紧、任务急、经验少的具体困难，顺利完成了党代会文件文献的数字出版工作，首次实现了中央文件、文献的电子书与纸质书的同步上线，传播效果十分显著。上线之初，新华网等多家媒体第一时间做了相关报道，受到了社会各界的广泛关注和高度评价。（马杰）

◇ 中国理论网顺利改版运行

2012年，中国理论网根据党的十八大精神与时俱进地进行了改版。改版后的中国理论网，在网页设计、栏目设置、信息含量、内容更新等方面都有了很大的改观和提升。既留住了原有的老读者，又吸引了更多的新读者，成为一个影响日益广泛、受众面日益延伸的用互联网传播马克思主义的坚强阵地。具体而言，改版后的中国理论网，具有以下几个方面的特点。

第一，频道和栏目设置更加科学合理。中国理论网按照党的十八大新观点、新提法，对栏目和频道进行了调整，并在首页上尽可能一目了然地体现出来。目前，进入首页，就可以看到高层动态、热点专题、马克思列宁主义、毛泽东思想、中国特色社会主义理论体系、中共党史、法律法规、学术探索、基本理论和重大现实问题、经济建设、政治建设、文化建设、社会建设、生态文明建设、党的建设、其他等频道，再继续点击，就可以进入相应频道查阅所需信息和知识点。有的频道还下设二级栏目。另外，首页上还有新书推荐和最新文献栏目，可以查询和阅读人民出版社最近出版的中央文件文献和重要的思想理论著作。

第二，内容呈现更加有新意，更加人性化。增加了一些特色栏目，对一些原有的栏目，也做了进一步完善。比如，新增加的"篇章推荐"栏目，紧密结合国家关于党建工作和重大思想理论教育的开展和学习要求，对经典著作进行合理拆分，以篇章的形式呈现，这样的形式显得更加人性化，便于读者利用乘地铁、会议间歇等碎片化的时间进行阅读和学习。再如，音频、视频栏目，则以声音、影像等多媒体形式展现了党的思想理论的内容，把相对枯燥、单调的学习内容变得可视、轻松。

第三，内容更丰富、信息量更大。中国理论网利用最新的网络操作工具，做到对主流学术网站刊载的文章"一网打尽"，实现"一网在手，学习研究不用愁"。此外，改版后的中国理论网，在栏目设置上作了延伸，开辟了学术探索频道，转载经济、政治、法律、哲学、历史等各学科的最新研究动态和前沿成果，有助于读者拓宽学术视野，更广泛、更深入地了解当前中国人文社会科学的研究现状和成果。

第四，内容更新更加及时、高效。中国理论网建立了一整套科学的工作流程和快速的应急机制，实现了信息的高速、高效流动。其他网站和媒体发表的文章，当天就能在中国理论网查阅到。即使遇到国庆节、春节等节假日，也能在中国理论网及时看到各大媒体发表的文章。（陈光耀）

◇ "党政图书馆" 数据库完成开发上线

"中国共产党思想理论资源数据库"在 2010 年正式上线运行以来，受到广大用户一致好评，为广大用户开展理论学习、学术研究提供了内容权威、功能实用的专业精品数据库。

为了方便各大院校、党政机关等大型机构用户的教学和科研工作，2012年，我社正式开发出"中国共产党思想理论资源数据库"局域网版产品，即"党政图书馆"数据库。该产品可以直接安装在用户局域网服务器中，在域内的所有用户可以不受使用次数、操作地点和同时在线人数的限制，随时通过局域网访问数据库进行查询和浏览，尤其适应一些使用人数较多和由于保密规定不得使用外网的单位的使用需求。截至目前，已有近百家单位安装使用，成为众多专家、学者必备的学习、研究和查询工具。其中，党政机关有中央办公厅、全国人大、中宣部、中央党史研究室等；高校有北京大学、清华大学、中国人民大学、武汉大学等；党校及行政学院有中央党校、国家行政学院、浦东干部学院等；公共图书馆有国家图书馆、浙江图书馆等；科研机构有中国社科院、山东省社科院等；其他单位有高等教育出版社、社会科学文献出版社等。

2015 年，随着"党政图书馆"数据库的进一步推广，越来越多中小型规模、不具备局域网环境的单位和个人提出使用需求，我社又开发了"党政图书馆"数据库的互联网版本产品，用户可直接远程登录服务器使用，从而在丰富产品线的同时，向更多的理论工作者和高校师生提供了极大的便利。从互联网版数据库产品正式投放市场以来，先后有百余家企事业单位、院校成为正式用户，目前还有 200 余家单位处于试用阶段。（陈光耀）

◇ 人民东方出版传媒有限公司成立

为积极贯彻国家文化体制改革的文件精神，在国家新闻出版总署的指导下，我社开始实施"事企分开"改革。2010 年，人民东方出版传媒有限公司经国家新闻出版总署批准成立，2011 年 9 月完成在国家工商总局注册登记，2012 年正式运营。

人民东方出版传媒有限公司主要是由人民出版社经营性资产、业务和机构划转组建的。划转的经营性资产、业务和机构具体包括东方出版社的产品、东方音像电子出版社、《新华月报》《人民艺术家》和《人物》杂志社。公司实施作者战略化、全媒体化和国际化三大战略举措。

人民东方出版传媒有限公司以东方出版社作为主要运营品牌。在坚持正确出版导向的前提下，致力于国内外优秀人文社会科学学术著作、大众文化生活读物和教材教辅的出版，面向大众、教育和公益图书三大市场开展业务。（张宇龙）

◇ 出版《2050 年的亚洲》

亚洲开发银行是亚洲和太平洋地区的区域性多边开发机构，主要通过开展政策对话、提供贷款、担保、技术援助和赠款等方式支持其成员在基础设施、能源、环保、教育和卫生等领域的发展，其宗旨是促进亚太地区经济和社会发展。

《2050 年的亚洲》是亚洲开发银行（ADB）主持的一项研究。在得知该书英文版出版后，我社积极与亚洲开发银行联系，并获得免费版权。

《2050 年的亚洲》提供了一个关于亚洲区域以一个整体的长期展望，全书从国家、区域、世界三个层面全面分析了亚洲所面临的挑战与机遇，阐述了如何在 2050 年实现让 30 亿亚洲人达到富裕生活水平的宏伟构想，提出了许多宝贵的政策建议。为了实现亚洲世纪，亚洲各国应加强宏观经济政策的沟通与协调，积极参与全球治理改革，最终为全球经济、社会发展与繁荣作出贡献。该书突破传统，用开创性的眼光看待处于重大变化中的亚洲和世界，有助于我们更好地理解亚洲的现在和未来。

全书共分 16 章。第一部分阐述亚洲过去 50 年间的重新崛起及"亚洲世纪"在未来 40 年可能的演变。第二部分提出了一个战略框架以及实现"亚洲世纪"的政策议程的关键要素。结论部分还总结了错过"亚洲世纪"的成本及对策建议。

这本书的特色如下：

一、专家力量强大。本书是团队工作的结晶，参与者包括亚洲开发银行行长黑田东彦、亚洲开发银行常务行长拉雅纳格、亚洲开发银行副行长格林伍德、罗哈尼、舍费尔普罗伊斯等。

二、学术前瞻性强。书稿根据各个调研和国别研究，得出亚洲未来发展可能的两条路径是：实现亚洲世纪或者落入"中等收入陷阱"。

三、政策建议实用。本书在分析亚洲未来发展的过程中经济增长的动力来源之外，也分析了"中等收入陷阱"的可能及其带来的成本，并就此分析如何应对这种挑战和对策建议。

这本书被新华网、中国图书商报等媒体评为"2012 年度中国影响力图书"，为我社赢得了荣誉。

2013 年本书顺利输出香港繁体版。（郑海燕）

2013

◇ 崭新形象亮相书展

2013 年 1 月 11—13 日，被称为"中国书业风向标"的一年一度的书业盛会——北京图书订货会在中国国际展览中心举行。此次订货会上，我社以统一标识、全新形象在现场亮相，形象展示与营销活动均取得显著效果，受到读者和业界好评。

本次订货会是我社决定以统一整体形象参展书业三大展会（北京图书订货会、全国图书博览会、北京国际图书博览会 BIBF）以来的首次展出，也是我社首次自主组团参展。在黄书元社长、乔还田副总编辑的指导下，宣传推广部与订货会组委会和布展公司多次沟通，从展位位置选择、整体形象设计、活动策划以及广告位安排上都更加注重我社整体形象宣传，突出重点，突出创新，突出辨识度，统一谋划，合理布局，显示出不同以往的特色和亮点：

一、展位位置具有明显优势。此次订货会上，我社自主组团参展，组织总署直属和下属出版机构（人民东方出版传媒有限公司、线装书局、中国书籍出版社）集体参展，并在社领导的努力和发行部的配合下，向组委会力争到 1 号馆 2 楼楼梯旁第一个最显眼的位置，来往参观人流量大，场地优势明显。

二、设计方案精心选择，反复锤炼，整体形象庄重热烈，突出中国气派、大社风范。此次参展方案的设计启动于 2012 年 8 月份，中间几易其稿，黄书元社长亲自定夺，最后选定为最能涵盖和表现我社传统和特点的红色作为统一形象标识色，以飞檐、琉璃瓦、彩绘等中国传统建筑元素确立风格，庄重大气，气氛热烈，突出展现国家出版社的地位和风范。

三、展位设计视角独特，层次分明。本次订货会共设 24 个灯箱，设计时综合考虑整体形象和重点图书展示，制作了以领导关怀和我社一流作者群像为主题的两个形象展示灯箱，安放在展位入口处，参观者第一眼就能看到，效果非常好。读者纷纷在作者墙前拍照留影，还有读者上传到微博，赞叹我社："人民出版社的作者群无与伦比！"有力地起到了突显我社品牌形象的作用。以后每次展会，我们的作者墙都是最聚人气的地方，不论是领导干部，还是业内同行，更多的是普通读者，都不由自主地驻足观看、品评，留影、留念。

四、广告位选择合理，效果显著。本次订货会我社首次选择了展场的大型锥体广告和电梯口滚动屏等广告位。其中大型锥体在国展门前广场，我社为第一个，位置居中，出入参观者均可第一眼看到。我社在设计时正面选用大块红色，简洁大气，冲击力强，非常显眼，其余三面安排展示了我社形象图片和我社经典品牌书，效果良好。

五、宣传活动气氛热烈，读者参与度高。本次订货会上，集中安排了一场宣传活动——《中华人民共和国史稿》主编讲谈会。该书主编团队 5 人到场，包括原中顾委秘书长、当代中国研究所原所长李力安，中国社会科学院党组成员、副院长李捷，《求是》杂志原总编辑、当代中国研究所原副所长有林等重量级人物，现场与读者、媒体互动，柳斌杰署长亲自视察我社展位，并与参会专家亲切交谈、合影。优越的展位位置使往来读者纷纷驻足聆听，气氛热烈活跃。这次活动不仅对图书进行了有效宣传，还强化了我社的品牌形象，拉近了我社与读者的距离。

自 2013 年成功参展北京图书订货会之后，我社每年均以统一形象独立组团参展三大展会，这成为我社整体形象宣传的一个重要渠道和平台。鲜艳醒目的红色，古色古香的中国传统建筑样式，特别是无与伦比的作者墙成为我社的显著标识，吸引了众多眼球，也使我社被更多的海内外同行、媒体及读者所记住。（许运娜）

◇ 出版《公羊学发展史》

黄开国教授承担的国家社科基金项目最终成果《公羊学发展史》，作为 2012 年度《国家哲学社会科学成果文库》入选作品之一，于 2013 年 3 月由我社正式出版。

该书从翔实的第一手资料出发，以公羊学的发展史为经，以公羊学理论内涵为纬，经纬交织地剖析了公羊学的历史演变。全书将公羊学的发展分为形成、兴盛、成熟、衰落、复兴、嬗变六个历史阶段，揭示了公羊学在不同阶段的境遇、理论内涵与特点。该书篇幅浩瀚，蔚为大观，宏观上包容纵览自先秦至近代长达两千余年的公羊学发展全过程，微观上深入细致地探讨了这一历史进程中占有重要地位的公羊学家的公羊学思想，是一部具有开拓意义的公羊学通史。

该书的出版，对于公羊学上起春秋下至晚清两千多年的发展演变进程的整理，填补了我国公羊学研究的空白，具有较高的出版价值和资料价值。是经学史研究中极具探索性、开拓性的成果，有利于我们深化对传统经学特别是公羊学的认识，对当前传统文化的研究与创新也具有重要价值。

该书出版后，在国内外学界反响良好，先后荣获 2013 年度人民出版社十大优秀学术著作奖、2014 年第五届中华优秀出版物奖和四川省第十六次社科优秀成果一等奖。（李之美）

◇ 出版译著《欧洲形成中的亚洲》

《欧洲形成中的亚洲》是美国芝加哥大学历史系唐纳德·F. 拉赫教授花费毕生心血写就的一部如百科全书般史料丰富的历史巨著，分为《发现的世纪》《奇迹的世纪》和《发展的世纪》3 卷 9 册，在学术界被誉为和吉本的《罗马帝国衰亡史》、汤因比的《历史研究》、李约瑟的《中国科学技术史》相媲美的学术经典。

《欧洲形成中的亚洲》的书名暗示了全书的主题：即现代欧洲形成中亚洲的作用。作者拉赫的研究主要聚焦于欧洲现代历史上（16—17 世纪）亚洲文化对欧洲现代化的影响，其论述围绕着两个层面展开：一是欧洲关于亚洲的知识，这些知识的获得与传播方式及其具体内容；二是这些亚洲知识对欧洲文化带来的实际影响。

《欧洲形成中的亚洲》（3 卷）出版时间跨度近 30 年，美国芝加哥大学 1965 年出版了该书的第一卷《发现的世纪》，1977 年推出第二卷《奇迹的世纪》，1993 年第三卷《发展的世纪》问世。时光荏苒，拉赫也从青年迈入老年，第三卷幸由他的学生兼助手埃德温·J.范·克雷的加入才得以完成，但每一卷的出版都成为了学术界的大事。

该书出版后，《今日史学》《思想史学刊》《泰晤士报文学副刊》《华盛顿邮报》《纽约书评》等诸多重要报纸杂志上所发表的有关该书的评论，达近百篇之多，高度评价该书开创性地研究了亚洲文化对欧洲的影响，突出了亚洲对世界现代化历史的贡献，其广博的学识与百科全书式的研究，是研究世界现代历史，东西文化交流史的不可或缺的参考书。康奈尔大学历史学教授弗朗西斯·罗宾逊评论道："伟大的历史主题呼唤着伟大的著作。都是足以匹配并与它们所记述研究的那个伟大时代争辉的巨著。拉赫的《欧洲形成中的亚洲》也属于这类巨著。它不仅改变了人们的历史观念，也为新的历史观念提供了丰富的史料与思想素材。"纽约书评是这样评价的："拉赫教授在他著作中倾注了巨大的心血，展示出广博的知识和优美的叙事技巧。……以前从未有人在如此广博和厚重的范围内尝试这样一部巨著的写作，以后也很难再有了。"

2009 年，我社开始启动这部历史巨著的中文版的出版工作，厦门大学人文学院院长、教育部"长江学者"周宁教授担纲主持，组建了数十人由高校和社科院中青年为骨干的翻译队伍，经过 3 年的辛勤工作，最终完成了该书 600 万字的中文翻译。历史文化编辑部的林敏独自承担了该书繁重的编辑工作，默默耕耘。2013 年春，人民出版社一次性地出版了这部皇皇巨著，顺利完成了这项"十二五"国家出版重点项目，得到了出版界和学界的一致好评。该书不仅荣登 2013 年人民出版社十大优秀学术著作榜首，而且入选第九届文津图书奖推荐图书，并获得 2013 年度引进版社科优秀图书奖。（林敏）

◇ 出版《改革是中国最大的红利》

2012 年 11 月 21 日，党的十八大闭幕刚刚 6 天，中南海国务院第一会议室迎来中国 11 个改革试点省市的负责人。在这场名为"全国综合配套改革试点工作座谈会"上，李克强突出强调，改革是中国最大的红利。此言一出，立即在全国广大干部群众中引发强烈共鸣。我社代总编辑辛广伟在第一时间要求政治编辑一部做好这一主题的选题组织策划工作。

《改革是中国最大的红利》一书，以探讨、宣讲中国改革红利问题为主题，特邀著名经济学家高尚全任主编，约请成思危、厉以宁、吴敬琏、林毅夫等 19 位顶级专家学者，一同就如何通过重点领域的改革来释放改革红利这个主题谈设想、提建议，与读者一起共话改革。专家学者的探讨从党的十八大后改革整体走势入手，对经济体制、政治体制、社会体制、文化体制、生态文明机制的改革发展分别进行了深入分析和总结，对国有企业、金融体制、财税体制、收入分配体制、城镇化与"三农"问题等与中国未来发展息息相关的重要领域的改革给出了中肯建议和意见。该书集合专家学者深厚的智识为决策层提供改革建言，以深入浅出的叙述为广大干部群众凝聚改革共识提供了一份生动的参考文本。

为使该书得以在第一时间出版推出，林毅夫、高尚全等多位作者主动放弃 2013 年春节休息时间，加紧撰稿。2013 年 4 月 2 日，《改革是中国最大的红利》新书发布会在北京唐拉雅秀酒店举行，著名专家林毅夫、高尚全、彭森、汪玉凯等，我社社长黄书元、代总编辑辛广伟等一同出席。

该书甫一出版即产生广泛社会反响，出版当月即销售 5 万余册，累计发行 10 余万册。该书获得广泛好评，先后入选由中央宣传部、中国图书评论学会与中央电视台联合推出的"2013 中国好书"，新华网、中国出版传媒商报社评出的"2013 年度中国影响力图书"，中国书刊发行业协会评出的"2012—2013 年度全行业优秀畅销书"等多个重要年度奖项。该书还入选"中央国家机关'强素质·作表率'读书活动 2014 年上半年推荐书目"，被全国众多地方省市党委理论中心组列为学习用书。

《改革是中国最大的红利》在海外也产生较大影响。该书中文繁体字版分别由香港三联书店和台湾震撼出版事业有限公司出版。2015 年 7 月 2 日，该书日文版新书发布会在东京国际书展展场举行，东京大学名誉教授中兼和津次、大东文化大学国际关系学部教授冈本信宏、高尚全等中日经济学专家同台研讨，我社常务副社长任超等一同出席并讲话。（张振明）

◇ 完成首次岗位设置与聘任工作

事业单位推行岗位设置工作是国家深化人事制度改革的重要举措，对于事业单位转换用人机制，实现由身份管理向岗位管理的转变，调动人员的积极性、创造性，促进社会公益事业发展具有重要意义。社领导高度重视岗位设置工作，按照《事业单位岗位设置管理试行办法》（国人部发[2006]70号）的有关政策规定和总署的具体安排，2009年12月9日社委会研究决定，成立我社岗位设置工作领导小组及其办公室，正式启动本社岗位设置工作。我社岗位设置工作领导小组组长：黄书元；副组长：辛广伟、陈有和；成员：黄书元、辛广伟、陈有和、任超、沈水荣、于青、李春生、乔还田。我社岗位设置工作领导小组办公室主任：陈有和；副主任：柯尊全；成员：陈有和、柯尊全、刘济社、喻阳、宋军花、姜冬红、龙腾、侯小波。我社于2010年初向新闻出版总署报送《关于呈送〈人民出版社岗位设置实施方案〉的报告》（人社人 [2010] 1号），2010年6月11日新闻出版总署下发《关于〈人民出版社岗位设置实施方案〉的批复》（新出审字 [2010]437号），原则同意我社上报的方案，并对我社岗位设置的实施范围和原则、专业技术岗位之间的结构比例、首次岗位设置和岗位聘用等方面提出了具体意见。

2012年9月起，我社结合总署对我社岗位设置方案批复后的人员变化情况，经摸底调研，征求意见，反复讨论修改，社内公示，制定了《人民出版社首次岗位聘任实施方案》，并于 2012 年 12 月 14 日社委会研究通过，同时将《人民出版社首次岗位聘任实施方案》上报新闻出版总署。

2013 年 4 月 24 日我社召开首次岗位聘任工作动员大会，黄书元社长发表重要讲话，标志着我社首次岗位设置工作正式启动。首次岗位聘任的工作目标：一是稳步实施，尽快到位；二是精心组织，周密安排，确保队伍的稳定团结。聘任工作可概括为两阶段一化解。两阶段是：模拟设置阶段和组织实施阶段。在模拟设置阶段，做好大量扎实细致的基础性工作，对 230 人的信息进行摸底统计，查阅每位同志的人事档案，核实个人信息，然后进行模拟设置，确保岗位聘任的最终结果和摸底模拟聘任的结果完全一致，无一差错。在组织实施阶段，设计和实施了会议动员、申报岗位、评议投票、结果公示、解读政策、申诉投诉、谈话回复、上报备案、兑现工资等 20 多个环节的一整套工作流程。为了使每位职工聘任到位合适岗位，我社注重做好群众工作，听取群众意见，召开动员大会，进行仔细的政策解读、方案讲解，采取集体谈话和个别谈话方式做好说服工作，做到申诉的问题件件有回复，尽最大可能化解矛盾，聘任工作平稳开展。经过周密细致的组织工作，我社在首次岗位聘任中，平稳高效、无一差错，在职人员 185 人受聘到相应的专业技术岗位。2006 年 7 月 1 日后按专业技术岗位退休的 37 名退休人员，已按规定核准的岗位等级执行相应的岗位工资标准。首次岗位聘任中涉及岗位工资变动的人员，自 2013 年 6 月起兑现薪酬，并补发在职人员和退休人员 2013 年 1—5 月份增资差额。我社首次岗位聘任工作的顺利完成，为下一步推进事业单位分类改革、人事制度改革、收入分配制度改革奠定了坚实基础。（宋军花）

◇ 整合马列经典著作出版工程，启动 "马列主义经典作家文库"

马列经典著作出版工作具有政治性强、公益性突出、质量要求高、出版周期长、资金投入大的特点。面对这种局面，主持马列编辑一部工作的崔继新同志提出，把争取国家对马列经典著作编辑出版工作的持续稳定的资金支持作为编辑部 2013 年工作的头等大事，这个想法得到了社领导的大力支持。

为了优质高效地完成中央交办的这项重大政治任务，稳定马列经典著作专业编辑队伍，更好地发挥人民出版社意识形态宣传主阵地的作用，我社决定将《马克思恩格斯全集》第二版、《列宁全集》第二版增订版和《马列主义经典作家文库》等相关项目整合为"马列经典著作出版工程"争取国家资金支持。"工程"得到了中宣部和总局领导的高度重视，"马列经典著作出版工程"列入总局预算，每年由我社制定项目预算。

社长黄书元、代总编辑辛广伟等社领导对"工程"申报工作十分重视，多次听取有关汇报，给予有力指导。马列编辑一部在崔继新同志带领下，翻阅建社以来有关档案，查找中央对马列经典著作工作的指示；深入印刷装订工厂一线，实地调研马列经典著作印制工作难点问题；访问数十家新华书店基层网点，了解马列经典著作发行情况。在此基础上，撰写申报报告，编制项目预算。具体领导这项工作的常务副总编辑陈亚明同志，带领编辑部负责人多次到上级机关汇报、沟通，对撰写的报告材料逐字逐句修改完善，据不完全统计本次申报工作形成的报告稿先后共 62 稿。

为了适应新形势下读者学习研究马列经典著作的不同需要，经中宣部批准，我社与中央编译局研究决定编辑出版新版"马列经典作家文库"。本项目受到总局的高度重视，被列为《2013 年新闻出版工作要点》重点实施的项目之一。"文库"辑录的文献分三个系列：一是著作单行本，收录经典作家撰写的独立成书的重要著作；二是专题选编本，收录经典作家集中论述有关问题的短篇著作和论著节选；三是要论摘编本，辑录经典作家对有关专题的论述，按逻辑结构编排。"文库"第一期计划出版 54 种，分为大众版和研究版。2013 年"文库"作为重要子项目列入"马列经典著作出版工程"正式启动，2014 年 12 月"文库"第一批《共产党宣言》《1844 年经济学哲学手稿》等共 7 种出版；2015 年 12 月"文库"第二批《自然辩证法》《哥达纲领批判》等 7 种出版，截至 2016 年 7 月"文库"第三批《资本论》（节选）等共 6 种已编辑完成，2016 年年底出版。（崔继新）

◇ 出版《中共中央文件选集（1949.10—1966.5）》

《中共中央文件选集（1949.10—1966.5）》（以下简称《选集》）共 50 卷由中央档案馆与中共中央文献研究室编辑，并由《选集》编审小组组织审定，于 2013 年 6 月底由我社公开出版发行。

《选集》全书按照文件形成时间编排，选收了 1949 年 10 月至 1966 年 5 月期间，以中共中央名义发出的重要文件 4569 件，共分 50 册，约 1600 万字。其中包括中共中央政治局、中共中央书记处、中共中央重要会议等作出的决议、决定、指示、通知、电文等，以及中共中央与其他机构联合发出的文件，部分与中央文件有直接关系的文电作为附件一并收入。这些档案文献多数是第一次公开发表。

《选集》出版上市后在社会上引起很大的反响，特别是受到了广大史学研究人员和党史爱好者的追捧。中共中央党校原副校长李君如在 2013 年 11 月 7 日召开的"《中共中央文件选集（1949.10—1966.5）》研讨会"上称赞说"在形式上，包括封面设计、版式；在内容上，保持原貌又做了必要的订正，按时间顺序编辑出版，非常用心，加上一部分原件影印，显示了高质量、高水平的编辑成果。"

从 2009 年以来，我们社编校人员和《选集》编选者——中央档案馆和中共中央文献研究室密切合作，在计划的时间内高质量地完成了任务。

社领导牵头，各部门制定周密的工作方案和实施计划，确保各项工作有序进行。成立以黄书元社长任组长，辛广伟代总编辑、任超副社长为副组长的领导协调小组，组织、领导、协调各部门相关工作，调动全社力量，确保各项工作有序进行，顺利展开。要求各部门围绕本项目具体分工，分别制订了有关措施和细则。

成立编校工作领导小组，抽调社内业务水平高、政治把关能力强的老编辑，对书稿进行了三审加工。校对部门对书稿进行了八个校次的严格校对。责编逐册检查蓝图后，书稿胶片才陆续分批付型印刷。

印制部门计划采取分期分批的流水工作方式，对已完成编校的部分书稿出片、分批印制。对正文纸张及装帧辅料、印厂等均采用重大项目招投标方式，优中选优，确定了正文70克纯质纸的采购合同，选定了机器设备和印装水平都能符合高速运转要求、具有国际水平的两家印厂（汇文和华联）。

2009年6月起至2010年我社曾派出张伟珍等几位同志协助中央档案馆完成了1949年、1950年、1951年共计11册初选本的编印，负责完成了录入、排版、编校工作。根据保密工作要求，我社人员工作地点一直固定在西单丰盛胡同国家档案局院内。我们将照排打印设备搬进了档案馆大楼，编校人员也进入大楼工作，相当于在档案馆设立了一个小出版社，所有的工作都在那里完成。

我社的编辑加工、校对工作和定稿工作同时进行。具体说就是校对完成一二校和编辑看完一审后的稿子退档案馆定稿一次，校对完成三四校和编辑看完二审后的稿子退档案馆定稿二次，校对完成一二通读和编辑看完三审后第三次退档案馆定稿并在每页书稿上盖章确认，以第三定稿作为中央档案馆最后的意见。双方（后来三方，即加入了中央文献研究室）选编和出版过程交叉进行，我社在办公用房严重不足的情况下，专门腾出一间办公室，给中央档案馆驻我社工作人员使用。档案馆工作人员驻我社工作达一年之久，及时解决了书稿编校中的遗留问题。

2013年6月底，我社在计划的时间内，高水准、高质量地一次性出版了全50册，5000套精装，为建党92周年献上了一份厚礼。

把这些党史文献资料公开结集出版，向全世界公开我党重要的历史文献档案，具有极大的历史意义和现实意义，不仅充分展示了改革开放后中国政治民主的新形象和新面貌，而且充分展示了我党在加强政治建设、思想理论建设方面不断向国际化、公开化迈进。（张伟珍）

◇ 推出朱镕基同志系列著作

2009 年 8 月,《朱镕基答记者问》出版, 书中收录了朱镕基同志在担任国务院副总理、总理期间回答中外记者提问和在境外发表的部分演讲内容。我社选派鲁静等同志参加本书编辑组, 社内还成立以社长黄书元任组长的专项出版协调领导小组, 精心挑选出 30 多名资深编辑, 制定了详细的编辑校对注意事项。

作为最畅销图书之一, 本书先后荣获第六届"国家图书馆文津图书奖""2009 年全国优秀畅销书排行榜"和"年度图书"等奖项。中文版销售 150 多万册。2010 年 7 月韩国汎友社出版发行韩文版; 2010 年 9 月台湾《经济日报》社出版发行繁体字版; 2011 年 4 月英国牛津出版社出版发行英文版, 并于 11 日在伦敦举行了首发式。正在英国访问的中共中央政治局委员、上海市委书记俞正声, 中国驻英国大使刘晓明, 中国外文局局长周明伟, 人民出版社社长黄书元以及牛津大学名誉校长彭定康出席了首发式。

2011 年 9 月, 我社又出版了四卷本《朱镕基讲话实录》。本书收录了朱镕基同志担任国务院副总理(1991 年 4 月至 1998 年 3 月)、国务院总理(1998 年 3 月至 2003 年 3 月)期间的重要讲话、文章、信件、批语等348 篇, 照片和批语、书信影印件 302 件。我社编辑鲁静、侯春等参与书稿前期的编辑整理工作。该书已销售 130 多万套。2012 年 12 月，我社推出繁体字版；2013 年 9 月，美国布鲁金斯出版社出版发行《朱镕基讲话实录》英文版第一卷，并于 9 日在美国纽约举行首发式。美国著名外交家、前国务卿基辛格博士，美国前财政部长鲁宾，美国前贸易代表沙琳·巴尔舍夫斯基，美国国际集团前董事长格林伯格，前美中贸易委员会会长罗伯特·卡普等美国政治、经济界人士，正在纽约出席联合国会议的中国外交部副部长张业遂、中国驻美大使崔天凯、中国外文局局长周明伟、人民出版社社长黄书元等出席了首发式。基辛格博士和德国前总理施密特分别为本书作序。2015 年 1 月，美国布鲁金斯出版社又出版发行了《朱镕基讲话实录》英文版第二卷。

2013 年 8 月 12 日上午，我社与上海人民出版社联合出版的《朱镕基上海讲话实录》在北京、上海、广州和长沙同步举办新书首发仪式。本书收录了朱镕基同志在 1987 年 12 月至 1991 年 4 月在上海市工作、主政期间的重要讲话、谈话、信件等 106 篇，并配有珍贵照片 83 幅，批语、手迹及书信影印件 9 幅。我社派出鲁静、侯春等加入编辑组参与书稿的编辑整理工作。该书已销售 100 多万册。2013 年 8 月，香港三联书店出版发行了《朱镕基上海讲话实录》繁体字版，2014 年 8 月上海人民出版社出版发行了《朱镕基上海讲话实录》线装本（1 函 5 册）。

2016 年 9 月 8 日，我社推出《朱镕基答记者问》精装光盘版，随书附赠 1998 年至 2002 年朱镕基同志在九届全国人大会议 5 次记者招待会上回答中外记者提问的实况录像光盘；书内照片四色全彩印刷，照片呈现更加丰富多彩；可以通过扫描二维码随时播放书和光盘的精彩内容。

到 2016 年年底，朱镕基同志 6 本著作已发行近 700 万册。（鲁静）

◇ 出版《学习习近平总书记重要讲话》

2013 年 8 月，我社出版了由中央政策研究室常务副主任何毅亭撰写的《学习习近平总书记重要讲话》。该书是国内第一部系统学习习近平总书记重要讲话精神的图书，在广大党员干部中引起强烈反响。面市不到一周，发行量就突破 10 万册。新华社、《人民日报》《光明日报》等诸多媒体纷纷予以报道。全书分为十个专题，对党的十八大以来习近平总书记关于中国梦、中国特色社会主义、科学发展、改革开放、依法治国、强军目标、外交战略、党的建设、严明政治纪律等一系列重要讲话的丰富内涵和精神实质进行了系统阐释和深刻解读，有助于广大党员干部全面准确地学习领会以习近平同志为核心的党中央治国理政新理念新思想新战略，成为党的群众路线教育实践活动中党员干部的重要辅助读物。

为了推动学习习近平总书记系列重要讲话精神不断向广度和深度拓展，2014 年 2 月，该书推出了增订本，在第一版的基础上，增加了作者最新发表的相关文章，及时满足了广大读者的学习需要。截至 2014 年年底，该书累计发行量逾 100 万册。

该书入选了新华网和中国出版传媒商报联合主办的"2014 年度中国影响力图书"的年度荣誉推荐图书，推荐语写道："年度特别推荐，推荐我们眼中的特别之书。2014 年度荣誉推荐离不开叙述这个国家脉动的全局之书。

对国际来说，《习近平谈治国理政》开启了一扇感知中国的窗口。对国内来讲，《学习习近平总书记重要讲话》体现了公众对中国发展的讨论与关注。"

该书在香港和国外也引起了广泛关注，成功输出了繁体字版和英文版的版权。2015 年 5 月 28 日，由英国新经典出版社翻译出版的《学习习近平总书记重要讲话》英文版首发式在纽约书展中国主宾国会场隆重举行。与会国外专家学者及政府官员高度评价《学习习近平总书记重要讲话》这部极具价值的著作。认为这部著作对习近平这位中国的新设计师的重要讲话进行的解读和阐释，对于国际社会了解中国、了解习近平总书记思想有重要参考价值；使外国读者能够更清晰地了解到习近平作为平民化的中国领袖，其精神思想和领袖魅力如何对中国道路及未来发展走向产生决定性的影响；有助于外国读者特别是政界精英对中国的发展诉求、外交理念和战略有正确的理解，对中国坚持走和平发展道路形成合理的、正确的预期。（陈光耀）

◇ 推出南怀瑾系列著述

南怀瑾先生是享誉海内外，尤其是华人读者中的文化大师、国学大家。2008 年，我社社长黄书元一行专程拜会南怀瑾先生，取得以东方出版社名义独家出版其所有著作的简体字版权。此后，南怀瑾先生作品陆续出版，其中既包括世有公论的著述，更有令人期待的新说。对其已在大陆出版过的简体字版作品，亦进行重新整理和修订，力求贴近原讲原述，还原作品原貌。

2012 年 9 月，南怀瑾先生仙逝，其法定继承人遵父遗愿，继续授权东方出版社出版南怀瑾著述。

2013 年，由人民东方出版传媒有限公司（东方出版社）组建南怀瑾项目小组，专门负责南怀瑾先生著述的整体规划与运营，包括稿件的编辑出版、宣传营销、印制发行等。

2015 年 9 月，我社与人民东方出版传媒有限公司（东方出版社）共同举办了"南怀瑾先生著述出版发布会暨数字版首发仪式"，《南怀瑾四书精讲》首次完整出版，数字版同步上线。南怀瑾先生家属、著作权所有人代表，南怀瑾先生著述整理团队代表，数字版合作方代表掌阅科技股份有限公司，从学和私淑南怀瑾先生的朋友们，以及有关专家学者齐聚一堂，共同追思先生遗训，缅怀先生风骨。

2016 年 7 月，人民东方出版传媒有限公司（东方出版社）策划并启动"道不远人——南怀瑾和他的著述"主题巡讲活动，主讲嘉宾为南国熙先生（南怀瑾先生幼子）、古国治先生（南怀瑾先生弟子，台湾老古出版社创办人、南怀瑾学术研究会副会长），旨在缅怀南怀瑾先生为弘扬中华传统文化、接续中华民族文脉所做的贡献，促进南怀瑾思想文化的普及与推广，让更多的人了解南怀瑾，了解优秀的中国传统文化。11 月，南怀瑾先生著作《论语别裁》入选"四川省领导干部月读参考书目"。

南怀瑾先生著述众多，内容大致可分为儒家、佛家、道家、杂说四类，新书出版和旧籍新刊同步进行。南先生对传统经典的讲解，往往采用经史合参的方式，结合古今人事、当今世事和自身的经验，深入浅出，引人入胜。儒家系列如《论语别裁》《话说中庸》《孟子与尽心篇》等，佛家系列如《维摩诘的花雨满天》《〈瑜伽师地论·声闻地〉讲录》等，道家系列如《老子他说》（初续合集）《我说参同契》等，杂说系列如《小言黄帝内经与生命科学》《廿一世纪初的前言后语》等。迄今为止，东方出版社已出版南怀瑾先生著述 80 余种（含平装、精装、线装、套装）。（南怀瑾项目小组）

◇ 出版李长春同志系列著作

党的十六届、十七届中央政治局常委李长春同志的著作自 2013 年以来，陆续由我社出版。包括：2013 年出版的《文化强国之路——文化体制改革的探索与实践》，2014 年出版的《辽沈大地改革潮——20 世纪 80 年代振兴辽宁的探索与实践》，2016 年出版的《中原大地奋进曲——20 世纪 90 年代振兴河南的探索与实践》。

《文化强国之路》一书分上下两册，收录了李长春同志 2002 年 12 月至 2013 年 5 月间关于文化改革发展的讲话、谈话、文章、批示等 91 篇，大部分为首次公开发表。该书为李长春同志卸任后出版的首部著作，于 2013 年 12 月 9 日在北京人民大会堂举行了隆重的新书发布会，辽宁、河南、广东、江苏 4 地也同步举行了新书首发揭幕。该书聚焦十年文改，出版后在全国宣传思想文化界引起了强烈反响，发行量达 50 万册。该书于 2014 年还推出了农家书屋版。

《辽沈大地改革潮》一书由我社和辽宁人民出版社联合署名出版，分上下两册，收录了李长春同志 1982 年 12 月至 1990 年 7 月在辽沈工作期间的讲话、文章、批示、书信等文稿 124 篇，照片 143 幅，绝大部分为首次公开发表。该书出版后，在沈阳、大连两地举行了高规格的出版座谈会，辽宁省委主要领导、大连市委主要领导、黄书元社长等出席座谈会。该书在辽宁省干部群众中产生了良好反响。

《中原大地奋进曲》一书由我社与河南人民出版社联合署名出版，分上下两册，收录了李长春同志 1990 年 7 月至 1998 年 2 月在河南工作期间的讲话、谈话、文章、批示、书信、报告等文稿 217 篇，照片 159 幅，绝大部分为首次公开发表。该书出版后，在郑州、南阳两地举行了高规格的出版座谈会，河南省委主要领导与黄书元社长、南阳市委主要领导与辛广伟总编辑分别出席座谈会。该书在河南省干部群众中产生了重要影响。河南省委办公厅、省委组织部、省委宣传部还分别围绕"大交通、大流通、大市场""红色精神""十八罗汉闹中原"三大主题，举办了三场专题读书会。

《辽沈大地改革潮》和《中原大地奋进曲》，是李长春同志地方工作文稿出版计划"大地三部曲"中的两部，第三部地方工作文稿集《南粤大地创新篇》，也将由我社出版。（张振明）

◇ 出版《新闻记者培训教材 2013》

2014 年国家新闻出版广电总局组织全国新闻记者第五次换发记者证。

根据 2002 年颁布的《关于开展新闻采编人员资格培训工作的通知》要求，在换发新闻记者证之前，要对新闻记者开展资格培训。为让培训工作更加规范化，更有针对性，更有效果，在中宣部的领导下，新闻出版总署联合国家广电总局、中国记协，委托中国社会科学院新闻与传播研究所牵头负责，组织编写了《新闻记者培训教材 2013》，由人民出版社负责编辑、出版。

该教材的编写工作启动于 2012 年 5 月。新闻出版总署署长柳斌杰、副署长蒋建国分别担任主编、副主编，对教材的编写给予了大力支持和具体指导。中国社会科学院、中共中央党校、北京师范大学、中山大学、中国人民大学、中国传媒大学等高校和研究机构专家学者负责教材主体部分内容的撰写工作，中国社会科学院新闻与传播研究所所长唐绪军负责教材统稿。我社接到出版《新闻记者培训教材 2013》的任务后，指定了具有十年新闻从业经验的编辑担任本书的责任编辑，同时抽调法律与国际编辑部、历史与文化编辑部骨干力量积极配合，在十天之内完成对书稿的初审，撰写出详细的审读意见，对培训教材的进一步修改完善，提出了专业系统的建议。

《新闻记者培训 2013》（上、下）包括图书和光盘两个部分。通过大量的现实案例分析，讨论教学，坚持马克思主义新闻观，以解决新闻记者对当下中国新闻出版制度的认同问题；进行国情教育，以解决新闻记者对我国大政方针的认同问题；新闻伦理课程是进行职业伦理教育，以解决新闻记者基本的职业伦理、职业道德失范问题；新闻法规课程是系统进行相关法律法规的教育，以解决新闻记者严格遵纪守法的问题；新闻采编规范课程是进行职业教育，以解决和提升新闻队伍的职业素养问题；防止虚假新闻是新闻采编规范当中一个重要内容。同时书后还附有新闻记者换证考试模拟题。编辑人员查阅了大量相关专业书籍，并请教了相关领域专家，并多次与编写者沟通，力争做到主题鲜明、逻辑缜密、用词严谨。书籍还引用了相关法律、法规条文，为确保措辞的准确性，在编辑过程中，相关编辑人员查阅了大量专业书籍及法律、法规条文，严格按照"三审三校"流程进行审核，努力做到措辞恰当、用词准确。历经四个多月的前期调研和资料收集、六个多月的内容撰写以及三个多月的修改、研讨，七易提纲、三易书稿，在2013年初秋之际完成并由我社出版。

为增强培训效果，教材还附有两张光盘，由央视相关部门制作，由东方电子音像出版社出版。光盘不对外发售，仅作为内部辅导材料发放到新闻机构，由机构统一组织观看学习。为确保光盘的质量，编辑人员在编辑过程中从内容、像素等方面对光盘进行全面优化。

《新闻记者培训教材2013》是我国首部由政府管理部门组织编写的新闻记者培训教材，也是2014年新闻记者换证培训及考核的唯一指定标准教材，而且是近几年全国新闻单位新入职记者的培训教材。自出版以来，该教材获得了广大新闻从业者的欢迎，发行量22万册，对于引导新闻记者坚定社会主义立场，坚持社会主义核心价值观，遵守职业道德规范，有利于提高新闻记者队伍整体素质、全面规范新闻采编工作及行业健康发展起到了积极作用。（薛晴）

◇《社会主义通史》获第三届 中国出版政府奖图书奖

2011 年 4 月，我社出版了八卷本的《社会主义通史》。该书由时任中央党校副校长的王伟光教授担任总主编，以中央党校相关专业学科带头人为主，集中一流专家学者组成作者团队，历时 12 年编撰完成。

该书是第一部完整的社会主义通史，全书共分八卷，紧扣"什么是社会主义，怎样建设社会主义"这一主题，围绕世界社会主义实践发展的历史顺序、社会主义思想发展的逻辑顺序和科学社会主义理论的认识顺序三条主线，在大量占有资料的基础上，坚持历史与逻辑相统一、实践与理论相结合，以严谨平实的笔法生动叙述了五百年来世界社会主义运动从空想到科学，从理想到实践，从一国实践到多国实践，由高潮走向低潮并在低潮中开创中国特色社会主义事业新局面这一波澜壮阔发展的历史。

该书是第一部系统全面阐述世界社会主义运动发展史的专著，完整记述了社会主义从空想到科学，从理论到实践，从一国到多国的发展历程。以宽广的理论视域，丰富的历史资料，清晰的逻辑线索，严谨的理论论证，深刻总结了世界社会主义运动的成功经验和失败教训，探索了社会主义发展的内在规律，系统总结了科学社会主义理论在实践中不断丰富、发展的历史过程。应该说，它既是一部社会主义运动、社会主义革命和社会主义建设的发展史，同时也是一部社会主义思想史、科学社会主义理论发展史。对于我们总结科学社会主义的经验教训，解决"什么是社会主义，怎样建设社会主义"，不断丰富和发展中国特色社会主义理论具有重要的理论价值和现实意义。该书策划编辑郇中建同志，从确定选题到各卷结构直至具体理论问题的写作，都倾注了大量心血。

该书出版后，在学术界和理论界产生了广泛影响，受到了一致好评，2012 年获得第四届中华优秀出版物奖图书提名奖，2013 年获得第三届中国出版政府奖图书奖。（崔继新）

◇ 陆续出版《苏联史》

由原驻俄罗斯大使李凤林作序的大型丛书《苏联史》，是国内第一次大部头的系统研究苏联历史的论著，是"十一五"国家重点图书出版规划项目。该书编委会由郑异凡任主编，徐天新、沈志华任副主编，包括叶书宗、杨存堂、姚海、张盛发、左凤荣、刘显忠等老中青三代学者。

《苏联史》主要论述 1917 年二月革命以来到 1991 年 12 月苏联解体的全部历史，按时期分为九卷，各卷还配发百余幅历史照片。2013 年 9 月出版的是其中五卷，即第一卷《俄国革命》（姚海著）、第三卷《新经济政策的俄国》（郑异凡著）、第四卷《斯大林模式的形成》（徐天新著）、第八卷《勃涅日列夫的十八年》（叶书宗著）、第九卷《戈尔巴乔夫改革时期》（左凤荣著）。

这部《苏联史》是一个整体，总体上反映了丛书编委会成员对苏联史的看法，而每卷书又是由负责写作的学者独立完成，表达了每卷作者本人的学术观点和研究成果。除这五卷外，余下四卷尚在写作中，分别是第二卷《国内战争》（刘显忠著）、第五卷《卫国战争》（张盛发著）、第六卷《战后的苏联》（沈志华著）、第七卷《赫鲁晓夫时代》（杨存堂著）。

《苏联史》作为研究项目于1996年启动，至今已有20年之久。项目启动时，由于可信史料缺乏和不足，编委会不惜花费大量的时间、精力和资金，收集整理并翻译出版了俄国公布的解密档案，即2002年社会科学文献出版社出版的34卷本《苏联历史档案选编》。2003年我社便与《苏联史》编委会展开了深度合作，2004年该选题在我社正式立项后，当年就启动了项目跟进，年底投入资金万余元，于12月底在北京组织召开了苏联史学术研讨会，广泛邀请了业内专家和写作组的所有成员为该书的研究和写作出谋划策，并就相关研究的难点和热点问题做了深入的沟通和探讨。在会上还确立了各卷的基本框架、编辑体例和写作要求。课题组研究人员统一了认识，制订了研究的规范细则。2005年年底，适逢中国苏联东欧史学会年会在西安召开之际，又组织了项目组第二次的学术讨论会，就研究中的一些问题做了进一步的交流，特别是沟通了学术研究中体会和心得，互通有无，开阔了眼界，打开了思路。

从已出版的五卷可以看出，作者站在马克思主义的立场上，运用理论与实际、历史与理论结合的方法，运用历史唯物主义的方法，依据确凿的历史事实，对苏联所经历的历史作实事求是的描述和分析；根据最新资料和最新研究成果，全面、准确地向读者传递符合历史事实的信息，避免片面性和主观随意性。

第一批五卷出版以来，在学术界引起了很大反响。在《苏联史》第一批新书发布会兼学术讨论会上，学者们称赞这套书的出版是一个创举，不仅在国内是第一次，在外国也很少见，其学术水准难以被超越。

其中，郑异凡写作的第三卷《新经济政策的俄国》被评为我社首届年度优秀学术著作。姚海写作的第一卷《俄国革命》被评为2015年江苏省高校优秀学术著作一等奖和教育部优秀学术著作三等奖。左凤荣写作的第九卷《戈尔巴乔夫改革时期》被中央党校评为优秀学术著作。（张伟珍）

◇ 构建发行网络营销体系

伴随电子商务的发展以及网上购物的蓬勃兴起，网上购书逐渐成为读者了解图书、购买图书的重要方式，我社发行部根据读者需求的变化，积极开拓当当、卓越、京东及新华书店旗下的文轩在线、博库网等网络渠道，开展各类形式多样、内容丰富的网络营销活动，在取得较好的销售业绩的同时在团队内部积累了大量网络营销经验、培育了互联网及后来的互联网＋思维。2013年我社天猫旗舰店成立，这一标志性的事件集中体现我社发行部的发行营销工作全面由原来主渠道辅以民营渠道升级转型为传统渠道加新兴渠道。天猫旗舰店成立后，发行部又先后在京东、当当、微信等平台上全面开设我社官方旗舰店、我社微店。自2013年以来这些自营店的销售额从60多万元增长到2016年的200多万元，关注人数由几十人增至数万人，自营店销售业绩显著增长，服务读者能力大幅提高。更为重要的是伴随着各类网络渠道的开拓，我社出版的各类党和国家政治类读物、大众通俗理论读物等以往较多依靠传统新华书店渠道发行的重要书籍，现在几乎全品种、体系化地通过网上书店完整地展示在读者面前，在新形势下进一步满足了人民群众对学习掌握党和国家方针政策、治国理政新思路、理论研究新成果等时政、社科领域的精神需求。（汤仁宇）

◇ 出版《金岳霖全集》

　　金岳霖先生是我国著名的哲学家、逻辑学家，他把西方现代逻辑介绍到中国，并把西方哲学与中国哲学很好地结合起来，建立了独特的哲学体系，同时为我国培养了一大批有较高素养的哲学和逻辑学专门人才。出版《金岳霖全集》（六卷八册），不仅是中国哲学学术史的一件大事，也是出版界的一件大事，被纳入国家新闻出版总署"十二五"重点出版规划项目，受到国家出版基金资助。

　　《金岳霖全集》几乎囊括了金先生生前全部的著作、译作、演讲稿和文章，甚至还有一些未曾公开发表的著述和资料，350 余万字，是当下我国第一部收集金岳霖文本资料最权威、最完整的作品集。该《全集》于 2009 年开始策划，编辑整理耗时近五年。其编著有两个原则：一是以 1940 年为界，前后分开，在每个历史时期再按学科分卷，便于不同专业读者阅读；二是把到目前为止搜集到的金岳霖论著全部编入，不舍弃一篇文章，尽可能为读者呈现一个完整的金岳霖著述。著名学者、中央党校原副校长邢贲思评价该《全集》说："金岳霖著作的最大特点就是逻辑严密，思辨性强。相比于冯友兰先生著作的通俗易懂，金岳霖的著作需要耐心读、反复读，仔细品味它的含义。"

《金岳霖全集》的原稿很多都是旧版书或珍贵手稿，没有电子版，需要大量进行扫描复制，且书信、文章、专著及英文著作等各种体例并存，众多逻辑符号又具有很强的专业性。这对于我们的编辑工作无疑是非常大的挑战。哲学室全体编辑积极参与，发挥各自特长，在尽可能确保书稿的准确性和时代特点的前提下，争取时间，按时保质保量完成出版任务。

《金岳霖全集》的出版不仅有助于学术界对金岳霖思想以及逻辑哲学的系统研究，也将推动中国哲学、逻辑学的发展和马克思主义哲学中国化的进程，对于研究老一辈知识分子的心路历程也很有意义。该书出版后，我社与中国社会科学院共同举办专家研讨会，邢贲思、汝信等十余位哲学界老专家亲临会场，共同追思金先生的学风，引起了良好的反响。该书荣获 2013 年度我社十大优秀学术著作奖。（李之美）

◇ 开展党的群众路线教育实践活动

按照中央的统一部署和新闻出版广电总局党组的具体安排，我社党委自 2013 年 7 月初至 2014 年 2 月底，在全体党员干部中开展了以保持发展党的先进性和纯洁性、突出为民务实清廉为主题，以"照镜子、正衣冠、洗洗澡、治治病"为总要求，以深入贯彻落实中央八项规定精神，反对形式主义、官僚主义、享乐主义和奢靡之风为主要内容的党的群众路线教育实践活动。在总局直属机关党委和第九督导组的正确指导下，社党委本着"服务群众、促进和谐、有利发展、固本强基、结合实际、量力而行"的原则，以高度的政治责任感和历史使命感积极带领 9 个在职支部 187 名党员投入到这场意义重大、影响深远的活动中。通过学习理论、征求意见、查摆问题、认真整改、完善制度和"回头看"，全体党员干部，尤其是处级以上的党员领导干部接受了一次深刻的马列主义世界观、人生观、价值观教育，进一步增强了理想信念和宗旨意识，增强了"一切为了群众，一切依靠群众""从群众中来，到群众中去"的群众观念和政治意识；增强了为实现中华民族伟大复兴的中国梦勤奋工作的自觉性。活动取得了良好成效，取得了 34 项主要整改成果，其中最重要的是梳理完善了规章制度，为我社进一步规范化管理提供了有效的制度保障。（刘济社）

◇ 2013 年度十大优秀学术著作

为进一步促进我社学术著作出版工作，提升我社学术著作的质量和水平，扩大影响力，激励编辑人员潜心策划组织出版学术著作，凝聚优秀学术作者队伍，根据国家新闻出版广电总局有关规定，结合实际，我社制订了《人民出版社优秀学术著作奖励办法》，实行对优秀学术著作定期奖励制度。

每年年底对该年度出版的学术著作进行评审，选出十大优秀学术著作。评奖工作坚持高学术标准和门槛与宁缺毋滥的原则，以确保被奖励学术著作的质量和水平。评奖工作由经社编委会批准设立的相关评审委员会承担。评审标准主要考虑学术水平与社会影响力，并兼顾经济效益。评审委员会成员由聘请的社外专家、学者组成。对获奖学术著作，该著作盈利部分计入责任编辑利润，亏损部分由社里承担；在图书评奖、推优等方面给予优先推荐；对相关策划编辑、责任编辑在个人职称评定、晋级、晋职、评优、评奖等方面给予优先考虑。

2013 年度评出的十大优秀学术著作和责任人是：

《欧洲形成中的亚洲》，[美]唐纳德·F.拉赫、埃得温·J.苑·克著，责任人：林敏

《公羊学发展史》，黄开国著，责任人：方国根、李之美、段海宝、夏青

《讲述中国历史》，[美]魏斐德著，责任人：林敏

《新经济政策的俄国》，郑异凡著，责任人：张伟珍

《金岳霖全集》（全六卷），金岳霖学术基金会编，责任人：哲学与社会编辑部

《俄国文学史》，[俄]德·斯维亚托波尔克—米尔斯基著，责任人：林敏

《精神现象学》，[德]黑格尔著，责任人：张振明、安新文

《改革是中国最大的红利》，成思危、厉以宁、吴敬琏、林毅夫等著，责任人：张振明、朱云河、刘敬文、刘彦青、安新文、郑牧野、忽晓萌

《加拿大华侨移民史（1858—1966)》，黎全恩、丁果、贾葆蘅著，责任人：侯俊智

《英国的新马克思主义》，乔瑞金等著，责任人：段海宝（张双子）

2014

◇ **出版《习近平总书记系列重要讲话读本》**

党的十八大以来，习近平总书记发表系列重要讲话，深刻回答了新形势下党和国家事业发展的一系列重大理论和现实问题，提出了许多富有创见的新思想新观点新论断新要求。

为进一步深化讲话精神的学习贯彻，根据中央要求，中央宣传部组织编写了《习近平总书记系列重要讲话读本》，并于 2014 年 6 月由我社与学习出版社联合出版。

该书分 12 个专题，全面准确阐述了习近平总书记系列重要讲话的重大意义、科学内涵、精神实质和实践要求，阐述了讲话提出的一系列重大战略思想和重大理论观点，是广大党员、干部、群众学习讲话精神的重要辅助材料。

该书出版后，在干部群众中引起热烈反响。中宣部、中组部联合下发《关于认真组织学习〈习近平总书记系列重要讲话读本〉的通知》，要求各级党组织在组织党员认真学习习近平总书记原著和讲话原文的同时，组织好

《读本》的学习。

截至 2014 年 12 月 18 日，《习近平总书记系列重要讲话读本》出版发行突破 1500 万册。2015 年 4 月，该书入选中国图书评论学会和中央电视台联合举办的"2014 中国好书"。（刘敬文）

◇"中华魂"主题教育活动 20 周年

由我社与中国关心下一代工作委员会、教育部关心下一代工作委员会、人民教育出版社、北京发行集团共同主办的"中华魂"主题教育活动已成功举办了 20 年。据统计，20 年间累计发行用书 7000 多万册，全国有 3 亿读者从中受益。为了进一步总结交流经验、宣传典型人物，引领青少年读好书，感召更多的爱心团体和爱心人士投入到这一功德无量的活动中来，2014 年 7 月 16 日上午，在北京人民大会堂召开了全国"中华魂"主题教育活动 20 周年表彰大会。来自山西、重庆、黑龙江、云南、湖北、安徽、河南、内蒙古等十多个省市的中小学生代表，以及在"中华魂"主题教育活动中作出突出贡献的先进单位和先进个人代表四百多人聚集一堂。全国人大常委会原副委员长、中国关工委顾问何鲁丽出席并颁奖，全国人大常委会原副委员长、中国关工委主任顾秀莲，新闻出版广电总局党组书记、副局长蒋建国出席并颁奖、讲话。我社社长黄书元、常务副社长任超、副总编辑乔还田获"特殊贡献奖"，责任编辑于宏雷获"辛勤耕耘奖"。

顾秀莲在讲话中充分肯定了"中华魂"主题教育活动开展 20 年来所取得的成绩。她指出，这项活动始终坚持以读书育人为宗旨，通过多种形式大力倡导和引导青少年读好书，营造出有利于青少年健康成长的社会环境。

蒋建国在讲话中指出，习近平总书记要求在广大青少年中培育和践行社会主义核心价值观，这为促进青少年健康成长提供了科学行动指南，为"中华魂"主题教育活动持续深入开展提供了强大思想武器。深入开展好"中华魂"主题教育活动，最根本的就是在青少年中培育和践行社会主义核心价值观，引导他们在核心价值观沐浴下健康成长，帮助他们扣好人生的第一粒扣子。蒋建国强调，出版系统参加和支持"中华魂"主题教育活动的任务，就是为广大青少年多出版、多推荐好书。

"中华魂"主题教育活动创办于 1994 年。从那一年起，"中华魂"主题教育活动每年举办一届。每届活动围绕党的中心工作和时事热点，确定一个活动主题。围绕活动主题，编写适合青少年阅读的主题活动读本。以读本为载体，在以中小学生为主的广大青少年中广泛开展学习阅读活动，并邀请关工委老干部深入校园、监所、社区辅导青少年读书活动。在全国各地广泛开展演讲、征文、读书竞赛等活动，从基层产生优胜者，到北京参加一年一度的全国"中华魂"表彰会和夏令营。

我社从 1994 年"中华魂"主题教育活动创办以来，一直负责每一届活动的选题策划，以及中学生读本、青年读本的组稿、审稿等工作。根据中学生和青年的各自特点，尤其是他们的思想实际、生活实际、接受能力和精神文化需求等，我社提供了《我是中国人》《寻红军足迹　树革命理想》《高举光辉旗帜》《誓做时代新人》《新世纪的宣言》《祖国在我心中》《心系奥运　健康成长》《崇尚真善美　学做诚信人》《团结互助友爱　融入和谐社会》

《弘扬民族精神　全面建设小康》《中国精神颂》《颂歌献给党》《理想点亮人生》《中华美德颂》《放飞梦想》《践行核心价值观　凝聚中华正能量》《遵纪守法　从我做起》等20种优质的活动用书，受到"中华魂"主题教育活动组委会和广大读者的好评。

20年来，全国"中华魂"主题教育活动一直坚持以未成年人思想道德建设为重点，以爱国主义教育为主线，大力弘扬民族精神，取得了良好的社会效益，为促进青少年的全面健康成长发挥了积极作用。这项活动已成为全国各地开展青少年思想道德建设的重要载体和优秀品牌。

参与本项目的社领导和编辑有：乔还田、陈鹏鸣、于宏雷。（于宏雷）

◇ 出版《邓小平文集（1949—1974）》

2014年8月，在纪念邓小平同志诞辰110周年之际，经中央批准，我社出版了中共中央文献研究室编辑的《邓小平文集（1949—1974）》。

《邓小平文集(1949—1974)》分上、中、下3卷，共406篇文稿,80余万字。上卷编入1949年10月至1952年8月上旬的文稿106篇；中卷编入1952年8月中旬至1958年9月的文稿135篇；下卷编入1959年1月至1974年11月的文稿165篇。文稿大部分是第一次公开发表。文集集中反映了新中国成立后至20世纪70年代中期邓小平同志关于新中国经济、政治、文化建设和民族、统战及党的建设等方面的重要思想，特别是集中反映了邓小平同志作为以毛泽东同志为核心的党的第一代中央领导集体的重要成员，在参与一系列重大决策的制定与实施过程中，对中国社会主义建设道路的思考和探索。

邓小平同志最主要的著作，编入我社出版的《邓小平文选》第一至三卷，但他还有其他大量的文稿。这部《邓小平文集（1949—1974）》，是对《邓小平文选》的重要补充，对于深入学习邓小平理论，了解邓小平同志开创中国特色社会主义的历史和理论渊源，理解邓小平理论与毛泽东思想一脉相承、继承发展的关系，具有重要意义。

2014 年 8 月 20 日上午，中共中央在人民大会堂举行座谈会，纪念邓小平同志诞辰 110 周年。中共中央总书记、国家主席、中央军委主席习近平发表重要讲话，中共中央政治局常委李克强、张德江、俞正声、王岐山、张高丽出席座谈会，中共中央政治局常委刘云山主持座谈会。《邓小平文集（1949—1974）》和《邓小平传（1904—1974）》一起，作为最为重要的会议用书在座谈会上发放。

《邓小平文集（1949—1974）》出版印制了平装、精装和特精装共 3 个版本。（张振明）

◇ 出版《中国共产党先驱领袖文库》

新中国成立以来，以我社为主的相关单位曾陆续出版了一些先驱领袖群体的著作，为保存党史文献、弘扬革命传统作出了应有贡献。但由于各种原因，仍有一些先驱领袖的著作尚未整理出版。有鉴于此，我社决定，在新中国成立60周年之际，组织出版该文库。将共和国成立前辞世的无产阶级革命家的著作集中整理并系统出版。

《文库》所称先驱领袖，是指在新中国成立前就义或逝世的无产阶级革命家。他们均为中国共产党早期革命运动领袖，或为党的创始人，或为工人、农民、青年、妇女等运动的杰出领导人。他们与毛泽东、周恩来、刘少奇、朱德等一道共同组成了我党早期领袖群体，为党的创建、发展、壮大，为民族的解放，为新中国的诞生，作出了不可磨灭的贡献。

《文库》涉及的先驱领袖包括：陈独秀、李大钊、瞿秋白、王尽美、邓恩铭、陈潭秋、高君宇、张太雷、赵世炎、罗亦农、向警予、苏兆征、彭湃、恽代英、蔡和森、林育南、邓中夏、方志敏、刘志丹、王若飞等。

《文库》包括20种图书、共46卷，约1700万字，分为文集和全集两种。其中大约一半内容为首次公开出版，已经出版过的著作也新发现和考证了一些珍贵的史料，进行了增补和修订。

《文库》的编辑工作历时近5年，从2009年开始启动，进行前期论证工作，而后，被列为国家出版基金和"十二五"国家重点图书规划项目，到2014年《文库》全部出版。在五年的《文库》编辑过程中，黄书元社长、辛广伟总编辑等社领导高度重视，亲临指导；各部门互相配合，通力合作；负责各文集或全集的责任编辑在先驱领袖著作的收集、整理、出版过程中与编者进行密切配合，高效沟通，《文库》历时五年，2014年5月得以最终顺利完成。

2014年9月29日，来自中宣部、中央文献研究室、中央党史研究室、中央党校、国家新闻出版广电总局等部门有关方面负责人，相关专家学者、

《文库》编者代表、先驱领袖亲属代表等近百人出席了在人民大会堂举行的出版座谈会。座谈会由我社总编辑辛广伟主持，社长黄书元首先介绍了《文库》的出版情况，他指出："人民出版社一次性、大规模出版建国前辞世的先驱领袖的文集或全集，这是新中国成立以来的第一次。《文库》具有系统性、权威性和完整性三大特点，《文库》内容囊括了我党早期革命事业的各个领域；丛书编纂是由相关党史研究室专门完成的；《文库》的文稿包括报告、讲话、文章、书信等。《文库》的出版填补了诸多先驱领袖文集的空白。"

座谈会上，常务副社长任超宣读了中共中央政治局常委刘云山和中央政治局委员、中宣部部长刘奇葆对《文库》的出版发来的重要批示。

刘云山批示："《文库》集中展现了我们党早期领导人的革命实践和理论探索，反映了中国共产党人为理想奋斗、为真理献身的崇高品格，蕴含着丰富的思想精神养料，是新形势下进行理想信念教育的好教材。希望认真做好《文库》的学习使用工作，充分发挥其教育功能，引导人们继承革命先辈的光荣传统，增强中国特色社会主义道路自信、理论自信、制度自信，为实现中华民族伟大复兴的中国梦而不懈奋斗。希望人民出版社牢记使命、发挥优势，从中国革命、建设和改革伟大实践中深入挖掘出版资源，推出更多像《文库》这样的精品力作，为推动党的思想理论建设，为弘扬社会主义核心价值观，为繁荣社会主义先进文化作出新的贡献。"

刘奇葆批示："《文库》集中收录了我党早期领导人的著作文献，展现了中国共产党人为实现民族复兴的艰辛探索、坚定信念和忠诚奉献。要充分发挥《文库》作用，让更多的人了解中华民族抗争与求索的苦难辉煌，了解我们党领导人民进行革命、建设的伟大历程，增强对中国特色社会主义的信心。希望人民出版社进一步发挥好自身优势，坚持围绕中心、服务大局，注重社会效益、强化精品意识、锐意改革创新，大力唱响社会主义核心价值观主旋律，为社会主义文化繁荣发展作出更大贡献。"

国家新闻出版广电总局副局长吴尚之在讲话中指出："《文库》的出版是中国共产党施展理论精神的一件大事，也是出版界的一件大事。《文库》的出版意义重大而深远，第一，《文库》的出版极大地丰富了我党历史文献与思想理论宝库，对于推进马克思主义中国化、时代化、大众化，丰富和发展中国特色社会主义理论具有重要意义。第二，《文库》展现了中国共产党人救国救民的伟大情怀，追求真理的崇高品格，对于我们坚定理想信念，培育建立社会主义核心价值观具有重要意义。第三，《文库》真实记录了中国共产党革命探索的历史足迹，展现了中国革命的伟大历程，对于我们凝心聚力，坚定不移走中国特色社会主义道路具有重要意义。"

会上，我社还向国家图书馆、中国青年政治学院等单位赠送了《文库》。
（张振明、吴继平）

◇ 推行人员聘用制合同管理

随着我国改革开放和现代化建设事业的全面开展和深入推进，事业单位推行人员聘用制合同管理是加快推进事业单位人事制度改革的一项重要而紧迫的任务，自 2002 年起国家先后出台了《关于在事业单位试行人员聘用制度的意见》《事业单位试行人员聘用制度有关问题的解释》等政策，我社在2013年首次完成岗位聘任的基础上，根据国务院2014年7月1日颁布实施的《事业单位人事管理条例》、人力资源和社会保障部关于事业单位人事制度改革的政策要求、新闻出版广电总局对直属单位人事制度改革的工作安排，把全面推进在编职工聘用制合同管理作为2014年重大人事改革工作，聘用制度今后将作为我社的一项基本用人制度。

社领导高度重视，精心组织，周密实施，成立以社长黄书元任组长的首次聘用合同签订工作领导小组。10月24日，我社召开实施聘用制工作动员大会，10月27—28日全社正式在编人员和法人代表签订聘用合同。

我社推行聘用合同制管理的主要工作内容，是单位与职工都要按照国家有关法律、法规，在平等自愿、协商一致的基础上，通过签订聘用合同，确定单位和个人的人事关系，明确单位和个人的义务和权利；通过聘用制度，实现用人上的公开、公平、公正，促进单位自主用人，保障职工自主择业，维护单位和职工双方的合法权益；通过聘用制度，转换事业单位的用人机制，实现事业单位人事管理由身份管理向岗位管理转变，由单纯行政管理向法制管理转变，由行政依附关系向平等人事主体转变。我社职工签订聘用合同的主要条款有：合同主体，聘用合同期限，聘用岗位及职责要求，岗位纪律，岗位工作条件，工资福利及社会保险待遇，聘用合同的变更、解除、终止、续签，违反聘用合同的责任等。

我社首次推行聘用合同制管理，全社在编正式职工（不含局管干部）211名在自愿前提下签订了聘用合同。我社与工作人员订立的聘用合同期限为5年。在我社连续工作满10年且距法定退休年龄不足10年，提出订立聘用至退休的合同的，则订立聘用至退休的合同。经指定的医疗单位确诊患有难以治愈的严重疾病、精神病的，暂缓签订聘用合同，缓签期延至前述情况消失；或者只保留人事关系和工资关系，直至该人员办理退休（退职）手续。在编职工在首次签订聘用合同中，不愿与单位签订聘用合同，又不属于缓签的，单位给予3个月的择业期。

通过签订聘用合同，使我社的人事制度改革迈上新台阶，我社将逐步形成一个人员能进能出、职务能上能下，待遇能升能降，优秀人才能够脱颖而出，充满生机和活力的用人机制，实现事业单位人事管理的法制化、科学化。（宋军花）

◇ 黄书元获第十二届中国韬奋出版奖

2014年10月30日，第十二届中国韬奋出版奖评选在京揭晓，我社社长、党委书记黄书元榜上有名。

黄书元，1956年生，第十一、十二届全国政协委员，从事出版工作30多年，历任安徽教育出版社副社长、社长，安徽省新闻出版局副局长、安徽出版总社副社长，自2002年起，担任人民出版社社长、党委书记。他作风正派、廉洁自律，精通业务、善于管理，锐意改革、开拓创新；他任人民出版社社长、党委书记之后，即倡导以人为本，创立一个宽松和谐的工作环境，牵头成立改革领导小组，制定并出台了一系列改革方案，通过竞聘上岗的选人用人机制，使一大批中青年干部脱颖而出；创新激励机制，充分调动了广大干部职工的工作积极性。

他带领全社员工，坚持"为人民出好书"的理念，始终坚持围绕党和国家的中心工作，出色完成党和国家赋予人民出版社的神圣使命。

在马列经典著作的出版发行工作中，先后高质量地出版了《马克思恩格斯文集》（十卷本）、《列宁专题文集》（五卷本）、《马克思恩格斯选集》（第三版）、《列宁选集》（第三版修订版），特别是两部文集的发行量近三万套，创造了经典著作发行的最好纪录。

在党和国家重要文献文件的出版发行中，他精心谋划，周密安排，科学整合全社资源，从选题、编辑、制作到发行，建立起时政类图书出版快速反应机制，保证了党和国家主要领导人讲话单行本及重要会议文件，能够按照要求，及时、优质、高效出版，满足了广大读者的学习急需。他他带领全社员工，高质量地出版了《江泽民文选》《胡锦涛文选》和习近平总书记重要讲话单行本以及党的十六大、十七大、十八大及各次全会的重要文件、每年两会文件，不断创造出版发行的最好纪录。

在重大主题出版活动中，他特别重视以出版配合党和国家的重大活动和纪念节日，如在纪念长征胜利 80 周年，改革开放 30 周年，新中国成立60 周年，建党 90 周年，辛亥革命 100 周年，社会主义核心价值观，中国梦等重大主题活动中，精心组织策划了一大批重点图书。

在政治理论图书的出版中业绩显著。《全国干部培训教材》（四批 50 多种）、"马克思主义理论研究和建设工程"教材（10 册）、《理论热点面对面》系列图书、朱镕基系列著作、《温家宝谈教育》、吴官正系列著作等一批党和国家领导人的著作，在全国读者中产生了重大影响。他全程参与，精心谋划，组织出版的《朱镕基答记者问》《朱镕基讲话实录》《朱镕基上海讲话实录》成功发行 130 余万套，屡登全国畅销书榜首，分别荣获十多项大奖，被誉为年度"全行业最具影响力图书"，被中国出版界传为佳话。

在学术著作出版中，他特别重视精品学术著作的出版。提出"学术立社""精品强社"，制定并实施《人民出版社学术著作出版规范》以及扶持学术著作出版的相关办法。从政策层面，鼓励编辑策划出版更多能代表国家水平的学术著作。

对于政治性、公益性图书，他要求以低定价、多渠道、全媒体，力争全面覆盖。如在党的十八大文件出版发行中，首次采用全媒体的方式，将电子图书与纸质图书同步上市，推出了包括盲文大字版在内的 11 种不同版本，全国累计印发 4300 多万册，创造改革开放以来党代会文件发行量的最高纪录。

黄书元重视科技创新，他亲自策划并组织实施中国共产党思想理论资源数据库与传播工程，有效地提高了马克思主义理论传播的能力。2011 年，这一数据工程获第二届中国出版政府奖·网络出版物奖提名奖。

从黄书元任社长、党委书记以来，我社图书 30 多次获得国家级出版大奖；在政治图书市场占有率方面，稳居全国第一；在学术影响力方面，位列《中国人文社会科学图书学术影响力报告》第一名，社会科学著作被引用率一直居全国各出版社之首。在"全国图书阅读调查"活动中，连续五次被评为"读者最喜爱的出版社"第一名。我社先后荣获中国出版政府奖先进单位、"十一五"国家重点出版规划出版工作先进单位、全国新闻出版行业文明单位、中央国家机关文明单位、全国文明单位等称号。

黄书元本人组织、编辑、策划的图书多次获得国家图书大奖。如他策划、编辑的《心灵的长城——中华爱国主义传统》《中华三德歌》《起点——

中国农村改革发端纪实》先后荣获中宣部第五、六、七届"五个一工程"奖，《起点——中国农村改革发端纪实》获第十一届"中国图书奖"。《中华三德歌》以一年多时间发行700万册的奇迹荣获"全国优秀畅销书奖"。他参与策划的《大巴山的呼唤》获2007年度"五个一工程"奖，他主持出版的《李大钊全集》(5卷最新注释本) 获2008年度中华优秀出版物奖。(张双子)

◇ 出版《改革开放元勋画传》丛书

改革开放是当代中国最鲜明的特色，也是我们党最鲜明的旗帜。为传承弘扬一代改革者展现出的锐意探索、改革创新、拼搏进取的伟大精神，在新时期凝聚起继续推进改革开放的磅礴力量，在2008年改革开放30周年之际，我社组织策划了《改革开放元勋画传》丛书。

2013年11月，党的十八届三中全会作出《中共中央关于全面深化改革若干重大问题的决定》。2014年是全面深化改革元年，经六年打磨，《改革开放元勋画传》丛书在众多期许下与读者见面。画传第一辑选入万里、习仲勋、谷牧、任仲夷和项南五位改革开放的闯将，他们为中国改革开放的探索推进都作出了特殊贡献，在中国改革开放史上留下了浓墨重彩的一笔。万里是中国农村改革的倡导者和组织者，中国的改革就是从农村开始的；习仲勋推动广东率先实行改革开放，倡建特区，杀出一条血路；谷牧协调推动了广东、福建两省经济特区的建立，对推动形成我国对外开放新格局有重要贡献；任仲夷和项南分别主政广东和福建，是地方上的改革先锋，同时也为全国改革开放探索和创造的重要经验。

每种画传七万字左右，照片约 300 幅，通过文字和图片，充分反映出改革开放的艰辛。每本画传封底，都用了传主与邓小平的合影，意在说明他们曾一起为了改革开放而奋斗工作过。画传编辑例外引入特约编审，传主家属也都提供了很多帮助。《习仲勋画传》作者透露，他曾就一幅习仲勋会见文艺工作者照片中的人物向习仲勋夫人齐心请教，齐心马上辨认出中间一位是程砚秋的夫人果素瑛，右边的是程派著名演员王吟秋。

2014 年 12 月 9 日，我社在北京全国政协礼堂举行《改革开放元勋画传》丛书出版座谈会。深圳市原市委书记李灏、广州市原市长黎子流，以及原国家经济体制改革委员会副主任高尚全等改革亲历者代表，文献纪录片《习仲勋》总编导夏蒙、任仲夷原秘书李次岩等作者代表，万伯翱、习远平等传主家属代表，参加了座谈会。社长黄书元在致辞中提到，改革开放是实现中华民族伟大复兴的关键点，是当代中国最鲜明的特色，也是我们党最鲜明的旗帜。改革开放成为时代的最强音，为改革开放摇旗呐喊是组织策划《改革开放元勋画传》丛书的主旨所在。习远平发言介绍说，改革开放离现在不过30 多年，但很多改革开放披荆斩棘的开拓者都已离开了。从这个意义上讲，人民出版社推出这套《改革开放元勋画传》丛书，十分有意义。常言道："吃水不忘挖井人"，我们享受着改革开放成果的同时，不能忘记这些为改革开放立下汗马功劳的创建者和开拓者，更不能忘记改革开放初期那段激情燃烧的岁月。（阮宏波）

◇ 成立中国数字出版联盟

2014 年 12 月 27 日,"中国数字出版联盟"成立大会暨第一届全体理事大会在北京召开。联盟共有 63 家成员单位,其中包括人民出版社、商务印书馆等 56 家出版单位,技术服务公司、媒体等其他单位 7 家。参加联盟的出版社覆盖了综合性和专业性出版社、中央和地方出版社、出版企业和出版事业单位、国有和民营出版企业、大学出版社和其他出版社等各方面,具有广泛的代表性。

据 2014 年中国数字出版年会发布的统计数据,2013 年,我国数字出版产业产值已超过 2540 亿元,但其中传统出版单位占比只有 2.43%,属于出版社的产值占比更少。数字出版几乎清一色地从技术领域、民营领域发展起来,在很大程度上失去了与传统出版的继承性,出现了传统出版与新兴出版、内容与技术"两张皮"的现象。因此,加快传统出版社的数字化转型迫在眉睫。

面对数字化浪潮的挑战,传统出版社之间越来越从竞争对象转变为合作对象,越来越成为一个命运共同体。他们提出了"抱团取暖,应对挑战"的口号。联盟的成立,就是传统出版社面对数字化浪潮严峻挑战、生死攸关的时刻采取的联合自强行动,是适应传统出版与新兴出版加快融合发展的重大举措。

联盟成立大会提出,联盟旨在通过实现成员之间资源、技术、人才、营销、产品等要素的一体化,加快推进传统出版社转型升级,更好地实现传统出版与新兴出版的融合发展，促进数字出版业良性健康发展。联盟成立后，将致力于在促进资源合作、组织合作营销、开展维权行动等方面开展工作，推动传统出版加快数字化转型。

大会通过了《中国数字出版联盟章程》《图书数据库产品评价指标》《数字版权资源交流使用规则》等规章。大会选举出 100 名理事，我社社长黄书元当选为联盟理事长。（陈光耀）

◇《中国开放 30 年：经济增长与体制变迁》英文版伦敦首发

《中国开放 30 年：经济增长与体制变迁》出版于中国改革开放 30 周年之际，是中国国内出版的全景描述和理论分析中国对外开放 30 年的一部具有重要学术价值的优秀著作。该书由江小涓主编，江小涓、易纲、刘世锦、常青等著名专家学者分领域撰写。

该书首先对中国对外开放 30 年波澜壮阔、成就卓著的历程进行全景式描述和分析，接着分别就对外贸易、吸收外资和对外投资、对本土产业竞争力的提升、体制改革等方面来阐述开放所带来的各种利益，然后运用经济学理论，如要素禀赋理论、规模经济理论等，专门以农业、汽车、金融三个领域开放促改革的经历来综合分析开放的路径、成就与经验教训，最后从经济全球化最新趋势和开放新目标等方面对未来的开放作出展望。

这本书 2008 年曾被中宣部、新闻出版总署纳入"强国之路——纪念改革开放 30 周年重点书系"。

2012 年 4 月，我社副总编辑于青带领时任总编室主任陈鹏鸣、策划编辑、经济编辑室副主任郑海燕以及刘恋参加了在英国伦敦书展我社与圣智学习出版集团共同举办的《中国开放 30 年》英文版首发式。江小涓女士专门为首发式录制了视频演讲，向国外媒体阐述这本书的写作背景和内容。该书的版权输出受到总署表扬，吴尚之局长希望我社"发扬成绩，继续努力，锐意进取，为推动中国文化走出去，提高国家文化软实力，增强中华文化国际影响力作出新的更大贡献"。

这部著作一介绍到西方，立即引起了学界的强烈反响，英国《金融时报》《每日电讯报》、BBC 等媒体争相报道。国外读者通过阅读这本书，可以了解中国对外开放的原因、历史轨迹、发展成就、发展经验、存在的问题以及对未来对外开放的展望。此书对于了解中国、研究中国的重要意义已被广泛接受。

2013 年该书英文版被评为第十二届输出版优秀图书，2014 年该书韩文版再度被评为第十三届输出版优秀图书。（郑海燕）

◇ 2014 年度十大优秀学术著作

2014 年 12 月，经社外专家严格评审无记名投票，评出我社十种 2014

年度优秀学术著作，十种优秀学术著作和责任人如下：

《希腊哲学史》（修订本）（四卷五册），汪子嵩等著，责任人：哲学与社会编辑部

《王明传》（增订本），周国全、郭德宏原著，郭德宏增补，责任人：王世勇

《大国海洋战略丛书》（三册），[英] 保罗·肯尼迪等著，沈志雄等译，责任人：刘敬文

《吕振羽全集》（全十册），吕振羽著，责任人：陈鹏鸣

《国别史系列》（全七册），张倩红等著，责任人：杨美艳

《李塨集》（上、下），陈山榜等点校，责任人：王萍、刘志江

《中国哲学思潮发展史》（上、下），张立文著，责任人：方国根

《东亚道教研究》，孙亦平著，责任人：方国根

《蒙台梭利文集》（全五册），[意] 蒙台梭利著，田时纲译，责任人：张伟珍

《黑格尔〈精神现象学〉句读》，邓晓芒著，责任人：张伟珍（张双子）

2015

◇ 协助外文出版社发行《习近平谈治国理政》

我社对《习近平谈治国理政》一书出版工作的参与，是从编校工作起始的。2014年年初，国务院新闻办会同中央文献研究室、中国外文局等部门启动《习近平谈治国理政》一书编辑工作，为确保该书编辑质量，编辑组同志从该书编写体例选择、文稿内容选定、题注注释撰写，到封面版式设计、样书制作等多个环节，都曾听取我社有关部门和人员的建议。该书选编工作完成后，编辑组还请我社编辑和校对人员对书稿做了编辑校订，提出的修改建议大多被采纳。

我社在《习近平谈治国理政》一书上发挥的作用，重点体现在发行工作方面。2014年10月，该书在法兰克福书展首发。由于反响良好，中央决定在国内出版中文简体版。为扩大该书在国内图书市场的覆盖面和影响力，最大限度满足国内读者的需求，编辑组委托我社参与并承担该书部分国内发行任务。我社以高度的政治自觉，主动担当、服务大局，社长黄书元同志、常务副社长任超同志果断创新决策，决定与外文出版社实行区域分销战略合作，激励发行部全体人员全力以赴投入发行工作。在第一时间专门召开全国重点图书发行工作会议，邀请各地发行集团领导和具体业务骨干出席，并请中宣部出版局、新闻出版广电总局、中国外文局有关负责人到会讲话，两家出版社对该书发行工作作出部署安排。社领导还亲自带队，分赴多个省份，与各地宣传部门和发行集团密切沟通，采取切实有效措施，有力推动了该书的宣传推广工作。经过两社精诚合作，该书中文简体版发行达 500 多万册，我社发行近 260 万册，发行码洋达 2 亿多元，取得了良好的发行业绩。《习近平谈治国理政》一书合作发行取得的成功，彰显了我社一贯秉持的政治意识和大局意识，展现出我社在重大政治主题出版物方面的强大发行能力，得到了中宣部等领导机关及合作单位的赞扬和认可。同时，还有效提升了我社在行业内的影响力，为我社发行工作探索出了一条合作共赢的创新模式。（阮宏波）

◇ 出版第四批全国干部学习培训教材

2015 年 2 月 28 日，第四批全国干部学习培训教材由我社和党建读物出版社联合出版发行。习近平同志专门为教材撰写《序言》，深刻指出要以学益智、以学修身、以学增干，着力避免陷入少知而迷、不知而盲、无知而乱的困境，着力克服本领不足、本领恐慌、本领落后的问题。

第四批全国干部学习培训教材共 13 种，我社负责编校工作的 7 种图书是:《全面建成小康社会与中国梦》《坚持和发展中国特色社会主义》《加快转变经济发展方式》《社会主义民主政治建设》《社会主义文化强国建设》《社会主义和谐社会建设》《建设美丽中国》。接到任务以后,我社根据书稿情况,按照中组部干教局的要求,明确责任主体和时间进度,科学安排编辑、校对、出版、发行、宣传工作。根据编辑的业务能力和专业方向精选 20 余位编辑负责书稿的审读和编辑加工工作,两位资深编审负责通读书稿,专门制定《第四批干部学习培训教材编校规范》,精编精校。按中组部要求保质按时圆满完成第四批全国干部学习培训教材工作任务。

2015 年 5 月 6 日至 8 日,我社在井冈山干部管理学院举办第四批全国干部学习培训教材发行总结会及专项项目推介会。来自中组部干部教育局、中国外文局及全国各省发行集团业务负责人近百人参加会议,会议总结了重大主题出版物的发行规律,明确发行政策,落实工作安排,为教材的圆满完成发行任务奠定坚实基础。整套教材发行超过 126 万套。(张双子)

◇ 曾彦修逝世

人民出版社原社长、总编辑曾彦修因病医治无效,于 2015 年 3 月 3 日在北京逝世,享年 96 岁。

获悉曾彦修同志逝世消息后,中共中央总书记、国家主席习近平,中共中央原总书记胡锦涛同志分别请秘书打来电话,对曾彦修同志逝世表示哀悼，对曾彦修同志的家人表示慰问。习近平、刘云山、乔石、朱镕基、温家宝、曾庆红、吴官正、李长春、贺国强等送了花圈。

遵照曾老的遗嘱，遗体捐献国家供科学实验，丧事从简，不举行遗体告别仪式。

曾彦修，笔名严秀，1919年7月10日出生于四川宜宾。1937年12月，时年18岁的曾彦修为寻求抗日救国真理，奔赴延安。1938年2月入陕北公学并参加革命工作，同年加入中国共产党。1954年5月，任人民出版社副社长兼副总编辑。1957年被错划为右派，"文化大革命"中，受到迫害。1979年9月起先后任人民出版社总编辑、社长。1983年12月离休。1985年10月，经中央组织部批准，享受副部长级待遇。2004年8月经中央批准，享受部长级医疗待遇。他是中国出版工作者协会第一届理事，第二届顾问。

曾彦修同志担任人民出版社主要负责人十余年，始终坚决贯彻中央精神，服务大局，服务人民，为党的出版事业殚精竭虑、呕心沥血，为新中国的新闻出版事业作出了重要贡献。

曾彦修同志是富有强烈责任感和使命感的作家与鲁迅研究专家。他以鲁迅为榜样，以散文、杂文为工具，歌颂光明，抨击时弊，创作了大量优秀作品。他从1941年起就开始发表作品，1955年加入中国作家协会，先后出版了《严秀杂文选》《审干杂谈》《牵牛花蔓》《一盏明灯与五十万座地堡》《全国杂文选粹·严秀卷》《彦修杂文选》《半杯水集》《京沪竹枝词》等著作。他热心提携中青年杂文作家，注重系统阐释研究分析当代杂文创作规律，组织编辑整理了《中国新文艺大系·杂文卷》（1949—1966、1976—1982），极大地推动了中国当代杂文事业的发展。

离休后，他依然密切关注党的事业与国家的发展，注重党史与人文精神研究，坚持读书思考，直到晚年依然笔耕不辍。他力倡鲁迅精神，倾心鲁迅研究，编辑出版了《鲁迅选集》《鲁迅嘉言录》等著作。他的《牵牛花蔓》获全国 1995—1996 年优秀散文杂文荣誉奖。他 95 岁高龄撰写的《平生六记》被评为"2014 年度好书"，广受读者赞誉。（离退休干部工作办公室）

◇ 出版《"一带一路"：机遇与挑战》

2013 年 9 月，习近平主席在哈萨克斯坦纳扎尔巴耶夫大学演讲时，呼吁共建"丝绸之路经济带"。同年底，在印度尼西亚出访时提出了建设"21 世纪海上丝绸之路"。"一带一路"一经提出，便得到国际国内的高度关注，引发热议。2015 年年初，政治编辑一部编辑主动向中国人民大学王义桅教授约稿，并于当年 4 月底出版。

该书是国内首部从国际关系角度解读"一带一路"战略的著作。该书指出，"一带一路"是全方位对外开放的必然逻辑，也是文明复兴的必然趋势，还是包容性全球化的必然要求，标志着中国从参与全球化到塑造全球化的态势转变。"一带一路"是中国提出的伟大倡议和国际合作公共产品，既面临着全方位开放机遇、周边外交机遇、地区合作机遇、全球发展机遇，同时也面临着政治风险、安全风险、经济风险、道德风险、法律风险。"一带一路"既超越古代，又超越近代，体现在以下几个方面：一是理念革新：共商、共建、共享，二是理论创新：经济发展理论、区域合作理论、全球化理论，三是方式崭新：依靠中国与有关国家既有的双多边机制，借助既有的、行之有效的区域合作平台，高举和平发展的旗帜，主动发展与沿线国家的经济合作伙伴关系，实现"五通"——政策沟通、设施联通、贸易畅通、资金融通、民心相通，共同打造政治互信、经济融合、文化包容的利益共同体、命运共同体和责任共同体，充分展示了"中国回馈世界"的主旋律。

2015 年 5 月，我社分别与中国人民大学重阳金融研究院、察哈尔学会合作召开了新书发布会。

该书甫一出版即产生广泛社会反响，截至 2016 年 7 月，累计发行 14 万册。该书先后入选《中国新闻出版广电报》2015 年度好书，中国出版协会2015 年中国 30 本好书，中国图书评论学会与中央电视台联合推出的"2015中国好书"等重要奖项。该书还入选中宣部理论局、中组部干部教育局向党员干部推荐第十一批学习书目，被全国众多地方省市党委理论中心组列为学习用书。

《"一带一路"：机遇与挑战》在海外也产生较大影响。该书中文繁体字版由香港中华书局于 2016 年出版，韩文版由韩国 seoul cultural publishers.inc于 2016 年出版。（刘敬文）

◇ **实施分社制改革**

从 2006 年至 2014 年，我社在制度创新、体制探索方面迈出了坚实的步伐，尤其是在党的十八大提出全面深化改革的重大决定后，我社积极转向体制机制全面创新。2015年新年伊始，召开了人民出版社改革发展务虚会，分社制改革成为一个重要议题，通过热烈讨论，实施"分社制改革试点"形成全社共识。

根据社委会要求，战略发展研究部开展了社内外调研，在广泛征求意见并反复研讨论证的基础上起草了《人民出版社分社制改革试点方案》，经社委会研究审定，于2015年6月30日正式公布。试点方案明确了实施分社制改革的目的：（1）为实现人民出版社更大、更好的发展，突出公益出版优势地位，把公益性出版职能与市场化出版职能调整好、分工好、挖掘好、结合好、实现好，最终实现以市场支持公益。（2）在经济新常态下，实现人民出版社新的增长，寻找新的增长点，进行增量的改革；实现量增质更优的发展，调整出版结构，从粗放型、规模型向集约型、效益型转变；实现跨越式创新性发展，加速实现传统媒体与新兴媒体融合。（3）加快体制机制创新，推进深度市场化改革，发挥市场在资源配置中的决定性作用，实现更公平的竞争；以改革创新为动力，以基层创业为重点，充分激发和释放各部门的潜力和活力；更好地激发和形成团队合作精神与能力，创造整体效应。充分发挥一批人才作用，培养锻炼一批人才，为我社持续健康发展打下坚实基础，让创造创业活力迸发，让优秀人才脱颖而出。（4）形成编印发统一协调、整体营销的经营模式。探索公益出版单位的新型管理模式。分社制改革将为我社进一步全面深化改革做试点。

设立分社的基本条件：（1）分社应在人民出版社现有核心出版范围以外有明确、稳定、独特的产品线。产品线要有较长的生命周期、较大的市场容量、较好的发展前景。（2）分社社长人选采取自愿报名、公平竞争、择优委任的原则产生。参选人须在我社工作满五年，编辑岗位工作满三年，部门主任岗位（含主持工作副主任）任职满三年。（3）分社社长应具备较强的经营管理能力。我社对分社实行目标责任和综合指标考核相结合的管理方式。根据分社选择的产品线，由社委会评估确定分社年度上缴利润指标。上缴利润指标分三个量级：A级，1000万元（属社业务范围内、较成熟的产品线）；B级，800万元（从社业务范围延伸、拓展而成的产品线）；C级，600万元（社业务范围外、零起步开拓性的产品线）。分社第一个核算年度须完成社委会评估确定的年度上缴利润指标，以后三年核算年度利润指标按20%的年增长率计算，三年后如何核算年度利润指标，由社委会与分社另行商定。（4）分社社长须向社委会和社长签订《人民出版社分社社长责任书》。试点方案还界定了分社的权利和责任，对分社的管理性质和分社试点范围作了规划安排。方案明确说明，人民出版社现有编辑部门暂不纳入试点，第一批初列2—3个分社试点，以便于总结经验，逐步推广。

2015年8月18日，根据试点方案精神，按照自愿报名、战略发展研究部筛选评议，社委会研究审批的规定程序，第一批首个分社——科普分社正式成立，分社社长签署了《人民出版社分社社长责任书》。2015年12月16日，图典分社、大众分社同时成立。初步实现了改革方案的设想和规划。

"十三五"期间，我社将进一步以机制创新为动力，以基层创业为重点，根据已实施分社制改革试点的实际情况，将试点范围逐步扩大，形成公益性主题出版中心、高水平学术出版中心、全覆盖大众出版中心，一体两翼、双向融合的格局，为我国公益性事业出版单位体制机制改革继续先试先行。（张文勇）

◇《新华文摘》推进数字化平台建设

为满足工作需要，适应期刊出版数字化新形势，《新华文摘》杂志社经过多次讨论，统一思想，决定加快数字化平台建设。自 2013 年 6 月起，杂志社即着手推进新华文摘数字平台建设。截至 2014 年 9 月底，平台建设前期工作基本完成。后又针对不断发现的需求和问题，对其加以修改与完善。

2015 年 4 月，杂志社以已有平台为基础，申报了当年财政部文资办的文化产业发展专项资金，申报的项目名称是"新华文摘数字平台"，并且在 7 月获得通过。自此，杂志的平台建设进入了一个新的阶段，即适应数字平台项目建设需要，对原有平台进行优化升级。

平台初期建设工作完成后，经过反复测试和修改，已具备开通条件。

2016 年 6 月 20 日出版的《新华文摘》2016 年第 12 期是《新华文摘》出版发行总第 600 期，杂志社选择在这个有纪念意义的时间点，正式对外开放了自己的数字平台，并且在纸刊上进行宣传，让更多的读者能够第一时间了解平台建设和开通情况，享受到数字化转型升级带来的便利。除了数字平台外，杂志社还开通了自己的微信、微博和淘宝网店，制定了相应的管理办法，在数字平台上线的同时，做好微信、微博的更新和维护工作，借助这些手段，为读者提供更好的服务，扩大刊物的影响。

平台主要有以下几个功能板块：

1.网刊板块。这是平台的主体部分，参照纸刊栏目，设置了大致对应的网刊栏目。平台上刊发的文章与纸刊选文不重复；周期同为半月刊；每个栏目每期目前发稿10篇文章，约为纸刊发稿量的3倍。平台选用文章坚持精选精编、三审三校，与纸刊编发流程大体相同，只是少了印刷和邮发环节。三审三校后，文章以数字化形式在平台上刊出。

2.数据库检索。这是长期以来读者、原发刊、作者、相关科研机构对杂志社提出的期待，他们都希望能够方便快捷地查到纸质版相应转载信息。杂志社把到目前为止的近600期纸刊做成数据库，供他们查询使用。为了减少对纸质刊物发行的影响，平台对近三年的数据库文章进行了处理，这部分文章只能查询文章标题、作者、刊期等信息，不能全文阅读和下载。三年前的文章既可以查询，也可以全文阅读和购买。

3.编读互动。主要功能是保持杂志社与外界的良好信息交流，听取包括读者、作者、原发刊编辑、管理部门人员等各方面的意见。

4.纸刊展示。该板块展示最新纸刊的目录，轮播最新纸刊封面，并提供纸刊汇总、纸刊栏目、文章排行评论等功能，方便读者查阅纸刊有关信息，并与纸刊的数据库联动，供社会各界查询和阅读。

5.电子商城。该板块提供纸刊和平台文章的购买服务，而且开通了支付宝和第三方支付功能，使读者可以通过平台购买刊物和文章。按照设计，可以实现文章按篇、按栏目和按期购买。

其他的板块还包括新闻板块（包括本刊新闻、学界新闻等）、刊物作者推荐板块、书籍推荐、期刊推荐、广告等。

杂志社正不断总结经验，完善机制，积极稳妥地推进数字平台项目建设，实现平台的平稳运转。（喻阳）

◇ 出版纪念中国人民抗日战争暨世界反法西斯战争胜利 70 周年重点图书

　　为纪念中国人民抗日战争暨反法西斯战争胜利 70 周年，在社长黄书元的总体规划下，我社出版了一系列抗战主题图书，大致可分为 5 类。一是全景式展现抗战历史的权威读本，以《中国抗日战争史简明读本》为代表；二是抗战亲历者的口述实录，如《亲历者说——中国抗战编年纪事》《侵华与忏悔：日本老兵证言实录》等都是珍贵的一手口述实录；三是重要的、有价值的译著，如《永远不能忘记——日军战俘营的岁月》等；四是学术研究类著作，如《两岸抗日小说比较研究》《历史的回声：二战遗产与现代中国》等从独特的视角展现了抗日战争的一个侧面；五是图文并茂通俗易懂的图文书，如《共抗法西斯》《逃出生天》等。

　　其中，《中国抗日战争史简明读本》《中国抗日战争全景录》《共抗法西斯》被列入中宣部和国家新闻出版广电总局"纪念中国人民抗日战争暨世界反法西斯战争胜利 70 周年主题出版重点选题"。

　　《中国抗日战争史简明读本》由中央马克思主义理论研究和建设工程办公室组织编著。作为反法西斯战争主题图书的定调之作，这部书的作者阵容非常强大，由来自解放军军事科学院以及中共中央党史研究室、中国社会科学院等单位研究中国抗日战争史的权威专家组成。全书 24 万多字，并随文附约 60 幅珍贵历史图片，以客观的立场、翔实的史料，图文并茂地呈现了从 1931 年九一八事变到 1945 年日本宣布无条件投降 14 年波澜壮阔的中国抗日战争史，深刻表明中国共产党是中华民族团结抗战的中流砥柱，中国抗日战争是世界反法西斯战争的重要组成部分和东方主战场，中国人民和中国共产党人为赢得抗日战争和世界反法西斯战争胜利付出巨大牺牲、作出重大贡献。书中从官方首次阐述是中国首先揭开了世界反法西斯战争的序幕。该书还充分采用近年来学术界研究发掘的新观点、新史料和新数据。例如，该书首次明确提出日本通过七七事变发动了以灭亡全中国为目标的全面侵华战争，七七事变是第二次世界大战的起点；首次明确提出九一八事变是日本侵华战争和中国 14 年抗日战争的起点，日本点燃了世界法西斯战争的第一把战火，中国人民打响了世界反法西斯战争的第一枪。

《中国抗日战争全景录》丛书共 25 卷，由中国版协人民出版社工作委员会组织策划、全国 25 家人民出版社共同出版。人民出版社负责总述卷，各地人民出版社负责所在省区市卷。丛书全景式再现了中国人民奋起抵抗日本侵略者的艰难历史，既有对大背景、大事件、大场景的宏大描述，也有对重大战役、关键人物、重要进程的翔实记录，力求将宏大叙写与细节呈现有机结合，真实完整地展现全局与局部的有机统一、历史与思想的有机统一。全书文字凝练、图文并茂，统一封面版式、双色印刷，适合广大青年读者阅读。

《共抗法西斯》由中国人民抗日战争纪念馆和俄罗斯卫国战争纪念馆共同编写，是自新中国成立以来第一部中俄两国共同编写的抗战史图书，也是全球第一部由中国和俄罗斯共同编写的抗日题材图书，该书中文版、俄文版于 2015 年 8 月底分别由人民出版社和俄罗斯维切出版社出版。该书采用大量珍贵的历史资料，真实、生动地展现了中苏两国人民相互支持、并肩作战、共同抗击日本法西斯侵略的英勇事迹，以及两国为世界反法西斯战争胜利作出的巨大牺牲和贡献。这是新中国成立以来第一部中俄两国共同编写的抗战史图书，由中俄两国最大的战争纪念馆——中国人民抗日战争纪念馆与俄罗斯卫国战争纪念馆共同编写。该书收录了中国人民抗日战争纪念馆和俄罗斯卫国战争纪念馆提供的大量珍贵的图片资料，特别值得一提的是，由俄罗斯卫国战争纪念馆提供的苏联援华资料和图片首次在中国出版。（张双子）

◇ 出版新版《孙中山全集》

新版《孙中山全集》项目于 2009 年 9 月立项，2012 年被列入"十二五"国家重点图书出版规划，并取得 2012 年度国家出版基金资助。《全集》由长期从事中国近代史和孙中山、宋庆龄研究的尚明轩先生担纲主编，由中国社会科学院近代史研究所、北京大学、清华大学等单位的 9 位近代史研究专家组成学术编辑委员会。

为保证《全集》的出版质量，人民出版社领导及资深编辑 14 人组成《全集》出版委员会，社长黄书元任主任委员，副社长任超、副总编辑乔还田任副主任委员。他们组织精干力量，为全书的编辑加工工作付出巨大心血，对《全集》的装帧、版式设计、体例格式统一，以及每项编排细节的审定、查证、查校等诸多方面全力以赴；还派专人前往中国第二历史档案馆、北京、南京、上海等地有关科研机构、高等院校、图书馆和档案馆，以及台北"国史馆"和中国国民党党史馆，核查了大量原始档案，力求最大限度地完善全集的编校出版工作。

本项目启动之初，参与前期整理、校勘工作的彭明哲、王德树、李斌等同志与主编尚明轩先生反复交流沟通。任超副社长和乔还田副总编辑研究了全集文稿的现状后，在黄书元社长的充分肯定和大力支持下，确定了本版《全集》从编纂思想上不仅仅是查漏补缺，而是要形成历史观和文化观上的突破。《全集》必须打破以往编纂思想的藩篱，并从"国民党的孙中山"突破性地站在"中华民族的孙中山"的高度，要将近年来研究者和整理者新发现的大量的中山先生的著作集，要以孙中山文化观为基本线索，客观、全面地展现孙中山的著述、文稿及其中蕴含的丰富思想。

本版《全集》在前人研究成果的基础上，采用"百衲本"的方式，比较参证，加工整理，同时吸收近年来中外各界人士最新研究成果。在编排方式上，按文体性质分类，按时间顺序编次，按类别和字数列卷，并增加了外文著述和题词遗墨两大类。《全集》共收集整理稿件11500余篇，计10106千字，完整地反映了孙中山一生政治主张、思想文化与奋斗业绩的方方面面；在内容完备、编排创新、结构严整等诸方面超越了以往，成为我社长期出版孙中山著作的又一个里程碑。

在六年的编纂过程中，黄书元社长多次就具体工作作出指示，任超副社长和乔还田副总编辑对《全集》的出版质量、出版进度以及资助经费的使用都作出了细致、具体的把关，同时尽最大努力取得了上级主管部门的理解和支持，争取出版工作的主动。在资深编辑王德树、王一禾、李春林、李斌等人的带领下，一支年富力强的中青年编辑队伍也在完成此次出版任务的过程中迅速成长起来，为我社长期出版伟人文集、领袖著作、大型丛书锻炼了后备力量。2015 年 11 月，国家出版基金规划管理办公室对 16 卷本《孙中山全集》组织了专项验收工作，编校质量项获得满分，这是对我社编辑出版水平的最好评价。

2015 年 11 月 12 日，由我社主办的《孙中山全集》新书首发式在北京中山堂举行。国家新闻出版广电总局、国家出版基金规划管理办公室、宋庆龄基金会、北京市政协等部门有关同志及多位专家学者、在京二十余家新闻媒体代表出席了首发式。与会者纷纷指出，中国民主革命的伟大先驱者孙中山先生的著述，是中华民族的珍贵文化遗产。出版这部完备的《孙中山全集》，是了解和研究孙中山思想与生平事业的文献基础，有助于国人更好地继承和发扬这一笔弥足珍贵的政治思想文化遗产，尤其是对于研究中国人民近现代英勇奋斗的光辉历史具有重要价值，对于实现中华民族伟大复兴的中国梦具有重要意义。（张芬、刘畅）

◇ 出版《胡耀邦文选》

为纪念胡耀邦同志诞辰 100 周年，中共中央文献编辑委员会编辑的《胡耀邦文选》2015 年 11 月由我社出版，在全国发行。

11 月 20 日上午，中共中央在人民大会堂举行座谈会，纪念胡耀邦同志诞辰 100 周年。中共中央总书记、国家主席、中央军委主席习近平发表重要讲话，中共中央政治局常委李克强、张德江、俞正声、王岐山、张高丽出席座谈会，中共中央政治局常委刘云山主持座谈会。《胡耀邦文选》作为最为重要的会议用书在座谈会上发放。

《胡耀邦文选》收入了胡耀邦同志 1952 年 5 月至 1986 年 10 月这段时间内的重要著作 77 篇，约 49 万字，包括文章、讲话、报告、谈话、批示、书信、题词等，相当一部分是第一次公开发表。其中不乏对于解放思想、政治体制改革、改革开放等方面的论述。这些著作集中反映了胡耀邦同志为推动社会主义革命和建设、为推动改革开放和社会主义现代化、为推动中国特色社会主义事业作出的贡献和提出的重要思想观点，集中反映了胡耀邦同志信念坚定、心系人民的高尚品格，实事求是、勇于开拓的探索精神，公道正派、清正廉洁的优良作风。

《胡耀邦文选》的出版发行，对于广大干部群众深入了解胡耀邦同志的思想业绩和革命精神，深入学习新中国成立后特别是改革开放新时期党的路线方针政策，深刻理解中国特色社会主义的理论和实践历程，为实现中华民族伟大复兴的中国梦努力奋斗，具有重要意义。同时，该书也为党史、国史研究提供了重要的文献资料。

《胡耀邦文选》共一卷，包含精装和平装两个版本。（余平）

◇ 发行工作开创新局面

党的十八大以来，我社发行工作紧随党中央的步伐，努力学习贯彻党的十八大和十八届三中、四中和五中全会精神，以及习近平总书记系列重要讲话精神，围绕出版社的中心任务，从大局出发，开创了新的局面。

重点图书发行工作取得优异成绩：一是以《马克思恩格斯文集》（10 卷本）、《列宁专题文集》（5 卷本）为标志的马列经典著作的出版，在保持质量高、水平高的传统优势基础上，力争创新发行工作，并实现重大突破，发行量均超过 25000 套，多次受到李长春、刘云山等中央领导同志表扬。

二是先后发行习近平总书记公开讲话单行本 30 余种。同时围绕学习贯彻习近平总书记重要讲话精神，重点发行大量学习辅导读物，其中，我社与学习出版社合作出版发行的《习近平总书记系列重要讲话读本》一书已累计发行超过 1500 万册，其中我社发行量达到 776 万册。《习近平总书记系列重要讲话读本（2016 年版）》一书已累计发行超过 5000 万册，其中我社发行量超过 2600 万册。

三是自 2012 年 11 月十八大召开以来，发行部出色完成党和国家重要文件及其辅导读物的发行任务。以围绕党的十八大文件和辅导读物的出版发行工作为例，我社相关图书的出版发行工作获得了巨大成功，并实现了发行量的巨大突破，在不到两个月的时间内全国累计印发 4400 余万册。十八届三中、四中、五中全会文件和辅导读物发行情况逐年稳中有升，发行总量远超历届各次全会文件和辅导读物的发行量，达到历史最高水平。

四是全国干部学习培训教材发行量连创新高，其中由习近平总书记作序，我社与党建读物出版社合作出版发行的第四批干部教材 2015 年 2 月出版发行，累计发行 126 万套，实现发行码洋近 5.6 亿元，超过了前三批发行量的总和，受到中央领导同志肯定和好评。

五是党和国家领导人著作发行工作成为我社图书出版新名片，朱镕基系列著作、吴官正系列著作、《乔石谈民主与法制》、李长春系列著作、《贺国强党建工作文集》等，深受读者欢迎。其中朱镕基系列著作累计发行量超过 800 万册，发行码洋达 4 亿元。

六是重点做好重大主题出版物发行，展现我社发行工作服务大局、贴近群众的新风貌。近年来，我社策划出版了大批配合党和国家重大活动、群众喜闻乐见的主题出版物，为使这些图书能够更好地贴近群众，弘扬主旋律、传播正能量，我社高度重视该类图书的发行工作，从创新发行渠道到加强服务意识，全方位保障图书能够高效安全地送到读者手中。例如中央党校常务副校长何毅亭主编的《学习习近平总书记重要讲话》系列图书作为我社首次成功策划出版发行的主题出版畅销书，及时满足了当时广大干部学者、人民群众对系统学习新时期创新思想理论的需求，发行量超过 100 万册。

发货码洋创历史新高：

2015 年我社发行码洋达 11.26 亿元，是东方出版社剥离本部后首次实现人民版图书全年发货码洋超过 10 亿元。在发行总量取得突破的同时，我社发行工作进一步专业化、精细化、市场化，在近几年重点单品发行量逐年提升的情况下，2015 年单品发货量超过 100 万册的 17 种；10 万—100 万册的 25 种；5 万—10 万册的 36 种；1 万—5 万册的 123 种，市场化运作效果明显。2015 年是完成我社"十二五"规划的收官之年，回顾 2011 年至 2015 年我社经历了快速健康发展的五年，各项经济指标较"十一五"期间有明显提高，全面超额完成我社"十二五"规划各项经营指标，人民出版社实现了跨越式发展。发行部在这一过程中坚持党社姓党，服务大局，始终将政治任务的完成放在首位。近年来党和国家重要文献文件、重大主题出版项目等发行工作均顺利完成，在此基础上积极拓展各类图书发行渠道，创新营销手段，激活市场有利因素，在图书市场整体并不景气的大环境下各项发行指标屡创新高，最终顺利完成人民出版社各项发行任务，取得社会效益和经济效益的双丰收，同时，为我社的长久稳定发展打造出一支讲政治、重大局，讲学习、重执行，讲团结、重合作的高效发行团队。（汤仁宇）

◇ 创新主题出版形式，图文书视频书影响巨大

为适应读者阅读兴趣转变的新趋势，我社自主策划出版了《图解中国系列丛书》，丛书共五种，分别是《图解中国国防》《图解中国政治》《图解中国教育》《图解中国外交》《图解中国经济》。丛书以图说话，图文并茂，一经出版，立即受到读者的欢迎。

香港中华书局得知我社出版的这套图文书之后，主动联系我社购买版权，2011 年 7 月出版香港繁体字版。丛书出版后，获得了年度输出版优秀图书奖。2014 年，我社又对丛书进行了修订再版。

在成功推出图文书系列后，我社首创一种新的出版形式——视频书，通过在传统纸质书内嵌入二维码，使读者借助手机扫描二维码便可以通过手机观看相关音视频内容的书籍。视频书的出现，是传统媒体与新媒体融合的结果，也是传统媒体与新媒体融合的标志性产品，是名副其实的融媒体产品。这些音视频是作者和出版者根据图书内容制作编辑的，是对图书

内容的拓展和延伸。作为"互联网+"在出版领域的一个标志性案例，伴随着手机的普及，借助二维码、互联网及云存储空间，可以将音频、视频与文字、图片有效链接起来，增加了图书内容附加值，并使传统图书能说会动，让读者实现立体式情境阅读。2015年，我社制作出版了中国第一部视频书——《图解政府工作报告（2015）》。2016年，我社再次推出《政府工作报告》视频书（新兴媒体不断深入推进和我社还推出了《图解政府工作报告》和《政府工作报告》（二维码版）），获得了李克强总理和国家新闻出版广电总局领导的高度肯定。

◇ 打造"稻盛和夫"品牌

近年来，东方出版社大力实施"作者战略化"举措，取得显著成效，稻盛和夫就是成功典范之一。自2005年将稻盛和夫《活法》引进中国图书市场以来，东方出版社紧紧抓住稻盛和夫作为世界知名的"经营之圣"这一关键卖点，始终把打造"稻盛和夫"品牌作为一项长期的战略性任务来抓，以精心策划"活法"系列作品为主线，立足中国图书市场实际，着眼于满足中国读者多元化、差异化的阅读需求，不断拓展稻盛和夫作品的深度和广度，推出了立体式、系列化、多版本的稻盛和夫系列作品。十余年来，东方出版社先后推出"活法"系列、"心法"系列、"稻盛和夫实学"系列、"对话稻盛和夫"系列、"稻盛开讲"系列等产品，极大地丰富了稻盛和夫的产品类型，扩大了稻盛和夫的品牌效应。目前，稻盛和夫代表作《活法》达 7 个版本，销量超过 200 万册，作品种类达 55 种，销量逾 500 万册。

为叫响做实"稻盛和夫战略化"品牌，东方出版社专门成立了稻盛和夫项目组，重点负责稻盛和夫本人及其相关作品的出版和营销工作，形成了稻盛和夫《活法》等著作的高效营销体制；东方出版社每年都会举办多场《活法》分享会活动，邀请国内知名人士深度解读《活法》，扩大了稻盛和夫《活法》等著作的社会影响；与稻盛和夫培训机构盛和塾开展广泛合作，通过举办活动、读者见面会等多种形式，增进与目标读者的深度互动，完善了稻盛和夫《活法》等著作的营销网络；顺应"互联网+"发展趋势，运营《活法》公众微信平台，及时发布新书资讯、推送精彩篇章、举办线上活动，拓展了稻盛和夫《活法》等著作的宣传渠道。在东方出版社一直以来的精心策划和成功营销下，成功挖掘了大量潜在读者群体，打造了大批忠实的"稻盛铁粉"，实现了稻盛和夫《活法》等著作常年畅销中国图书市场，掀起"稻盛和夫热"的旋风。（贺方）

◇ 荣获"全国文明单位"等称号

人民出版社作为党和国家重要的政治书籍及哲学社会科学综合出版机构，几十年来，在围绕党的中心工作，服务国家建设大局，坚持为人民出好书，推进学习型政党、学习型党组织建设，引领政治导向、占领舆论阵地等方面始终发挥主流出版主力军作用的同时，社党委高度重视用中国特色社会主义理论武装全体党员干部和职工，大力弘扬社会主义核心价值观，积极开展组织文化建设和精神文明创建活动，受到业界和社会广泛赞誉。多次被评为"全国优秀出版社""全国新闻出版系统先进单位""全国新闻出版行业文明单位"；获得过"中国出版集团文明单位""新闻出版总署文明单位""中央国家机关文明单位"等称号。2015 年，又先后荣获"全国文明单位""首都文明单位"和"2012—2014 年度国家新闻出版广电总局'文明单位标兵'"的称号。同一年度获得这三项荣誉，标志着我社综合建设跨上一个新高度。（刘济社）

◇ 2015 年度十大优秀学术著作

2015 年 12 月，经社外专家严格评审（无记名投票），评出我社 10 种本年度优秀学术著作，这 10 种优秀学术著作和责任人如下：

《欧洲的分与合》，郭华榕、徐天新主编，责任人：陆丽云

《犹太史研究新维度》，张倩红等著，责任人：杨美艳、柴晨清

《康德黑格尔哲学研究》，杨祖陶著，责任人：方国根、李之美

《黑格尔著作集·宗教哲学讲演录》，[德] 黑格尔著，燕宏远、张国良、张松、郭成译，责任人：张振明

《朱熹易学思想研究》，张克宾著，责任人：方国根、段海宝

《发生与诠释——儒学形成、发展之主体向度的追寻》，丁为祥著，责任人：方国根

《人性·兽性科考人本》，宋健著，责任人：涂潇

《"一带一路"：机遇与挑战》，王义桅著，责任人：刘敬文

《论新常态》，李扬、张晓晶著，责任人：陈登、张燕

《马克思主义和中国传统文化》，陈先达著，责任人：毕于慧（张双子）

2016

◇ 黄书元当选 2015 年度中国出版十大人物

2016 年 1 月 15 日，2015 中国出版协会年会暨六届六次常务理事会在京举行。年会发布了《2015 年度中国出版业发展报告》，评选并公布了 2015 年度中国出版业十件大事、十大人物和中国 30 本好书。我社社长、党委书记黄书元当选十大出版人物的第一名。十大出版人物是中国出版协会评选的一项在业界有较大影响力的活动，评选主要依据影响力、推动力、创新、责任等综合指标。颁奖辞说：黄书元社长与时俱进、开拓创新，创办中国共产党理论资源数据库和读书会，带领人民出版社大力拓展主题出版的内容和方式，为主题出版注入了新的时代内涵，赋予主题出版更丰富的内容、更灵活的解读、更鲜活的形式。

黄书元热爱出版事业，将"为人民出好书"作为一生的追求和梦想，他牢牢抓住推进马克思主义中国化时代化大众化、发展社会主义先进文化和建设社会主义核心价值观这一伟大使命，以主题出版为主干，以学术出版为支撑，以创新驱动为引擎，与时俱进、万千谋划，千方百计、开拓创新，开创了人民出版社工作的新局面。

他带领人民出版社继承传统，开拓创新，始终把政治责任、社会效益放在首位，在推动政治性、理论性、公益性出版单位内部机制改革建设、增强发展活力方面创造出了新鲜经验。在他的领导下，人民出版社共获得"五个一工程"奖、国家图书奖等国家大奖 30 多次以及第四届全国文明单位等称号。他组织实施的"中国共产党思想理论资源数据库与传播工程"，系统规范地把经典马克思主义著作和中央文件文献放到网上传播，创新点多、适用性强、技术含量高，先后被评为新闻出版业"十一五"网站建设突出成就奖、中华优秀出版物（电子出版物）奖、中国政府网络出版物奖提名奖等，中央领导同志对数据库工作给予批示和充分肯定。他组织创办的读书会平台于 2015 年 8 月 26 日上线，以公益为主线又面向市场，是全国首个专门推动全民阅读、大众读书的文化项目。

他创新人民出版社的主题出版工作。为保证主题出版物的时效性和影响力，将中央重大精神第一时间传达给读者，探索形成一套快速反应、权威解读中央精神类主题出版图书的策划出版机制；他顺应读者对图文书阅读的新需求，创新选题策划和出版方式，深入挖掘出版资源，在全国率先推出一大批主题出版类优秀图文书，开启了中国主题出版类图文书出版的先河。为扩大主题出版物的社会影响，他建立起主题图书出版宣传发行快速反应联动机制，精密安排，多措并举，反应迅速，社会影响广泛。

◇ "党建年" 里促党建

2016 年 2 月 17 日，社党委会决定将本年确定为"党建年"。

2 月 24 日上午，我社党委组织召开了全社在职党员参加的"人民出版社传达贯彻习近平总书记在党的新闻舆论工作座谈会上重要讲话精神暨党建工作会"。总局直属机关党委常务副书记孙文科出席会议并做重要讲话。社党委书记、社长黄书元代表社党委作党建工作报告；会议由社党委副书记、总编辑辛广伟主持。

社党委书记、社长黄书元简要回顾了党的十八大以来我社党建工作，总结了我社开展党建工作的一些经验，实事求是地指出了当前工作中存在的问题，并就下一步贯彻落实习近平总书记在党的新闻舆论工作座谈会上所作的重要讲话精神，切实加强我社党建工作，作了重点部署。

会议指出，人民出版社为党而生，与党同行，具有优良的作风，要深刻认识人民出版社开展党建活动的重要性和必要性。人民出版社是我们党创办的第一个出版机构，自成立起就姓"党"，听党话、跟党走、服务党是人民出版社的神圣职责。人民出版社要切实发挥出版优势，落实习总书记指示精神，做好主题出版，策划出版一批宣传党的政策主张，成风化人、凝心聚力的精品图书，牢牢占据思想舆论引导主阵地，担负起我们作为文化出版战线一员所肩负的职责和使命。坚持全面"从严治党"，"把纪律挺在前面"，"惩前惩后、治病救人"，更是对党员干部的爱护。

会议号召全社党员，要坚持以习近平总书记系列重要讲话精神为指导，以落实全面从严治党为主线，以"两学一做"为抓手，以"三严三实"为标尺，践行"五大发展理念"，强化主体责任，突出问题导向，深化党组织建设，切实贯彻落实习近平总书记在党的新闻舆论工作座谈会上的重要讲话精神，推动我社党建和业务双发展。

总局直属机关党委常务副书记孙文科在讲话中对我社党建工作给予了充分肯定。要求我社切实履行从严治党的政治责任，把党的建设放在工作的首要位置；严守党的政治纪律和政治规矩；完善党的各项制度；加强组织建设；开展好"两学一做"；抓好党风廉政建设。

会上，社党委成员向在职党支部授党徽，为新党员佩戴党徽；党委副书记、纪委书记王彤领誓入党誓词，新党员宣誓，老党员重温入党誓词；党支部书记代表王善超同志，新党员代表张双子同志作了发言。（杨瑞勇、王彦波）

◇ 制订我社"十三五"发展规划

2016 年是"十三五"开局之年，社委会组织制订《人民出版社 2016—2020 年发展规划》，规划提出未来五年总体发展目标，指出 2016—2020 年是我社发展的重要战略转型期、体制机制创新期，也是提质增效、持续快速稳健发展的时期。这五年的总体发展目标是：抓住国家大力发展公共文化、推动文化产业大发展大繁荣的机遇，做大做强人民出版社。为此，要继续深化体制机制改革创新，探索实施分社制改革，优化公益性事业单位管理体制，切实完善内部机制，增强内生动力；进一步建立健全适应公益性事业出版单位性质的体制、机制和管理方式，大力提升公益出版服务能力；积极转变发展方式，调整产品结构，强化主题出版，丰富出版内涵；切实做好数字出版，努力抓好"全民阅读"数字平台建设，大力推进媒体融合，使新业态成为未来本社的重要增长极；积极推动哲学社会科学的出版发展和繁荣，更好地满足广大人民群众多方面和多样化的文化需求；通过不断完善现代企业制度建设，在确保人民东方出版传媒有限公司等社属单位和企业资产的保值增值的基础上，大力扶持社属企业创新体制机制，创新业务模式。全面实现人民出版社总体发展目标，优质高效地完成好党和国家出版任务。进入全国出版社综合实力排名前 15 位，员工收入与经营业绩同步增长，成为国内领先、世界一流的出版强社。

"十三五"规划还明确未来五年要出版的近 100 个重点出版工程项目，主要有中央编译局主持的《马克思恩格斯全集》第二版（约 70 卷，6000 万字）；《列宁全集》第二版增订版（60 卷，3500 万字）；王伟光主编的《中国共产党思想史》（6 卷，200 万字）；等等。（吴继平）

◇ 陆续出版《中国国家历史地理》书系

2003 年我社就策划、编辑出版《中国国家历史地理》书系（以下简称书系）。

本书系共 30 卷，选自 20 世纪最有成就的历史地理和人文自然地理研究大家——史念海、谭其骧、陈桥驿、侯仁之等的代表作，集中体现和反映中国的国家地理研究之大成。

2005 年书系在社里获得选题立项后，社领导就十分重视。2013 年，书系获国家出版基金资助出版。从选题的立项到书系的开始出版前后历经 10 年。

《史念海全集》（7 卷）2013 年出版。史念海毕生从事历史地理研究，成果涉及疆域与政区、黄河与黄土高原、经济地理、历史人口地理、历史民族地理、历史军事地理、历史文化地理及古都等。他实地考察了黄土高原、森林与草原的变迁等，很早便提出了退耕还林、退牧还林的应对方法，治理黄河和黄土高原的策略，以及解决西安市供水问题等建议，迄今都闪烁着普世济人的光芒。

《谭其骧全集》（2 卷）2015 年出版。此次出版的《谭其骧全集》，其中的《长水集补编》20 多万字是最新整理出来的，是谭先生编绘《中国历史地图集》时所作札记，大多是具体地名的考证，说明历史地图中这条线怎么定在这里，那条线为什么这么画——以前我们只看到历史地图的成果，这些札记则告诉我们这些成果是怎么来的，也为我们提供了至今仍非常有用的研究范本，十分珍贵。

《陈桥驿全集》（13 卷）2016 年 12 月出版。《陈桥驿全集》收入先生全部著作 50 余部，其中仅《水经注》方面的研究著作即达 24 种，公开发表各类文章 400 余篇。

《侯仁之全集》（8 卷）计划 2017 年出版。侯仁之是新中国成立后用现代科学方法研究历史城市地理的开创者，他对北京研究所取得的成就至今无出其右者。在他发表的许多论著如《历史地理的理论与实践》《侯仁之燕园问学集》《历史地理学四论》《侯仁之文集》中，论述了北京的地形特点、聚落兴起、园林分布的一些规律、历代建都过程、都城布局的发展演变，以及水源开发、宫廷广场的演变等重要问题，并为今天首都的改造、利用及规划等工作提出了许多建设性意见和建议。

2016 年 1 月 26 日，《中国国家历史地理》之《史念海全集》《谭其骧全集》出版座谈会暨中国国家历史地理学术研讨会在北京召开。原国家新闻出版总署署长柳斌杰书面发言认为："两位史地学界的学术泰斗，学术成果完存于世，为中国和世界留下了巨大财富。二位老先生毕生奉献于国家历史地理，考证史地，记录山河，教学治书，教育了几代人。全集的出版对当代对后世功德无量。感动的是人民出版社能在浅文化盛行的当下，依然守正出新，集中力量出版人类创造的精华——专业学术著作，大力支持学术文化的传播，提高国人科学文化知识素养，这是国家之幸、民族之福。"（张秀平）

◇"党员小书包"上线运行

2016 年是中国共产党成立 95 周年，也是人民出版社建社 95 周年。作为与中国共产党同龄的党社、大社，我社深刻把握历史规律，坚持开拓前进、积极创新，在传统媒体与新兴媒体大融合大发展的信息时代，将我社传统出版的专业采编优势、内容资源优势与互联网技术相融合，以"互联网＋党建"的创新形式，打造了信息时代党员学习新平台——"党员小书包"。"党员小书包"自 2015 年 7 月正式启动，并于 2016 年 1 月正式上线运行。

"党员小书包"党员学习新平台具有内容权威丰富，紧密对接中央部署，移动学习、有效互动，定期更新、专属定制，分级管理、精准考评五大特色，是一款集"移动阅读、在线学习、组织管理、在线考评、互动交流"于一体的多功能复合型党员学习平台。它不仅包含主流阅读客户端的所有阅读学习功能，还兼具信息发布、即时通信等交互性功能。

"党员小书包"的内容建设以"中国共产党思想理论资源数据库"为依托，收录了我社建社 95 年来出版的所有党政图书著作，同时还整合了包括中央文献出版社、解放军出版社、外文出版社等其他权威出版社出版的有关中国共产党思想理论方面的重要著作，截至 2016 年 12 月，后台已收录图书 1412 本。"党员小书包"紧跟中央学习部署，紧密结合各级党组织自身学习需求，精心设置栏目，精细挑选栏目内容，目前共开设专题栏目 5 个（包括学习贯彻习近平总书记系列重要讲话精神、庆祝建党 95 周年、"两学一做""四个全面""三严三实"）、常备栏目 5 个（时政热点、党建天地、党史博览、文件文献、重温经典）、录入文章 1274 篇。同时，"党员小书包"强大的后台管理系统可全程记录、监督、考评每位党员的阅读学习行为，点对点发布新闻公告，管理各级党组织、党员信息，为党员考核、党组织建设提供准确权威的数据统计。"党员小书包"还可为客户量身打造专属小书包，定制满足客户不同需求的个性化小书包，目前已开设定制栏目 21 个，定制界面 512 个，涵盖 355 家单位。

运行半年以来，"党员小书包"已在部分中央国家机关和北京、天津、重庆、吉林、四川、陕西、江西、内蒙古自治区、新疆维吾尔自治区、西藏自治区等地 808 家单位成功实施部署，开展集中培训会 75 场，培训单位管理员 960 名、实施小组成员 1120 名。截止到 2016 年 12 月，已有 186200 余名党员成功安装激活"党员小书包"，受到了各单位和广大党员的一致好评。革命圣地延安作为"党员小书包"的首家试用单位，积极组织全市 8 万名党员安装使用，还举办了多种学习活动，《新闻联播》《东方时空》均给予专题报道，人民网、央视网、《中国青年报》、中青在线、《陕西日报》、陕西传媒网等国家及省部级媒体也纷纷报道，反响强烈。（陈光耀）

◇ ERP 系统实现人事财务业务一体化管理

2015 年，在社领导的全力支持下，数字出版中心通过反复的调研及技术方案验证，最终确定我社财务系统升级改造方案，开展人事财务业务一体化管理系统升级工作。通过一年时间的努力，2016 年我社全面实现了人事财务业务一体化管理，具体实现了以下应用价值：

1. 依托 ERP 与 NC 系统集成提高管控能力，统一基础数据，实时传递业务单据，信息共享；建立统一的业务管理规范，确保政令统一；依托预警、账龄分析，加强对各公司控制能力；业务数据实时查询，实时监控。

2. 人力组织架构、部门、人员信息统一管理；薪资核算半自动化，提高工作效率；工资数据月底统一生成结转到总账；满足每年按标准提升薪资项目，实现普调，提高效率。

3. 建立统一的会计科目、核算体系；解决成员公司间对账难的问题；实时掌控全公司的资产变动情况；实时掌握全公司的现金流情况。

4. 财务业务一体化，应收发票审核后自动生成财务凭证，提高效率；批销出货单、退货单审核后自动生成财务凭证，提高效率；月末成本统一结转执行，提高准确率，并降低工作负荷；收入成本报表，提供考核所需销售码洋、成本数据。

5. 满足财务报表、内部管理报表等多种报表编制要求；统一平台，提高报表编制效率，比手工提前至少1周；以任务编报的方式，实现多口径的报表编制要求；加强报表内部审核，提高编制准确性、自动性。

6. 实现灵活的资产增加、变动管理；月末一键自动计提折旧，并自动传递凭证到总账；实现按照项目档案进行卡片的折旧计提管理；满足按照不通过口径进行卡片的汇总查询。

数字出版中心技术团队成员不断开创工作新局面，创造了一套独具特色、廉洁高效的项目管理办法，协助业务部门依据业务管理需要，创新信息化背景下的业务管理模式，实现了图书成本核算由码洋差异法向单书成本核算的跨越以及人事信息化管理从无到有的根本性转变，标志着我社信息化管理水平已跻身图书出版行业领先行列。（王云龙）

◇ 出版《习近平总书记系列重要讲话读本（2016 年版）》

根据中央要求，为把学习贯彻习近平总书记系列重要讲话精神进一步引向深入，切实用讲话精神武装头脑、指导实践、推动工作，中央宣传部在2014 年 6 月出版的《习近平总书记系列重要讲话读本》的基础上作了进一步增补和丰富，组织编写了《习近平总书记系列重要讲话读本（2016 年版）》（以下简称《读本》）一书。

编辑出版发行好《读本》，是中央交给人民出版社的重要政治任务，是人民出版社的头等大事。为做好各项工作，早在《读本》编写工作启动时我社就派骨干编辑深度参与进去。2016 年 3 月下旬，《读本》全稿交到我社。社委会高度重视，社长黄书元亲自挂帅，挑选社内优秀编校人员组成多个小组，在有限的时间内连续作战，对书稿多次交叉互编互校，重新核对书稿中的讲话原文，社内提出的十多条修改意见被《读本》编写组采纳。4 月初，《读本》由学习出版社、人民出版社出版，在全国各地新华书店发行。《读本》分 16 个专题，全面准确阐述了习近平总书记系列重要讲话的重大意义、科学内涵、基本观点、精神实质和实践要求，阐述了党中央治国理政新理念新思想新战略，是广大党员、干部、群众学习讲话精神的重要辅助材料。

中共中央宣传部、中共中央组织部联合发出关于认真组织学习《习近平总书记系列重要讲话读本（2016年版）》的通知，对学习使用《读本》作出全面部署。通知要求各级党组织要在组织全体党员认真学习习近平总书记系列重要讲话原文原著的同时，组织好《读本》的学习。要引导广大党员干部不断深化对讲话精神的领会和理解，准确把握党的科学理论既一脉相承又与时俱进的内在联系，更好地把思想和行动统一到讲话精神上来，统一到中央重大决策部署上来。经过我社与学习出版社的共同努力和精诚合作，《读本》共发行5200多万册。（阮宏波）

◇ 中央第一巡视组来我社延伸巡视

2016年4月12日，中央第一巡视组来我社进行延伸巡视。巡视组副组长赵春光、副组长马辉、正处级巡视专员李国正、副处级巡视专员李晓鹏同志出席了会议。

社党委高度重视此次延伸巡视工作，成立了人民出版社配合巡视工作保障小组。并提供了人民出版社组织结构、社编制内在岗职工名册、2004—2015年人民出版社销售情况表、2002—2015年人民出版社净资产情况表、2002—2015年人民出版社利润情况表等多种材料，全力做好巡视保障工作。

社党委书记、社长黄书元代表社党委从社领导班子履行主体责任、执行"六项纪律"、加强党的建设等方面的总体情况及存在的问题进行了专题汇报。

巡视组听取汇报之后，对我社在中央没有事业经费资助的情况下，依靠改革创新取得较大成绩表示肯定，同时表达要将情况向中央有关部门报告，要求尽快形成书面材料。根据巡视组的要求，我社写出了《十八大以来人民出版社创新发展情况报告》，于16日呈报中央第一巡视组。报告共分三大部分十三个小点：一是发展概况。以丰富的优秀主题出版物引领导向、服务大局；积极创新新媒体形态，打造党的思想理论传播新格局；双效益有机结合，奠定经济效益超常规增长；人才结构合理、队伍稳定，构建了人才培养和使用机制；社内风清气正，上下一心，确保了整个出版社健康有序发展。二是几点思考。统一思想，坚持党社姓党；加强激励，强化约束；深化改革，推进创新；优化环境，造就人才；抓好党建，筑牢根基。三是主要困难。作为事业单位，我社没有人员经费和事业经费，至今未能享受到其他出版单位享受的国家三大税收优惠政策，与其他出版单位处于不平等竞争状态；离退休干部相关费用支出没有社会化，成为我社又一重要额外支出；办公用房问题严重困扰我社发展。

7月12日，中央纪委驻中宣部纪检组傅自应组长带领副组长罗明成，纪检组四室负责人晏聪等一行5人来我社进行检查调研督导，总局直属机关纪委书记王金玲陪同调研。

中央第一巡视组和傅自应同志对我社的工作，都作出积极正面的评价：人民出版社进入新的世纪后，得到了长足的发展，成绩来之不易；对于传播马克思主义，做好出版宣传工作发挥了积极作用；党建工作取得很好的成效，扛牢抓实全面从严治党主体责任；能够强化"四个意识"，把纪律规

矩挺在前面，始终坚持正确的政治方向、牢记党性原则、坚持为人民出好书。（陈百万）

◇ 出版《总体国家安全观干部读本》

《总体国家安全观干部读本》由中央有关部门联合组织编写，中共中央政治局委员、中央办公厅主任栗战书同志任编委会主任。

《读本》首次全面系统、权威准确地阐述了总体国家安全观重大战略思想。既全面介绍了总体国家安全观的丰富内涵、道路依托、领域任务、法治保障和实践要求，又系统总结了习近平总书记对新形势下我国国家安全工作需要回答和解决的一系列理论和实践问题的精辟阐述，是广大党员干部群众学习贯彻总体国家安全观的权威辅导用书。书中还特别收录了习近平总书记所作的相关重要批示和照片。

应《读本》编委会要求，2016年1月中旬我社抽派编辑钟金铃提前介入《读本》编辑工作。3月初，书稿正式交付我社。在时间紧、任务重的情况下，我社选调精干力量成立《读本》编校小组，先后进行五审五校，保质保量完成了编校任务。2016年4月16日，即我国首个全民国家安全教育日翌日，《读本》正式出版发行并在京举行首发式，《人民日报》、新华社和央视《新闻联播》等中央媒体均做了重点报道。

4月中旬，中组部、中宣部联合发文，要求全国认真组织学习好该书，明确指出："要把《读本》作为学习习近平总书记系列重要讲话关于总体国家安全观重要战略思想的基本教材。"5月上旬，中组部再次发文，专项部署《读本》发行工作，明确要求县处级以上领导干部人手一册，国家安全相关工作人员人手一册。为推动《读本》的宣传发行，5月25日、6月20日，我社与云南出版集团、广西新华书店集团分别在云南昆明、广西南宁联合举行了《读本》学习座谈暨赠书仪式，产生了较大社会反响，当地及全国新闻媒体做了大量报道。7月4日，《人民日报》刊发《读本》编写组组长专访文章《切实履行好维护国家安全的神圣使命——专访中国社科院世界经济与政治研究所所长、研究员张宇燕》。7月12日起，《人民日报》《光明日报》《法制日报》《学习时报》相继刊发由知名专家撰写的书评，对《读本》作出扼要介绍和高度评价。

在中央有关部门的科学统筹和出版发行单位的共同努力下，《读本》发行量稳步增长，至2016年年底已发行140多万册，对总体国家安全观的宣传学习贯彻起到了积极有力的推动作用。（钟金铃）

◇《马克思靠谱》的成功探索

2016年5月，东方出版社出版的《马克思靠谱》以轻娱乐的方式对马克思主义经典著作进行系统化宣讲，标志着我们在新时代推进马克思主义中国化、时代化、大众化上所作出的一次大胆成功的尝试。

选题立项之初，因该选题内容的重要及形式的大胆，人民东方出版传媒有限公司选题论证会进行了多次讨论，内部也有较大的分歧：如此解读马克思是否准确，是否会引起学界和文化界的质疑，读者是否会真正接受这种创新……公司总裁潘少平和总编辑许剑秋提出，人民东方一直以来都试图从市场运作的角度探索理论宣传的新方式、新路子，只要导向正确，还是要充分鼓励年轻人的创新探索。由此，选题论证会确立了"在内容和导向正确的前提下，从当下读者的阅读旨趣出发，在形式上做些探索也无妨，不妨试试"的思路，鼓励编辑作出此次尝试。

图书上市后，各界人士及媒体对这本突破传统形式的通俗理论读物反响很好。5月17日，在习近平总书记主持召开的哲学社会科学工作座谈会上，《马克思靠谱》一书的执行主编钟君（中国马克思主义研究院研究员）汇报了其在科学社会主义领域所做的尝试，其中着重提到了《马克思靠谱》，习近平总书记和刘云山书记对此进行了充分的肯定。诸多专家学者、党政机关工作人员、高校师生陆续围绕《马克思靠谱》的相关论题撰文评论、组织读书会讨论学习，有读者直呼"《马克思靠谱》搭建起了年轻人穿越时空与马克思对话的平台和桥梁，凸显了马克思主义在当下的积极现实意义""《马克思靠谱》确实靠谱""封面上的马克思好Q，好接地气！感觉不再是一个远不可及的思想家，而是一个能交心的大叔"，引发了一波波热议。《人民日报》《光明日报》《中国青年报》、环球网、澎湃新闻、观察者网等国内思想聚焦的媒体对《马克思靠谱》进行过专题报道，在央视《新闻联播》中，该书作为党的十八大以来理论传播创新成果的典型代表被聚焦报道。

6月，我社组织作者对该书进行全面、细致的修订，推出第二版。《马克思靠谱》在获得各方赞誉之外，还斩获多项佳奖：中宣部、国家新闻出版广电总局开展的"第七届优秀通俗理论读物奖"、2016 年度"大众喜爱的 50 种图书"等，并入选"中国好书榜"榜首。（姚恋）

◇《国际共产主义运动史》出版俄文版

《国际共产主义运动史》是中央"马克思主义理论研究和建设工程"重点教材之一，2012 年 5 月由我社出版。2016 年 7 月，经我社授权，俄罗斯全世界出版社出版发行该书的俄文版。全世界出版社是俄罗斯重要的哲学社会科学出版社之一，在俄语出版界具有很大影响力。该书由俄罗斯著名汉学家、俄罗斯科学院布罗夫教授组织，由俄罗斯学者历经两年翻译完成。这是"马工程"教材首次输出外文版权，也是我社"走出去"工作取得的一项重要成果。

2016 年 8 月 24 日，中共中央政治局常委、中央书记处书记刘云山同志在北京国际图书博览会我社展台前，听取社长黄书元和总编辑辛广伟关于我社主题出版和"走出去"工作汇报时，称赞："人民出版社'走出去'工作做得好！"

8 月 30 日，《国际共产主义运动史》俄文版新书发布会在北京举行，来自中宣部、中联部、新闻出版广电总局的领导，以及中央编译局、中国社会科学院、中共中央党校、北京大学、中国人民大学、俄罗斯驻华使馆、俄罗斯全世界出版社的中外专家和学者共计 200 多人参加了活动。各大媒体分别报道了本次活动。10月，在中国文化"走出去"专项工作会议上，中宣部部长刘奇葆同志号召各文化单位的"走出去"工作"要向人民出版社的《国际共产主义运动史》学习"；11月，中央人民广播电台制作"一带一路"专题节目，报道的第一个成果就是《国际共产主义运动史》在俄罗斯的出版发行。（刘可扬）

◇ 出版《胡锦涛文选》

编辑出版《胡锦涛文选》是中央交给我社的重要政治出版任务。

2016年8月4日下午，应中央文献研究室约请，我社社长黄书元、总编辑辛广伟等前往中央文献研究室开会。中央文献研究室主任冷溶指出，中央决定出版《胡锦涛文选》，规格参照《江泽民文选》，出精装、平装版本。他强调，出版《胡锦涛文选》是中央交办的一项重要政治任务，一定要组织最优秀的编辑校对力量，把好质量关，不能有任何错误。要制定好计划，确保出版时间。在该书正式出版前，要做好保密工作，不得泄露书中任何内容及相关安排。

社委会高度重视《胡锦涛文选》编辑出版工作。抽调精兵强将，组成以社长黄书元为组长的出版工作领导小组。立即召开《胡锦涛文选》编辑出版工作大会，黄书元社长就贯彻落实中央指示进行周密部署，并对质量、进度、保密等工作提出明确要求，要求参加这项工作的所有同志，马上进入加班模式，发扬连续作战的优良作风，不辞劳苦，全力以赴，务必圆满完成各项任务。8月6日，收到书稿之后，承担本次编辑出版任务的所有同志投入工作。为切实保证编校质量，我社组织一百多人的编校力量，对书稿共进行了12轮编辑，10轮校对，提出近千处修改建议，被中央文献研究室吸收采纳212.5处。

《胡锦涛文选》分特精装、精装、平装、普及本四种版本，于9月20日全国同步上市发行。9月23日，中共中央下发关于学习《胡锦涛文选》的决定。9月29日，中共中央在北京举行学习《胡锦涛文选》报告会，中共中央总书记、国家主席、中央军委主席习近平在会上发表重要讲话。

《胡锦涛文选》生动记录了以胡锦涛同志为总书记的党中央团结带领全党全国各族人民在新的历史起点上坚持和发展中国特色社会主义的历史进程，科学总结了我们党依靠人民战胜一系列重大挑战、推动改革开放和社会主义现代化建设取得新的重大成就的宝贵经验，集中反映了我们党坚持以马克思列宁主义、毛泽东思想、邓小平理论、"三个代表"重要思想、科学发展观为指导，坚持把马克思主义基本原理同当代中国实践和时代特征相结合创造性提出的重大理论成果，为巩固全党全国各族人民团结奋斗的共同思想基础提供了重要教材。（阮宏波）

◇《家风》随"天宫二号"飞入太空

2016年9月14日，我社出版的《家风》一书封面及电子光盘作为全国唯一一本入选的图书随着"天宫二号"飞入了太空，并由"神舟十一号"航天员带回地面。该书出版后，长期持续名列新华书店榜单，《人民日报》、中央电视台、北京电视台、新浪网、搜狐网等都进行了报道，并开展了相关的朗读会，不少中小学校把它列为必读书目，该书也被新闻出版广电总局纳入农家书屋书系。4 月 23 日，全民阅读日"家风大家谈"主题活动作为北京书市的重点活动在朝阳公园下沉广场举办，社会反响很大。（郑海燕）

◇ 东方出版社东京分社揭牌成立

为贯彻实施国家出版"走出去"战略，促进人民东方国际化进程，经过我社社委会批准，东方出版社在日本设立东京分社，并于 2016 年 9 月 20 日在东京举办揭牌仪式。我社社长黄书元、人民东方出版传媒有限公司总裁潘少平、总编辑许剑秋一行 5 人赴日本出席了东京分社的揭牌仪式。

在揭牌仪式上，黄书元社长对东京分社表达了殷切期望："在海外讲好中国的故事，'走出去'一定要与'走进去'结合起来。'走出去'，就是要能够把我们的出版机构、书籍报刊走向海外；'走进去'，就是要让我们走到海外的出版机构、书籍报刊能够接地气、本土化，走进华侨华人社会，走进所在国的主流中枢社会。我们一定要用他们听得懂、易接受的语言、文字和传播方式讲好中国的故事。"

9月21日晚，"中国·东方出版社东京分社成立纪念会"在东京椿山庄酒店隆重举行，日本前首相福田康夫、参议院议员西田诚、日本国会日中友好议员联盟干事长、众议院议员近藤昭一、中国驻日本大使馆公使刘少宾、被誉为日本"经营之神"的京瓷名誉董事长稻盛和夫、全日本华侨华人联合会会长颜安等日中两国的政界、财界、出版界以及侨界的150余人莅临，纷纷表达祝贺之意。

日本前首相村山富市、现任日本安倍内阁的国土交通大臣石井启一等分别发来贺电。中国驻日本大使馆公使刘少宾在致辞中说："中国的东方出版社东京分社的成立，的确是中日两国文化界的一个重大新闻。我代表中国驻日本大使馆表示热烈的祝贺。""明年是中日邦交正常化45周年，我希望东方出版社东京分社出版更多的好作品，为两国民间更高一层的交流作出贡献，增加两国正能量。"

东方出版社已与80多家日本出版机构建立起合作关系，引进出版了超过500种日本书籍。其中包括日本京瓷株式会社创始人稻盛和夫，日本欧力士集团创始人、资深董事长宫内义彦，日本互联网协会理事长、株式会社 Broad Band Tower 社长兼会长 CEO 藤原洋，株式会社 STRIPEINTER-NAIONAL 社长石川康晴等日本经企界领军人物的著作，同时推出"精益制造"与"精细化服务"两个系列图书，不仅在中国拥有广阔的读者市场，在日本政界、财经界、文化界、华侨界也受到了好评。

东方出版社东京分社的成立，在中国国内也得到高度关注。新华社、中新社、《人民日报》等国内各大媒体均作了报道，各大门户网站也都转发了消息。国内出版同行也纷纷来电或致函，希望借助东方出版社东京分社的出版平台，将他们优秀的图书介绍到日本去。（吴长春）

◇《理论热点面对面》系列图书 屡获大奖，影响巨大

2016 年 9 月，我社与学习出版社联合出版的《全面小康热点面对面——理论热点面对面·2016》荣获第七届优秀通俗理论读物奖。自优秀通俗理论读物奖开评以来，该系列图书每次均获得此奖。迄今为止，该系列图书发行量累计超过 3200 余万册。

《理论热点面对面》系列图书由中共中央宣传部理论局组织编写，旨在对广大干部群众普遍关心的热点难点问题，进行了深入浅出的回答，观点准确、说理透彻，具有较强的针对性和说服力。图书围绕历年来党和国家大政方针政策分专题进行阐述，每个专题都针对人们的认识误区、思想疙瘩、实践难题来阐发事理，不回避问题，不避重就轻，不转弯抹角，着眼于解答群众在思想认识上的困惑。采用鲜活流畅而富有哲理的语言，进行不落俗套、不拘一格的论证说理，寓情于理，以小见大，易读易懂。直面现实、直面群众、直面困惑，是一部大众化的理论著作。图书用最新素材阐述理论问题，用身边事例说明深刻道理，图文并茂、文字生动、通俗易懂、可读性强，是广大干部群众、青年学生理论学习的重要辅助材料。

2003 年，第一本《理论热点面对面·2003》由学习出版社出版。为争取本书的出版发行权，黄书元社长分别致信并面见中宣部有关领导，详细汇

报我社在政治类通俗理论读物出版发行方面的优势，中宣部有关领导最终接受了由我社与学习出版社联合出版发行的建议。从 2005 年开始，我社与学习出版社联合署名，共同出版发行该系列图书。两社发挥各自优势，紧密合作，使该系列图书的发行工作连年创下很好的销售业绩。2005 年发行 30 余万册，2009 年销售近 200 万册，2010 年销售 300 万册，2011 年销售 407 万册，2012 年销售 405 万册，2013 年销售 370 万册，2014 年销售 250 万册，2015年销售 354 万册，2016 年销售 295 万册。

该系列图书是：《理论热点面对面·2003》《理论热点面对面·2004》《理论热点面对面·2005》《理论热点面对面·2006》《理论热点面对面·2007》《理论热点面对面·2008》《理论热点面对面·2009》《七个"怎么看"——理论热点面对面·2010》《从"怎么看"到"怎么办"——理论热点面对面·2011》《2012 理论热点面对面——辩证看、务实办》《理性看　齐心办——理论热点面对面·2013》《改革热点面对面——理论热点面对面·2014》《法治热点面对面——理论热点面对面·2015》《全面小康热点面对面——理论热点面对面·2016》。（吴继平）

◇《新华月报》全媒体传播工程启动运营

《新华月报》全媒体传播工程是人民东方出版传媒公司"十二五"期间的重点项目，也是国家新闻出版广电总局新闻出版改革发展项目库入库项目。该项目于 2014 年初向国家新闻出版广电总局申报新闻出版改革发展项目，并向财政部文资办申请文化产业发展专项资金，同年 12 月获得财政部文资办 750 万元的文化产业发展专项资金的资助。项目于 2105 年初启动，2015 年 10 月实施，先后完成了门户与电子商务网站子系统、终端 APP 子系统和运营支撑子系统的开发建设，系统总体架构合理，能够满足用户的基本使用需求。于 2016 年 10 月通过了专家终验评审，并启动了项目的运营。

该项目旨在依托《新华月报》（全国唯一的时政文摘期刊；自 1949 年以来的新中国 65 年实景简史珍稀档案；全面收录的党和国家重要文献资料和研究性精编），通过该平台提供的新中国发展史料数据库及人物事件关键词查询等对外窗口，形成一个集数字出版、移动发布与网络互动服务的全媒体传播平台，权威的网络时政文献及公共管理传播平台，从而实现传统媒体与新兴媒体全面融合，平面刊物与电子刊物共生发展。

◇ 出版《李达全集》

2016 年 12 月，《李达全集》出版。《李达全集》是 2011 年年度国家出版基金资助项目，也是国家社科基金重大项目"李达全集整理与研究"最终研究成果（结项等级为"优秀"），共 20 卷，约 1000 万字。

李达（1890—1966）是我国传播马克思主义的先驱之一、中国共产党的创始人之一和中国最有影响的马克思主义理论家之一，也是人民出版社的第一任社长。他毕生从事马克思主义的研究、著述和宣传，在哲学、经济学、科学社会主义、法学理论等诸多领域都有开拓性的贡献。

《李达全集》由教育部"长江学者"汪信砚教授主编，武汉大学前校长陶德麟、顾海良担任编纂委员会主任，数十位专家学者组成的课题组历时5年多时间完成。《李达全集》收集和整理了李达一生的论著、译著、文章、讲义、书信等，涉及哲学、经济学、政治学、史学、法学、社会学、教育学等众多领域，对于全面展示李达一生的丰硕成果和重大理论贡献，对于推动学术界深化对李达学术思想的研究、对马克思主义中国化的进一步探索，无疑具有极其重要的意义。

《李达全集》的选题最早由我社方国根、洪琼两位同志于2009年提出。创意甫一提出，便得到了武汉大学的大力支持，武汉大学哲学院汪信砚教授旋即着手组织研究团队。在成功申报研究经费和出版经费后，项目终于得以落地生根，成为编辑与作者互动，共同打造精品图书的典型案例。项目启动后，方国根与洪琼不仅多次拜访李达的夫人石曼华女士和养女李媛媛，征得李达家人的同意和支持；而且多次赴武汉大学和课题组成员沟通协调编纂的体例与注意事项。2016年7月《李达全集》交稿后，我社哲学与社会编辑部、法律与国际编辑部的10余位编辑精诚合作，在短短的5个月时间内，便优质高效地完成了这套20卷本的出版工作。《李达全集》的编辑工作任务艰巨，涉及的学科众多，成文时间跨度较大，数十位专家学者共同编纂，体例、格式以及表述方式存在非常大的差异，责任编辑和统稿者下了很大的功夫来统一体例，并反复与主编沟通。（洪琼）

◇ 三个项目获第六届中华优秀出版物奖

2016 年 12 月 27 日，中国出版协会举办的第六届中华优秀出版物奖揭晓，我社《胡乔木传》《何镜堂传》获该奖项图书奖，"党员小书包"获该奖项电子出版物奖。

《胡乔木传》由我社和当代中国出版社联合出版，是 1994 年由中央批准成立的《胡乔木传》编写组经过 20 多年编写而成的，客观详实地记述了胡乔木的一生经历和贡献；《何镜堂传》由我社和华南理工出版社联合出版，是国家"十二五"重点图书出版规划项目，也是我社组织策划的大型出版工程"中国工程院院士传记"系列之一。

荣获第六届中华优秀出版物电子出版物奖的"党员小书包"，是我社近年来着力打造的信息时代党员学习新平台。该平台自 2015 年 7 月正式启动，2016 年 1 月正式上线运行。平台内容以"中国共产党思想理论资源数据库"为依托，收录了我社建社 95 年来出版的所有党政图书著作，同时还整合了包括中央文献出版社等其他权威出版社出版的有关中国共产党思想理论方面的重要著作。新平台是一款集"移动阅读、在线学习、组织管理、在线考评、互动交流"于一体的多功能复合型党员学习平台。

（吴继平）

◇ 出版中文版《泰戈尔作品全集》

在印度文学巨匠拉宾德拉纳特·泰戈尔诞辰 155 周年之际，最翔实、全面的中文版《泰戈尔作品全集》出版。全集共 18 卷 33 册，每册分诗歌、散文、小说、戏剧 4 部分，共约 1600 多万字，历时 7 年完成，是中国首次完整收录泰戈尔全部孟加拉语作品、作者亲自翻译的 8 部英文诗集以及在国外发表的演讲汇集，是真正意义上的全集。

除却泰戈尔亲自改写的英文诗集，该全集的译文全部从孟加拉原文直译，由国内 15 名一流孟加拉语专家翻译，不收录转译自印地语、英语的译文，并且选用了公认的权威版本——泰戈尔国际大学编辑的《泰戈尔作品集》普及版本进行翻译。该全集的出版标志着泰戈尔的孟加拉语作品全部从原文译成汉语，在中外文化关系史和中印、中孟文学交流史上具有重要意义。

全集 2009 年在人民出版社立项，并被纳入国家"十二五"重点出版项目。社领导高度重视，要求高质量、高标准地出好这套全集。我社邀请了国内目前研究孟加拉语最权威的专家、学者担任翻译、审稿工作，他们来自中国国际广播电台、中央党校、北京大学、北京外国语大学、中国传媒大学等单位。主编董友忱是国内著名的泰戈尔专家、资深翻译家，从始至终担任翻译、统稿工作。中国国际广播电台孟加拉语部承担了全集诗歌、散文、戏剧部分的翻译审校工作，纠正了许多以往译者对泰戈尔作品的误译。负责全集编辑出版工作的公共事业编辑部始终将其作为部门重点，投入大量时间和精力，制订统一编辑规范和要求，安排数位编辑进行细致审读和编辑加工，就各卷书稿中的问题与主编反复沟通，并与排版、校对、出版部门做好协调，保证全集按质按量按时出版。

2016 年 5 月 5 日，由中国国际广播电台、人民出版社联合举办的"《泰戈尔作品全集》首发式"在北京召开。新华网等众多媒体对首发式进行了报道。《泰戈尔作品全集》主要译者、孟加拉国驻华公使瓦尔德·侯赛因、印度驻华文化参赞帕娜佳以及孟加拉国、印度在华留学生代表等嘉宾出席首发式并对全集的出版赞誉有嘉。

全集主编董友忱说，目前中国是除印度、孟加拉国外唯一出版了《泰戈尔作品全集》的国家，该全集为中国的泰戈尔研究者和热爱他的读者提供了一套可靠的材料，也使不懂孟加拉语的中国人有可能分享他为人类留下的丰厚的文化遗产。（王萍、卓然）

◇ 读书会获多项大奖

为大力推进"全民阅读"活动，倡导"读好书·做好事"，我社成立了读书会。

2011 年，我社团委在中央国家机关团工委、国家新闻出版总署机关党委指导下，开展了"书香行动——向中央国家机关青年干部推荐好书"活动。

为深化"书香行动"，2014 年 8 月，在中央国家机关青年志愿者协会指导下，我社青年志愿者协会联合中央和国家机关各部门以及所属企事业单位志愿服务组织共同发起成立了先进青年自组织——读书会。读书会包括线下活动和线上平台，线下活动已在全国各地、面向各类读者开展了近百场内容丰富的读书会活动，成为助力全民阅读、倡导全民读书的重要阵地。2015 年 5 月 4 日，我社成立数字阅读部（读书会办公室），专门负责读书会各项工作。至 2016 年年底，读书会线下活动已举办 96 期读书会活动、1 次观影、5 次公益活动、2 次调研。

读书会线上平台于 2015 年 8 月 26 日上线，包括读书会社交平台（www.dushuhui423.com）和人民出版社读书会微信号（rmcbsdsh）。读书会社交平台是以各大出版社、党政机关、企事业单位、高校科研院所、志愿服务组织和公益机构、新闻媒体、知名专家学者以及广大读者等为主体，以读书、阅读为主题，以"读书会"为核心内容的大型社交平台。自 2015 年 8 月 26 日改版上线以来，历经 80 余次的迭代更新，截至目前入驻名家、团体、出版社、兴趣读书会千余家，注册人数近 81 万人，访问量 2493 万人次，发布各类资源两万余条，发布新书 2500 余种，实现了新书发布、话题讨论、限时阅读、直播间、活动报名、书摘书评、阅读快讯、社交圈、今日推荐、公开课等基本功能。微信公众号自 2015 年 8 月创建以来，每周一、三、五早上定时发布内容，共发布文章千余篇，总阅读数超过 210 万次，关注人数超过 3 万人，在中国新媒体第一站 24 万公众号排名中，最优排名为 567 名。2016 年度，人民出版社读书会微信号微信传播力超过 75.8% 的公众号。

2015 年 12 月，读书会项目获得第二届中国青年志愿服务项目大赛金奖；2016 年 8 月，读书会荣获第三届中国创意工业创新奖新产品奖银奖；2016

年 12 月，读书会项目获得第十一届中国青年志愿者优秀项目奖。

目前，读书会已经探索出了一条线上阅读和线下交流的 O2O 模式，既以公益为主线又面向市场，打造全国首个专门推动全民阅读、大众读书的文化项目，特别是为高端读者、特殊读者群体提供专享读书服务。（徐庆群）

◇ 出版《中国监察通鉴》

2016 年 12 月，国家出版基金重大项目《中国监察通鉴》出版发行，全书共 11 卷，约 300 万字。

近年来，随着反腐败斗争的深入开展，如何从制度上预防和惩治腐败，成为人们关注的热点问题。为了总结历史经验，为中央深化国家监察体制改革提供历史借鉴，我社组织专家编辑出版的这套《中国监察通鉴》，有助于读者了解中国古代反腐败斗争的历史，了解监察制度建设在制度反腐中的重要意义。这是第一部系统研究中国监察制度演变的学术专著，具有重要的资政价值。对于中央深化国家监察体制改革这场"事关全局的重大政治改革"提供了重要的历史借鉴。此书受到国家新闻出版广电总局领导的高度重视，并获得了国家出版基金的支持。

在出版过程中，我社曾组织故宫博物院和北京大学、中国人民大学、武汉大学、中国社会科学院的知名专家，对全书进行了论证和审读。专家们一致认为，《中国监察通鉴》是第一部系统研究中国监察制度的专著，同时也是由人民出版社精心打造的反腐资政力作。俗话说，"以史为鉴，可以知兴替。"我国古代的监察制度，是一套具有中国特色的制度设计，从先秦一直持续到清末，时间跨度长达几千年，是当时世界上绝无仅有的，至今仍然具有重要的借鉴价值。该书系统考察了中国监察制度的演变，填补了多项研究空白，可以说是一部高水平的学术著作。与其他学术专著相比，该书的鲜明特色在于侧重从资政的角度治史，用大量篇幅总结了历朝历代治国理政的成败得失，阐明了制度反腐在中国传统政治文化中不可替代的地位，剖析了监察制度这一具有中国特色的制度设计的独特价值和深刻内涵，为我们学习、了解、研究古代监察制度建设及反腐倡廉历史，提供了可资借鉴的珍贵史料。

作者贺清龙长期战斗在反腐斗争第一线，多年在中央纪委从事监察工作，并致力于中国监察历史和传统治理模式的研究。该书汇集了作者数十年的研究成果和对深化中国监察制度改革的深层思考。

该书出版后受到各界高度重视，中央电视台在"新闻联播""今日关注""文化十分"等栏目均予以报道。（王世勇）

◇ 出版《中华大典·政治典》

《中华大典》系国务院批准的重大文化出版工程、国家文化发展规划纲要的重点出版工程项目、国家出版基金重点支持项目，位列新闻出版广电总局（原新闻出版总署）"十一五""十二五"国家重大工程出版规划之首。人民出版社承担了《中华大典·政治典》的出版任务。

《政治典》的编纂出版工作始于2008年，在黄书元社长的主抓和督促下，在陈有和、乔还田、于青等几任主管社领导的有效组织和落实下，该项工作进展顺利。2008年秋，社长黄书元带领责任编辑王萍、邵永忠与中华大典办公室副主任伍杰一同到北京医院看望《中华大典》总主编任继愈先生，并就《政治典》主编、具体编纂人选及出版规划进行了汇报，得到了任继愈先生的肯定。

在组建编纂队伍后，《政治典》主编杨寄林及各分典主编制定了各分典的具体编纂框架，并报大典办和总主编任继愈审核。大典办组织学术界、出版界的专家学者对编纂框架进行了认真评审，大家一致认为编纂框架体现了现代政治学的学科体系，同时反映了中国传统政治的特殊形态，具有科学性和可操作性。任老强调《政治典》要体现中国传统政治的阶段性特色，同时要重视历史上的"三农"问题。在充分尊重并领会任老意见的基础上，主编及各分典主编对编纂框架进行了调整，初步拟设"先秦分典""秦汉分典""魏晋南北朝分典""隋唐五代分典""宋辽夏金分典""元明清分典"六个分典。2010年年初，根据编纂工作流程，我社在认真组织编校的基础上，向大典办提交了《政治典》试样稿。大典办组织专家进行了认真审核。专家认为《政治典》试样稿取材面广、体例严谨、编排得当、点校精审，是《中华大典》编纂工作启动以来，收到的最好的样稿之一。大典办要求，《政治典》全体编纂人员要以样稿为参照，高水平地完成编纂出版任务。

在编纂工作进入正轨后，在社领导的大力支持下，责任编辑王萍、邵永忠等同志从编纂框架的设定调整、古籍材料的搜集取舍、作者立项的协调解决、编纂进度的监察督促、各分典和总部作者队伍的统筹协调等方面都做到了及时跟进、深度参与。同时，考察其他出版社在排版、录入、校对方面的先进经验和做法，以资《政治典》开展相关工作时借鉴，做到了超前谋划。

作者交稿后，项目组同志开动脑筋，面对当下专业古籍整理录入、排版、校对人员匮乏、工作任务繁重的困难，及时总结和创新现阶段古籍整理工作的新经验、新做法，以提高工作效率，确保书稿质量。

2014 年年初，《先秦分典》《隋唐五代分典》开始陆续交稿，在录入、排版、校对、外审的基础上，10 月将《先秦分典》送大典办终审。2014 年年底，收到大典办终审意见。专家认为《先秦分典》从"编纂体例、资料收集和校勘质量来看，都大大超过了此前各类书（如建都部分，在内容和分量上就远远超过了《册府元龟》卷十三'帝王部'之'都邑类'），堪称丰富，实为难得……更显出时代特色和学术前沿……其排版校对质量，也属上乘"，"质量丝毫不让二家（指已获国家图书奖的《隋唐文学典》和《医药典》），允称难能可贵。谨建议评为优等"。

随后陆续送审的《秦汉分典》《隋唐五代分典》《宋辽夏金分典》《魏晋南北朝分典》《元明清分典》书稿全部通过大典办终审。2015 年年底，大典办致函人民出版社及国家出版基金规划管理办公室，认为人民出版社后续送终审的五个分典书稿体例严谨、结构合理、编排得当，符合《中华大典》编纂细则的要求，建议对书稿进行举一反三式的通改并保证文字准确后，可以印刷出版。

由六个分典组成，共计 5000 余万字的《政治典》2016 年年底出版。（王萍、邵永忠）

◇ 人民东方出版传媒有限公司五年成就巨大

人民东方出版传媒有限公司成立五年来，净资产从经营之初的 5700 万元增至 2016 年年底的 1.6 亿元，净资产增加 181%。出版市场类图书 3000 余种，销售达 1 万册以上的图书 483 种，5 万至 10 万册图书 39 种，10 万册以上图书 19 种。其中 31 种图书获得政府类奖励和推荐。重印图书品种达 1724 个，重印率 57.5%。除教材教辅类图书外，回款实洋从 2012 年的 8400 万元提升到截至 2016 年年底的 1.43 亿元。

公司还通过对原人民今典书业（北京）有限公司的业务整合及股份制改革，实现资本收益 7688 万元，公司同时还继续持有人民今典公司 20% 股权，成为未来可变现的金融资产。

五年来，公司共承建"移动数字图书馆"、"新华月报数据库"、"数字出版转型升级"和"红云传播平台"四个国家文化产业项目，得到了财政部文资办的资助基金 2770 万元。

五年来，公司实施"作者战略化"、"全媒体化"和"国际化"的三大战略。已与 69 位（家）知名作者和机构签订战略出版协议，此项战略实施的资金回报占公司总码洋的 2/3。郎咸平系列图书出版总量达到了 700 万册；崔玉涛系列图书和稻盛和夫系列图书出版分别超过了 3500 万册。截至 2016 年年底，公司共有 512 种数字图书出版发行，四个数字化国家产业项目的建设，成为公司"全媒体化"出版战略的经营特色。2016 年，公司在日本东京成立了"东方出版社东京分社"，东京分社的成立标志着公司在"国际化"战略实施方面迈出了坚实的第一步。（张宇龙）

◇《中国供给侧结构性改革》入选
第七届优秀通俗理论读物

为宣传贯彻党中央、国务院提出的"推进供给侧结构性改革"战略决策，意识到这个问题的重要性以后，我社积极联系国家行政学院经济学教研部，邀请他们组织编写关于供给侧的通俗读本——《中国供给侧结构性改革》。这本书紧密结合习近平总书记的讲话精神和中央经济工作会议精神，从"为什么、是什么、怎么做、做什么"四个角度深入分析中国供给侧结构性改革的逻辑思路和路径，系统梳理供给侧改革六大主战场——人口政策、土地制度、金融制度、创新驱动、简政放权、社会服务；五大重点——化产能、降成本、去库存、补短板、去杠杆；五大政策支柱——宏观政策要稳、产业政策要准、微观政策要活、改革政策要实、社会政策要托底，有助于广大干部群众及时、准确、全面、深入学习和理解中央提出的"推进供给侧结构性改革"的主要内容，做好供给侧结构性改革的相关工作，是全国党政干部、企事业管理者必读之作。

这本书是国内首部系统阐述中国供给侧结构性改革权威著作，是党政领导干部、社会各界人士了解和洞悉中国国情国策的必读书目。

2016 年，中宣部、国家新闻出版广电总局为充分发挥通俗理论读物在宣传阐释党的理论和路线方针政策，用马克思主义中国化最新成果武装全党、教育人民，用中国特色社会主义凝聚思想共识，增强干部群众道路自信、理论自信、制度自信、文化自信等方面的重要作用，组织开展了第七届优秀通俗理论读物推荐活动。经过初评和终评，最终确定了全国 8 种入选图书，《中国供给侧结构性改革》就是其中一本，被评价为"既有较强的思想性、理论性，又兼备通俗性、可读性，是 2015 年以来我国通俗理论读物出版的优秀成果"。(郑海燕)

◇ 开展"两学一做"学习教育

2016 年 2 月，中共中央办公厅印发了《关于在全体党员中开展"学党章党规、学系列讲话，做合格党员"学习教育方案》后，成立人民出版社"两学一做"学习教育领导小组。下设协调督导、学习教育、宣传报道三个工作组。创办《人民出版社"两学一做"学习教育快讯》，各支部实行"两学一做"学习教育双周报制度。社党委通过 10 项举措，细分 37 个小项，全面部署推进"两学一做"学习教育。具体工作情况如下：

4 月 27 日，社党委召开全体党员大会，传达中央关于"两学一做"学习教育的方案，并进行学习动员。同时传达王立健、罗志先严重违纪问题的通报，全体党员一起观看了警示教育光盘。

5月5日，人民出版社和中国公共关系协会为"红色延安　书香延河——中国共产党思想理论资源数据库延安中心阅读季"活动，捐赠了12000多册哲学和党建学习内容的图书。

5月16日，召开社党委会专门研究"两学一做"学习教育方案，对方案每项措施进行讨论。

5月19日，常务副社长任超，党委副书记、纪委书记王彤到人民东方出版传媒有限公司调研"两学一做"学习教育开展情况，传导压力，督导开局。

5月19日，给社323名党员(含离退休党员126人）配发学习用书。《习近平总书记系列重要讲话读本（2016年版)》《党章》《准则》《条例》《党委会的工作方法》。

5月20日，副社长李春生和党委副书记、纪委书记王彤到《新华文摘》编辑部调研"两学一做"学习教育开展情况。

6月，社所属的9个党支部围绕"讲规矩、有纪律"进行专题学习讨论。社领导以普通党员身份参加了所在支部的专题组织生活会，并分别到所在支部就深刻理解"四个意识"，强化看齐意识，坚持正确出版方向，守纪律讲规矩等几个方面进行了专题授课。

传统媒体和新媒体助力"两学一做"学习教育开展。出版发行《习近平总书记系列重要讲话读本（2016年版)》《"两学一做"学习教育手册》等主题图书20余种，出版数量与出版规模均居全国各出版社之首。

人民出版社创建的"党员小书包"在线学习平台，在2016年1月22日和6月19日的《新闻联播》分别报道。目前在延安、天津等地建立了多个分中心，在中央国家机关和全国多个省市进行安装使用，反响很好，有力推动了全党"两学一做"教育创新开展。

6月22日，与长江日报社就《点赞优秀共产党员》一书，开展学习教育大型系列研讨活动。该书还原了受到习近平总书记点赞的12位优秀共产党员先进事迹。

6月23日，人民出版社召开庆祝建党95周年暨"两学一做"学习教育专题大会。社党委书记、社长黄书元讲授"党社党员学党章"专题党课，来自社内多个党支部的演讲者还作了"纪念建党95周年、争做'四讲四有'合格党员"主题演讲。会上表彰了人民出版社2016年优秀共产党员、优秀党务工作者和先进党支部，以及利用"党员小书包"在线学习党章知识竞赛的先进支部和优秀个人。

开展立足岗位作贡献、立足行业作表率的学习实践活动。社领导带队，自带食物、参观焦庄户地道战遗址（顺义区），在遗址前重温入党誓词，来到新文化运动纪念馆、"五四"运动的策源地——北大红楼进行参观学习。

7月5日，人民出版社召开学习贯彻习近平总书记在庆祝中国共产党成立95周年大会上的重要讲话精神座谈会。社党委书记、社长黄书元畅谈了参加"七一"大会的感受，并结合工作对贯彻讲话精神提出了要求，人民出版社党委副书记、总编辑辛广伟主持会议，社领导参加学习。各党支部书记、各部门负责人、工青妇代表、民主党派代表、优秀共产党员代表等相关人员参加会议。

7月15日，北京电视台携手人民出版社第四支部、北京交通大学至行广益公益团队，共同为宁夏西海固偏远山区的孩子募捐图书活动。共筹得爱心款2200元整，图书、杂志300余本。

在开展"两学一做"学习教育期间，我社王萍同志荣获"中直机关优秀共产党员"称号；王萍、张振龙2位同志被国家新闻出版广电总局评为"优秀共产党员"，刘济社同志被总局评为"优秀党务工作者"，第一党支部被总局评为"先进基层党组织"。（杨瑞勇、陈百万）

◇ 2016年"两个效益"双丰收

2016年，在社委会的坚强领导下，在全社职工的共同奋斗下，我社实现了社会效益与经济效益的双丰收，行业影响力、市场竞争力、社会公信力进一步提升，品牌实力凸显，为顺利完成我社"十三五"规划的目标打下了良好基础。

社会效益方面：《习近平总书记系列重要讲话读本（2016年版）》《以习近平同志为总书记的党中央治国理政新理念新思想新战略》等五种选题入选中宣部和新闻出版广电总局2016年主题出版重点出版物选题，居全国出版机构之首。一批图书获奖，其中《全面小康热点面对面——理论热点面对面·2016》《中国供给侧结构性改革》《马克思靠谱》（东方出版社）获中宣部、新闻出版广电总局第七届优秀理论通俗读物奖；《七问供给侧结构性改革——权威人士谈当前经济怎么看怎么干》等四种图书入选2016年度"大众喜爱的50种图书"；《何镜堂传》获第六届中华优秀出版奖图书奖，"党员小书包"获中华优秀出版物电子出版物奖。

经济效益方面：近十年来，我社各项经济指标连年增长，创造了"十连增"，截至2016年年底，主要经济指标再创新高：资产总额从2006年的

14879 万元，增长到 2016 年的 122974 万元，是 2006 年的 8.26 倍；净资产从 2006 年的 9257 万元，增长到 2016 年的 67671 万元，是 2006 年的 7.31 倍；总营业收入从 2006 年的 16758 万元，增长到 2016 年的 57569 万元，是 2006 年的 3.44 倍；销售码洋从 2006 年的 31205 万元，增长到 2016 年的 97087 万元，是 2006 年的 3.11 倍；利润总额从 2006 年的 2818 万元，增长到 2016 年的 14346 万元，是 2006 年的 5.09 倍。（关宏）

◇ 2016 年度十大优秀学术著作

2016 年 12 月，经社外专家严格评审（无记名投票），评出我社本年度 10 种优秀学术著作，这 10 种优秀学术著作和责任人如下：

《钓鱼岛列岛归属考：事实与法理》，刘江永著，责任人：柴晨清

《西方德性思想史》，江畅著，责任人：张伟珍

《档案与社会记忆研究》，丁华东著，责任人：王怡石

《共产国际与中国共产党关系探源》，黄修荣、黄黎著，责任人：侯春

《当代中国改革开放史》，曹普著，责任人：吴继平

《中国古代文才思想论》，赵树功著，责任人：崔继新

《牛津比较政治学手册》，[美] 罗伯特·E.戈定主编，唐士其等译，责任人：阮宏波、忽晓萌

《康德的〈遗著〉研究》，袁建新著，责任人：方国根、郭彦辰

《〈五经正义〉美学思想研究》，乔东义著，责任人：方国根、崔秀军

《追求阶层正义：权力、资本、劳动的制度伦理考量》，靳凤林著，责任人：朱云河（张双子）

附录一

◇ **人民出版社沿革及历任领导**

新中国成立后人民出版社历任社领导

任期	社长	总编辑	副社长	副总编辑
1950.12—1959.1	胡绳（1950.12—1959.1）	胡绳（兼）（1950.12—1959.1） 王子野（兼）（1950.12—1952.10）	华应申（兼总经理）（1950.12—1952.6） 王子野（1950.12—1959.1） 叶籁士（1952.10—1954.2） 曾彦修（1954.7—1957.6） 周保昌（1956.12—1964.11）	叶籁士（兼）（1952.10—1954.2） 王子野（兼）（1952.10—1959.1） 冯宾符（1952.10—1954.12） 陈原（1955.2—1957.12） 曾彦修（兼）（1954.7—1957.6） 张明养（1955.2—1957.1） 谭吐（1956.12—1983.2） 孟奚（1958.1—1966.6） 伍铭（1958.1—1961.4）

续表

任期	社长	总编辑	副社长	副总编辑
1959.1—1966.6	王子野 (1959.1—1966.6)	王子野（兼） (1959.1—1966.6)	周保昌 (1956.12—1964.11)	孟奚 (1958.1—1966.6) 伍铭 (1958.1—1961.4) 谭吐 (1956.12—1983.2) 范用 (1960.4—1978.9) 齐速 (1961.11—1963.8)
1978.9—1983.4	陈茂仪 (1978.9—1983.4)	陈茂仪（兼） (1978.9—1979.9) 曾彦修 (1979.9—1983.4)	范用 (1978.9—1985.12) 周杰 (1978.9—1980.5) 邓步城 (1979.6—1983.2) 杨柏如 (1983.2—1988.11)	范用（兼） (1978.9—1983.2) 谭吐 (1956.12—1983.2) 张惠卿 (1978.9—1983.4) 谢云 (1978.9—1983.2) 姚洛 (1978.9—1983.2) 江海 (1980.1—1981.6) 薛德震 (1981.12—1988.11) 王庆淑 (1983.2—1983.10) 吴道弘 (1983.2—1995.3)
1983.4—1983.12	曾彦修 (1983.4—1983.12)	张惠卿 (1983.4—1988.11)	范用 (1978.9—1985.12) 杨柏如 (1983.2—1988.11)	薛德震 (1981.12—1988.11) 王庆淑 (1983.2—1983.10) 吴道弘 (1983.2—1995.3)
1983.12—1988.11		张惠卿 (1983.4—1988.11)	范用 (1978.9—1985.12) 杨柏如 (1983.2—1988.11) 庄浦明 (1986.4—1992.1)	薛德震 (1981.12—1988.11) 吴道弘 (1983.2—1995.3) 林言椒 (1985.3—1988.11)

任期	社长	总编辑	副社长	副总编辑
1988.11—1998.7	薛德震（1988.11—1998.7）	薛德震（兼）（1988.11—1999.7）	庄浦明（1986.4—1992.1） 张树相（1988.11—1998.12） 刘继文（1990.5—1998.7） 马瑞文（兼）（1991.6—1999.8） 田士章（1992.11—1995.3）	庄浦明（兼）（1988.11—1992.1） 吴道弘（1983.2—1995.3） 李连科（1988.11—1991.4） 张树相（兼）（1991.6—1998.12） 张作耀（1991.6—1998.7） 马连儒（1992.11—1998.7） 田士章（1995.3—1999.8）
1998.7—2002.10	李长征（1998.7—2002.10）	薛德震（1988.11—1999.7）	马瑞文（1991.6—1999.8） 张树相（1988.11—1998.12） 陈有和（1998.7—2010.12） 张胜彬（2000.7—2003.9） 韩舞凤（兼）（2000.8—2003.5）	张树相（兼）（1991.6—1998.12） 田士章（1995.3—1999.8） 韩舞凤（1998.7—2003.5） 王乃庄（1998.7—2002.10）
2002.9 至今	黄书元（2002.9 至今）	辛广伟（代总编辑 2009.6—2014.9；总编辑 2014.9 至今）	陈有和（1998.7—2010.12） 张胜彬（2000.7—2003.9） 韩舞凤（兼）（2000.8—2003.5） 任超（副社长 2004.1—2012.5；常务副社长 2012.5 至今） 沈水荣（纪委书记 2006.12—2015.6） 李春生（2009.7 至今） 王彤（纪委书记 2015.6 至今）	张小平（2004.1—2009.7） 于青（2009.7 至今） 乔还田（2009.7—2014.8） 陈亚明（常务副总编辑 2012.1—2014.10） 陈鹏鸣（2014.10 至今）

注：社长（副社长）总编辑（副总编辑）名单，以正式任命的为准；陈翰伯（1972 年 6 月调入本社，1973 年 7 月调离）、王益（1973 年 1 月调入本社，1978 年 4 月调离）曾是本社的主要负责人，但没有正式任命，故社长、总编辑栏内未列入，他们当时是以党的领导小组组长或临时党委书记的名义行使领导职权的；另有田瑜、海波、魏泽南三位同志虽曾担任过社一级行政领导工作，但未正式任命，本表未列入。1966 年 6 月至 1972 年，工作队、代职干部和工、军宣队主持工作期间，人员变动频繁，全社工作不正常，故从略。

附录二

◇ **人民出版社专业技术人员名单**

（1983—2016 年 12 月 31 日，总计 462 人）

一、高级专业技术职务

编审：（127 人）

张惠卿（1983.03）徐秉让（1983.03）邓蜀生（1983.03）林穗芳（1983.03）

戴文葆（1983.03）王以铸（1983.03）薛德震（1986.07）吴道弘（1986.07）

庄浦明（1986.07）刘元彦（1986.07）张光璐（1986.07）陆世澄（1986.07）

陈汉孝（1986.07）茹　让（1986.07）韩忠本（1986.07）张作耀（1986.07）

袁淑娟（1986.07）郭振华（1986.07）钱月华（1986.07）谢　云（1986.07）

尤开元（1986.07）吴国英（1986.07）李　真（1986.07）王复加（1986.07）

张子敏（1986.07）王志民（1986.07）于　干（1986.07）卢　敏（1986.07）

金敏之（1986.07）刘冬青（1986.07）马少展（1986.07）刘寅年（1986.07）

廖　奇（1986.07）杨柏如（1988.08）金作善（1989.12）戴鹤声（1989.12）

田士章（1992.06）　马连儒（1992.06）　张维训（1992.06）　萧远强（1992.06）

卢运祥（1992.06）　吴承琬（1992.06）　陈子伶（1992.06）　尹凤阁（1992.06）

李长征（1992.12）　聂梅玲（1993.03）　张胜彬（1993.05）　魏海源（1993.12）

王师颉（1993.12）　杨寿松（1995.03）　杨节铿（1995.03）　丘崇尼（1995.03）

王能雄（1996.04）　叶显良（1996.04）　韩舞凤（1996.04）　张桂琴（1997.04）

范开业（1997.04）　王乃庄（1998.02）　张秀平（1999.03）　冀　良（1999.03）

陈淑梅（1999.03）　陈有和（1999.12）　郇中建（2000.11）　刘丽华（2000.11）

陈亚明（2000.11）　黄书元（2001.12）　邓仁娥（2002.01）　张小平（2002.01）

王　萍（2002.09）　乔还田（2002.12）　王一禾（2003.03）　张继华（2003.03）

方国根（2003.12）　王寅生（2003.12）　魏　华（2003.12）　娜　拉（2004.02）

陈来胜（2004.12）　柏裕江（2004.12）　张伟珍（2004.12）　张耀铭（2004.12）

叶建华（2004.12）　李椒元（2005.12）　陈鹏鸣（2005.12）　曹力红（2006.02）

柯尊全（2006.12）　陈　光（2006.12）　任　超（2007.12）　党力文（2007.12）

吴学金（2007.12）　喻　阳（2008.12）　尹选波（2008.12）　张文勇（2008.12）

李春生（2008.12）　于　青（2009.12）　李春林（2009.12）　王善超（2009.12）

潘少平（2009.12）　王德树（2009.12）　杨晓周（2009.12）　杨松岩（2010.12）

王世勇（2010.12）　张连仲（2010.12）　胡元梓（2010.12）　辛广伟（2011.12）

陈汉萍（2011.12）　王维胜（2011.12）　孙兴民（2012.12）　王青林（2012.12）

李　惠（2014.01）　鲁　静（2014.01）　杨美艳（2014.01）　沈水荣（2014.10）

李京明（2014.10）　林　敏（2014.10）　贺　畅（2014.10）　吴海平（2014.10）

张学文（2015.12）　郑海燕（2015.12）　陆丽云（2015.12）　马长虹（2015.12）

袁征宇（2015.12）　周果钧（2016.12）　宋军花（2016.12）　孙　涵（2016.12）

吴玉萍（2016.12）　张振明（2016.12）　崔继新（2016.12）

美术编审（2 人）

肖　辉（2011.12）曹　春（2014.01）

副编审：（95 人）

赵木斋（1983.03）翟松年（1983.03）江　平（1983.03）周　静（1983.03）

曹泽蔚（1983.08）张明惠（1983.08）王开基（1983.08）石家梅（1983.08）

张效英（1983.08）吕异芳（1983.08）奚椿年（1983.08）沈　永（1983.08）

刘　钧（1986.07）包靖国（1986.07）陆　京（1986.07）孙祥秀（1986.07）

倪天煦（1986.07）张慎趋（1986.07）刘振声（1986.07）刘毅然（1986.07）

张明礼（1986.07）张安奇（1986.07）刘希敏（1986.07）吕　涛（1986.07）

周文熙（1986.07）左焕宓（1986.07）白以坦（1986.07）蒋曙晨（1986.07）

徐砚华（1986.07）李秀珍（1986.07）张仲恢（1986.07）李庆熙（1986.07）

郭慎容（1986.07）李茂桦（1989.10）李　绵（1993.02）郭　萍（1993.02）

王　粤（1994.12）张润生（1998.12）何春凤（1998.12）

蒋建平（1996.12 高级政工师，2006.10 转副编审）

巴能强（2002.07 副教授，2011.01 转副编审）

蒋星萍（2002.10 评研究馆员，2004.09 转副编审）

贾　兰（2004.09）张淑文（2004.09）许剑秋（2005.10）李京华（2005.10）

于宏雷（2006.09）姚劲华（2007.12）张京丽（2007.12）张怀海（2007.12）

夏　青（2008.11）陈寒节（2008.11）黎　松（2008.11）梁　彬（2008.11）

刘智宏（2008.11）马　杰（2008.11 技术副编审，2011.01 转副编审）

侯俊智（2010.02）毕于慧（2011.01）侯　春（2011.01）刘仲翔（2011.01）

田　园（2011.01）詹素娟（2011.01）洪　琼（2012.01）陈　登（2012.01）

李　斌（2012.01）吴继平（2012.01）阮宏波（2012.09）邵永忠（2012.09）

李之美（2012.09）周　杨（2013.10）韦玉莲（2013.12）许运娜（2013.12）

赵　立（2013.12）包晓云（2013.12）陈光耀（2013.12）钟金铃（2013.12）

姜　玮（2013.12）刘　恋（2014.09）李　朱（2014.09）刘永红（2014.09）

杜文丽（2014.09）段海宝（2014.09）刘可扬（2014.09）安新文（2015.09）

李媛媛（2015.09）姜冬红（2015.09）胡喜云（2015.09）徐庆群（2015.09）

王　彤（2016.08）朱云河（2016.08）杨文霞（2016.08）张　立（2016.08）

郑牧野（2016.08）高晓璐（2016.08）刘海静（2016.08）

技术副编审：（25 人）

寇天德（1986.07）智福和（1986.07）谭哲民（1986.07）张嘉瑞（1986.07）

良莹娟（1986.07）张式仪（1986.07）房继龄（1988.09）朱启环（1992.03）

严呈华（1992.03）罗世缙（1992.03）高丽华（1993.02）任宗英（1995.10）

唐桂贞（1995.10）李兰亭（2003.09）常再昕（2004.09）顾杰珍（2004.09）

吴志敏（2005.10）赵立新（2006.09）卢永琴（2006.09）张　红（2008.11）

湖　催（2008.12）诸晓军（2010.02）张京德（2011.01）史　伟（2013.12）

贾立钢（2016.08）

美术副编审（2 人）

周涛勇（2007.12 技术副编审，2011.12 转美术副编审）徐　晖（2012.09）

高级校对（6 人）

张　彦（2010.02）徐林香（2011.01）周　昕（2012.01）阎　宓（2012.01）

王　惠（2012.09）刘大丽（2015.09）

副编审（管理）：（2 人）

陶　膺（1988.09）刘珍珍（1999.10）

高级经济师：（7 人）

施茂仙（1988.12）刘继文（1989.05）王弘兆（1989.05）王光荫（1994.01）

许艳丽（2012.12）申　珺（2015.12）赵　婧（2016.12）

高级会计师：（7 人）

朱　虹（1988.05）彭庆珍（1997.12）蔡　琳（2002.6）王雪梅（2009.01）

谢立阳（2015.12）关　宏（2005.10 编辑,2011.06 会计师）张　启（2006.09）

高级政工师：（2 人）

马瑞文（1992.08）乔艺文（2004.08）

副研究馆员：（3 人）

王毓（1986.07）董栓存（1994.12）刘威立（1994.12）

副教授：（1 人）

陈建萍（2013.12）

副主任医师：（1人）

王丽萍（1995.11 取得副主任医师资格，1996.06 聘）

二、中级专业技术职务

编辑：（78人）

王传纪（1982.03） 张郁兰（1982.03） 夏　虹（1982.03） 苏文芳（1982.03）

王树贵（1982.03） 黄世绵（1982.03） 张荣滋（1986.07） 栗婉如（1986.07）

沙曾熙（1986.07） 左燕君（1986.07） 潘学清（1993.03） 戴联斌（1998.12）

张昭军（1999.10） 王亚男（2001.10） 李　冰（2003.09） 刘彦青（2004.09）

吴焰东（2004.09） 张益刚（2006.09） 骆　蓉（2006.09）

房宪鹏（2006.11 助理研究员，2012.09 转聘编辑）

杨瑞勇（2007.07 中教一级，2012.09 转聘编辑）

王红宇（2007.10 取得编辑资格，2009.11 取得经济师资格） 张兆刚（2007.12）

陈　岩（2007.12） 雍　谊（2008.11） 陈晓燕（2008.11） 茅友生（2008.11）

周小梅（2009.07） 郭　倩（2009.10 取得编辑资格） 冯　瑶（2010.02）

张双子（2010.02） 薛岸杨（2010.02） 辛春来（2011.01） 卓　然（2011.01）

武丛伟（2011.01） 忽晓萌（2012.01） 刘　伟（2012.01） 宰艳红（2012.01）

王怡石（2012.07） 刘敬文（2012.11） 陈佳冉（2012.11） 高　寅（2012.11）

涂　潇（2012.11） 冯艳玲（2012.11） 周文婷（2012.11） 赵圣涛（2012.11）

柴晨清（2012.11） 曹　歌（2013.11） 汪　逸（2013.11） 邓创业（2013.11）

吴广庆（2013.11） 刘　畅（2013.11） 郭彦辰（2013.11） 孙琳菲（2013.11）

刘璐森（2014.11） 郭　娜（2014.11） 崔秀军（2014.11） 张　燕（2014.11）

孟　雪（2014.11） 刘志江（2014.11） 詹　夺（2014.11） 陈晶晶（2014.11）

池　溢（2014.11）王彦波（2014.11）左　乐（2014.11）孔　欢（2015.11）

王新明（2015.11）沈　伟（2015.11）姚　菲（2015.11）郭星儿（2015.11）

赵　悦（2015.11）王　森（2015.11）林芝玉（2015.11）汪　阳（2015.11）

李琳娜（2015.11）黄煦明（2015.11）王　丽（2015.11）于　璐（2015.11）

技术编辑：（9 人）

李馨章（1988.10）雷秀文（1992.03）

陈　静（1992.03 编辑管理，1998.12 转技术编辑）

栾文驹（1993.03）朱　强（1994.12）李　兰（1994.12）牧宿超（1997.09）

贲　菲（2010.02）周文雁（2010.12）

一级校对：（7 人）

施明珠（1986.07）朱慧茹（1986.07）何凤兰（1986.07）高万荣（1986.07）

李俊华（1992.03）李　虹（1997.09）胡　佳（2008.11）

编辑（管理）：（5 人）

周抚芳（1986.07）张发敏（1988.10）郝淑珍（1988.10）朱　辉（1992.12）

张　环（1997.09）

馆员：（6 人）

杨文涛（1986.07）张淑贞（1986.07）陆　明（1986.07）常小英（1986.07）

李月玲（1986.07）郭其永（1988.07）

会计师：（14人）

安守仁（1983.06）赵文廉（1983.06）冼秀珍（1987.06）广宏宇（1992.07）

张青梅（1992.07）邵艳霞（1994.10）韦　宛（1997.07）吴　颖（1999.10）

杜云丽（1997.04）景　灏（2002.09）杜　聆（2009.07）刘丽娜（2011.01）

吴　锐（2013.10取得会计师资格）　　武菲菲（2015.09取得会计师资格）

经济师：（5人）

王玉莲（1988.10）赵　璧（1992.08）范燕玲（1993.07）许艳丽（2001.11）

龙　腾（2013.12）

主治医师：（1人）

张润霞（1998.12取得主治医师资格，2000.01聘）

工程师：（4人）

刘翔鹄（1980.10）赵　征（1993.12）王云龙（2012.10）张维大（2013.10）

政工师：（5人）

关殿荣（1994.04）何龙安（1994.04）刘济社（1998.10）王　颖（2003.12）

李忠海（2009.01）

三、初级专业技术职务

助理编辑：（19人）

张云平　刘　阳　沈逸男　邓小雨　李　妍　谭　牧　刘江波　刘乙璇

余　平　王　翔　雷坤宁　吴冰琦　陈冰洁　张一诺　柳剑雄　周　烨
孙　逸　田　渊　王馨鑫

助理美术编辑（2 人）

石笑梦　王欢欢

助理技术编辑：（2 人）

存来禄（1996.06）田福庆（1999.07）

二级校对：（4 人）

周祖邦（1992.12）夏学娟（1993.03）吕　勇（1999.07）刘　飞

助理会计师：（10 人）

杜　华（1999.03）曹增强（2000.12）巩　莉（2000.12）汪　巍　郭　旭
史卫昊　张　庆　汤仁宇　贾少菲　贾婧妍

助理经济师：（10 人）

许方方（1992.03）孙　英（1992.03）宋安华（1992.03）安　杰（1992.03）
黄国华（1992.11）李晓丹（1992.11）王家骊（1999.07）李正平（2001.09）
彭兴群（2003.03）张　乾

医师：（1 人）

韩唐英（1986.07）

后　记

　　根据社委会的决定，我们编纂了《改革开放以来人民出版社纪事》一书，希望以此反映我社改革开放以来所实施的若干重大改革举措和重要图书出版情况。本书是我社集体合作的产物，编写组提出条目，各部门积极参与，撰写初稿，并补充了一些条目。为了保证书稿形式的相对统一，编写组对文字、体例等进行了规范。需要说明的是，由于我社好书多、大事多，限于篇幅，不可能在一本书里，收录太多条目。选定图书条目时，我们重点考虑的是：获得国家大奖，有重大社会影响力，经济效益好，规模较大等，因此，有不少条目只能忍痛割爱。

　　本书由乔还田、陈鹏鸣统稿并修改，社委会审定最终书稿，宋军花、姜冬红、吴继平、刘畅做了大量工作，许多同志付出了辛勤的劳动。在编辑过程中，张惠卿、薛德震、吴道弘、张作耀、田士章、陈有和、张小平、郇中建、张耀铭等退休老同志分别审阅了初稿，并提出许多宝贵的修改意见。

　　本书历史跨度近40年，许多条目的当事人已不在岗位，而资料的搜集、整理、编写时间较短，篇幅有限，再加上保留下来的资料不全，以及我们自身写作能力的不足，书中鲁鱼亥豕、挂一漏万之处一定在所难免，敬请社内外读者批评指正，以便再版时修订。

本书编写组

2017 年 2 月 8 日

责任编辑：仁　民
装帧设计：石笑梦

图书在版编目（CIP）数据

改革开放以来人民出版社纪事／《改革开放以来人民出版社
　纪事》编写组　著 . — 北京：人民出版社，2017.4
ISBN 978 - 7 - 01 - 017544 - 7

I.①改…　II.①改…　III.①人民出版社 - 历史　IV.① G239.22

中国版本图书馆 CIP 数据核字（2017）第 059968 号

改革开放以来人民出版社纪事
GAIGE KAIFANG YILAI RENMINCHUBANSHE JISHI

《改革开放以来人民出版社纪事》编写组　著

人民出版社 出版发行
（100706　北京市东城区隆福寺街 99 号）

北京盛通印刷股份有限公司印刷　新华书店经销

2017 年 4 月第 1 版　2017 年 4 月北京第 1 次印刷
开本：710 毫米 ×1000 毫米 1/16　印张：27
字数：328 千字

ISBN 978 - 7 - 01 - 017544 - 7　定价：88.00 元

邮购地址 100706　北京市东城区隆福寺街 99 号
人民东方图书销售中心　电话：（010）65250042　65289539